Christian Rickens
Die neuen Spießer

Christian Rickens

Die neuen Spießer

Von der fatalen Sehnsucht nach einer überholten Gesellschaft

Ullstein

2. Auflage 2006

ISBN-13: 978-3-550-07896-5
ISBN-10: 3-550-07896-X

Gesetzt aus der Palatino bei
Pinkuin Satz und Datentechnik, Berlin
Druck und Bindung: Clausen & Bosse, Leck

Inhalt

Prolog: Und ich dachte immer, *wir* wären die Spießer

Es war eine dieser Runden, wie sie wahrscheinlich jeden Abend in jeder deutschen Großstadt zu Dutzenden zusammenkommen. Eine 3-Zimmer-Altbauwohnung in Hamburg-Eppendorf, mit Flügeltüren zwischen den Zimmern, Stuck, abgeschliffenen Bodendielen und einer Einrichtung, die von erfolgreicher *Schöner-Wohnen-*Lektüre zeugt.

Eingeladen hatten Annika, Lehrerin an einer Hauptschule, und ihr Lebensgefährte Rainer, der als Physiker in einem Forschungslabor arbeitet. Die Gäste: Michaela (irgendwas mit Internet), ihr Freund Oskar, Rechtsanwalt, und ich, Journalist bei einem Wirtschaftsmagazin. Meine Freundin Helene fehlte, sie war bei einer ihrer Freundinnen zu einem ganz ähnlichen Abendessen eingeladen.

Wir fünf, die wir um ein dampfendes Käsefondue herumsaßen, waren alle Mitte dreißig, in Kleinstädten aufgewachsen und zum Studium in eine Großstadt gezogen. Irgendwann nach dem Examen hatten wir nach einigen Mühen und Umwegen Jobs gefunden, von deren Gehältern wir gut leben konnten. Die WG-Zimmer in den unsanierten Gründerzeitbauten wurden getauscht gegen Wohnungen in sanierten Gründerzeitbauten.

Vielleicht kamen noch ein paar beruflich bedingte Umzüge, ein paar private Irrungen und Wirrungen hinzu. Doch nun wohnten wir alle schon ein paar Jahre lang mit unserem Partner zusammen, und die Samstagabende auf der Reeperbahn oder im Schanzenviertel waren nach und nach den gegenseitigen Essenseinladungen gewichen. An guten Tagen hätte ich unser Leben ohne zu zögern als bürgerlich bezeichnet, an schlechten als spießig. Normal eben.

Nein, etwas war nicht normal. Es war mir nur vor diesem Abend noch nie aufgefallen: Keiner von uns fünf hatte Kinder. Aber es hatte ja auch keiner von uns ein Haustier oder eine Eigentumswohnung. Manche Leute haben eben Kinder, manche keine. Es wäre mir nie in den Sinn gekommen, diese Tatsache als Indiz für bestimmte Eigenschaften oder sogar charakterliche Defizite zu werten.

Das Käsefondue war aufgegessen, satte Behaglichkeit machte sich am Tisch breit. Normalerweise hätten wir jetzt noch die dritte Flasche Rotwein ausgetrunken, Annika hätte einen Espresso gemacht. Wir hätten ein wenig über Urlaubspläne geplaudert – Annika und Rainer wollten im Frühjahr in Spanien den Jakobsweg entlangwandern –, dann hätte man sich allmählich verabschiedet, auf der Straße ein Taxi herangewinkt und wäre ein paar Kilometer in eine andere Altbauwohnung gefahren. Aber an diesem Samstag …

»Habt ihr in dieser Woche den *Spiegel* gelesen«, fragte Michaela. »Die Titelgeschichte? In der stand, dass wir zu egoistisch sind, um Kinder zu kriegen?«

»Ja. Das war ja wohl das Allerletzte«, sagte Annika.

»Am krassesten fand ich den Satz, dass es deutschen Frauen an der nötigen Opferbereitschaft und Selbstlosigkeit fürs Kinderkriegen fehlt.«

»Na bravo, dann will ich aber auch ein Mutterkreuz.«

»Warum habt ihr denn eigentlich keine Kinder?«, fragte ich unvermittelt, einem plötzlichen Interesse folgend. Für einen Moment herrschte Schweigen. Michaela sah Oskar an. »Hätten wir gerne«, sagte Oskar leise, »aber es klappt nicht so recht.«

Annika war kein bisschen leise: »Sage ich dir gerne. Weil ich keinen Bock darauf habe, deshalb habe ich keine Kinder. Ich bändige fünf Vormittage pro Woche zwei Dutzend Schwererziehbare, die Hälfte davon mit Klappmessern in der Tasche. Wenn es Probleme gibt, dann treffe ich mich nach Feierabend mit den Eltern, und im Sommer telefoniere ich die Gelben Seiten durch, um meinen Schülern Betriebspraktika zu besorgen. Müsste ich alles nicht. Zum Dank kürzt mir der Staat das Weihnachtsgeld, und jetzt muss ich mir von irgendwelchen Deppen erzählen lassen, ich hätte nicht genug Opferbereitschaft. *Mir reicht's*!«

Junge, Junge. Das war die wahrscheinlich längste zusammenhängende Äußerung, die ich je von Annika gehört hatte. Und die zornigste noch dazu. Ich war beeindruckt. Die anderen offenbar auch, denn keiner sagte etwas. Annika stand auf und ging in die Küche. Wenig später hörten wir das Ploppen eines Korkens. Ins Schweigen hinein murmelte Rainer: »Also ich hätte schon ganz gern ein Kind.«

Annika kam mit einer geöffneten Rotweinflasche aus

der Küche zurück. »Du, ja, du vielleicht. Du wählst ja inzwischen auch CDU.«

Jetzt war am Tisch kein Halten mehr. »WAAAS??« – »Das ist jetzt ein Witz, oder?« – »Raus, du Sau!« – »Entschuldige mal, ich wohne hier!« Nur allmählich beruhigte sich das Stimmengewirr.

Ich war verwirrt. Rainer sah doch ganz normal aus. Jeans, eine Nickelbrille, für die er fast zu alt war, strubbelige Haare. CDU-Wähler erkennt man doch. Ich dachte an meine Schulzeit. Vier Mitglieder der Jungen Union hatte es in meinem Abiturjahrgang gegeben. Und sie verkörperten alles, was wir anderen nicht sein wollten. Sie trugen ihre Hefte in schwarzen Hartschalen-Aktenkoffern umher, auf die sie Aufkleber gepappt hatten: Einen grinsenden Igel, unter dem stand: »Bundeswehr mit Sicherheit Ja«, oder einen stilisierten Neandertaler mit dem Slogan: »Atomkraftgegner überwintern bei Dunkelheit und mit kaltem Hintern.« Alle vier hatten zu viel Gel in den Haaren, und zwei von ihnen trugen tropfenförmige Pilotenbrillen, die sich bei Sonnenschein automatisch dunkel färbten. Und nie, wirklich niemals wollte beim Schulfest eines der hübschen Mädchen mit ihnen tanzen.

Nun, Annika war hübsch. Und jetzt hatte sie einen Freund, der CDU wählte.

Annika hatte allen Wein nachgeschenkt und sich eine Zigarette angezündet. Sie lehnte sich auf ihrem Stuhl zurück und blies eine Rauchwolke aus. »Jetzt kann der Rainer euch ja mal schön erzählen, was er sich so dabei gedacht hat.«

Rainer überhörte die Provokation. Und sagte sehr

ernsthaft: »Ich glaube, dass wir wieder mehr verbindliche Werte in unserer Gesellschaft brauchen. Ich meine, das geht so echt nicht weiter.« Und dann an Annika gewandt: »Du sagst zum Beispiel, dass du keine Kinder willst, weil du schon den ganzen Tag mit irgendwelchen Verhaltensgestörten verbringen musst. Aber warum sind deine Schüler denn so? Vor dreißig, vierzig Jahren waren Hauptschüler doch ganz normale Kinder. Aber damals hättest du ja auch noch nicht zwei Drittel Ausländer in der Klasse gehabt.«

»Ach, jetzt sind die Ausländer schuld? Hast dich ja gut eingelebt bei deinen neuen politischen Freunden.« Das war Michaela, hämisch.

Rainer blieb sachlich. »Ich habe überhaupt nichts gegen Ausländer, und das weißt du auch. Alles, was ich sage, ist: Wir haben es versäumt, den Menschen, die zu uns kommen, unsere Werte zu vermitteln. Die ersten Leidtragenden sind deren Kinder. Die kommen in der Schule nicht zurecht, kriegen keinen Job und wissen wahrscheinlich noch nicht mal, was sie falsch machen. Die tun mir leid.«

»Und warum hast du nun CDU gewählt?«, fragte ich. Der Zusammenhang war mir immer noch nicht klar. Ich kenne Menschen, die alles Mögliche wählen. Die meisten meiner Kollegen FDP, weil sie an die Überlegenheit der Marktwirtschaft glauben. Unser Blatt heißt nicht umsonst *Manager Magazin*. Und, na ja, auch weil sie gut verdienen und weniger Steuern zahlen wollen. Mit meinen Freunden kann ich mich endlos darüber auseinandersetzen, ob man bei der nächsten Wahl seine Zweitstimme der SPD oder den Grünen geben solle.

Und ein ziemlich erfolgloser Schauspieler in meinem Bekanntenkreis wählt sogar PDS. Vermutlich glaubt er, dass ihn das seinem Vorbild Bert Brecht irgendwie näher bringt.

Aber CDU … das waren doch sechzehn Jahre Helmut Kohl, das waren Saumagen und Rüstungslobbyisten und pickelige Außenseiter mit Pilotenbrillen … also das ging gar nicht. Und jetzt wählt Rainer die CDU, weil er Mitleid mit Migrantenkindern hat. Sehr verwirrend.

Rainers Antwort auf meine Frage machte die Verwirrung perfekt: »Weil die CDU für die Werte steht, die ich bei Rot-Grün vermisst habe. Die waren doch zuletzt total beliebig – Hauptsache an der Macht bleiben. Von der CDU erhoffe ich mir so etwas wie eine neue Bürgerlichkeit.«

Annika verdrehte die Augen und holte die nächste Flasche Rotwein.

Es folgten noch einige weitere. Die Diskussion blieb hitzig, und sie fand kein anderes Thema mehr. Als ich mich verabschiedete, dämmerte schon der Morgen. Ich nahm kein Taxi, sondern lief die gute halbe Stunde bis nach Hause. Neue Bürgerlichkeit – ich hatte den Begriff schon häufiger gelesen in den letzten Monaten. Ich hatte darin den Versuch gesehen, alten Gedanken einen flotten Anstrich zu verpassen. Leicht durchschaubar, nicht der Rede wert.

Aber jetzt wünschte sich sogar Rainer eine neue Bürgerlichkeit. Und Annika fühlte sich offenbar regelrecht bedrängt. Sie hatte das Gefühl, sich rechtfertigen zu müssen für die Tatsache, dass sie keine Kinder will.

So erregt hatte ich sie noch nie gesehen. Und das nur wegen eines simplen Artikels im *Spiegel*.

Warum haben Helene und ich eigentlich keine Kinder? Schon die falsche Frage, ärgerte ich mich, während ich die Treppen zu unserer Wohnung hochstieg. Die Frage impliziert ja, dass man sich fürs Nichtkinderkriegen rechtfertigen muss. Ob das schon der schleichende und unheilvolle Einfluss der neuen Bürgerlichkeit war? Ob ich demnächst auch CDU wählen würde?

Ich träumte wirr in dieser Nacht. Am Morgen war ich mir nicht mehr sicher, was sich am Abend wirklich ereignet und was sich nur in meinen Träumen abgespielt hatte.

1. Die neue Bürgerlichkeit: Karriere eines Begriffs

Das Unternehmen, bei dem ich angestellt bin, gehört zur Rudolf Augstein GmbH & Co. KG. In dieser Verlagsgesellschaft erscheint unter anderem auch das Nachrichtenmagazin *Der Spiegel*, das die erhitzte samstägliche Debatte unter meinen Freunden ausgelöst hatte. Aber das ist Zufall.

Die Angestellten der Rudolf Augstein GmbH & Co. KG und ihrer Tochtergesellschaften genießen eine Reihe bemerkenswerter Privilegien. Mittags speisen sie in einer denkmalgeschützten Kantine, wo ihnen mütterliche Servierdamen in schwarzen Röcken und weißen Schürzen das Essen an den Tisch tragen. Aus den vollklimatisierten Einzelbüros schweift der Blick weit über den Hafen (Südseite) oder über die Backsteinschluchten und Kupferdächer des Hamburger Kontorhausviertels (Nordseite). Falls sich Müdigkeit nach dem Essen einstellt: Das Kännchen mit belebendem Filterkaffee wird direkt am Arbeitsplatz gereicht, und zwar stilecht auf einem dieser braunen, stapelbaren Siebzigerjahre-Plastiktabletts mit imitierter Holzmaserung und rutschfest geribbelter Oberfläche. Auf der Untertasse liegen stets zwei mal zwei Stück Würfelzucker, verpackt in rotes Papier mit Firmenlogo. Ein sehr, sehr bürgerlicher Arbeitsplatz.

Das vielleicht wichtigste Privileg indes ist rein elektronischer Natur. Seit Jahrzehnten schon durchforsten Dutzende von Angestellten Tag für Tag, Woche für Woche alle halbwegs wichtigen Zeitungen und Zeitschriften dieses Landes, dazu die bedeutendsten Presseprodukte aus dem Rest der Welt. Nahezu jeder Artikel wird digitalisiert, mit Schlagworten versehen und abgespeichert. Mit einem Programm namens DIGAS können alle Redaktionsmitarbeiter von ihrem Laptop aus auf diesen Datenschatz zugreifen.

Mithilfe von DIGAS lässt sich binnen Sekunden nachvollziehen, in welchen Wellenbewegungen bestimmte Begriffe die Medien durchspülen, wie ein neuer Begriff eine kleine Erschütterung auslöst, die sich kreisförmig ausbreitet, sich mit anderen Begriffswellen vereint, immer mehr Wucht entfaltet, sich schließlich bricht und wieder ins mediale Vergessen zurückfließt. Und manchmal vielleicht eine Spur im Sand der Gesellschaft zurücklässt.

Damals in den niedlichen Neunzigern

Auch zwei Tage nach dem bemerkenswerten Abendessen verfolgte mich die Diskussion noch weiter. Die neue Bürgerlichkeit. Ich versuchte, den Ursprung dieses Begriffs zurückzuverfolgen bis zu jener Stelle, an der sich das Wasser erstmals kräuselte. Eine Spurensuche mit DIGAS. Ergebnis: In deutschen Medien taucht der Begriff »neue Bürgerlichkeit« zum ersten Mal 1998 auf, in einem Leitartikel der Wochenzeitung *Die Zeit* zum

Ende der Kanzlerschaft Helmut Kohls. Der Autor Gunter Hofmann prognostiziert: Etwas Neues werde an die Stelle der Biedermeierlichkeit treten, die Deutschland unter Kohl geprägt habe. »Aber ob aus dem Neuen auch eine neue Bürgerlichkeit wird, die sich den Widersprüchen der Moderne offensiv stellt, das soziale Auseinanderklaffen nicht ignoriert, die Zukunft der Lebenswelt im Auge behält, Selbstbewusstsein auf internationalem Parkett nicht mit Großmäuligkeit verwechselt, das alles ist ja noch offen.«[1]

Es lohnt sich, diesen Artikel acht Jahre nach seinem Erscheinen zu lesen, denn er macht auf wenigen Zeilen klar: Das geistige Klima in Deutschland hat sich in den vergangenen Jahren ganz schön verändert. So beschreibt Hofmann zum Beispiel, welche Themen die rot-grüne Koalition vorantreiben könnte, um den Ansprüchen der zuvor beschriebenen neuen Bürgerlichkeit zu genügen: »Höhere Energieproduktivität, ökologische Dienstleistungsgesellschaft, nachhaltiges Wirtschaften und langlebige Produkte oder eine andere Unternehmenskultur.«

Nachhaltiges Wirtschaften, ökologische Dienstleistungsgesellschaft: Wie niedlich. Mit einer solchen Agenda würde Gerhard Schröder heute wahrscheinlich nicht mal mehr in den Elternbeirat des Waldorf-Kindergartens Hannover gewählt.

Unter neuer Bürgerlichkeit verstand man bald schon etwas ganz anderes. Das zeigte sich deutlich 2003, als *Der Spiegel* der neuen Bürgerlichkeit eine erste Titelgeschichte widmete. Für neue Bürgerlichkeit standen nun laut *Spiegel* nicht mehr Energiesparen und Getränke aus Pfandflaschen, sondern: »Das Einhalten von Regeln, das Leben mit althergebrachten Tugenden und Ritualen« als Gegenpol zu »um sich greifende Verlotterung«[2].

Verlotterung wiederum zeige sich im Folgenden: nabelfreie Shirts, Tangas, die aus den Hosenbünden von Schulmädchen ragen, Flegel, die in der U-Bahn den Platz nicht für Ältere freimachen, Straßenbaustellen, an denen niemand arbeitet.

Und als Gegenpol: Eltern, die wieder Schuluniformen einführen wollen, boomende Benimmkurse, Informatiker, die ihre Hochzeit in Weiß auf einer gemieteten Ritterburg feiern.

Binnen einer Legislaturperiode hat der Begriff neue Bürgerlichkeit in den Augen der Medien eine neue Bedeutung erhalten: von der Sehnsucht nach einer weltoffenen, ökologisch bewussten und sozial verantwortlichen Bürgergesellschaft (*Die Zeit*, 1998) hin zu einem »Vorwärts zurück in ein neues Biedermeier« (*Der Spiegel*, 2003).

Während ich also jahrelang glaubte, ein ziemlich bürgerliches Leben zu führen (schließlich gehe ich einer geregelten Beschäftigung nach und lecke bei Tisch das Messer nur ab, wenn gerade keiner guckt), hatte es der Rest des Landes offenbar so richtig krachen lassen in Sachen Bürgerlichkeit. Dem *Spiegel* zufolge waren wir über Nacht zu einer Republik der Weißheirater und Golf-Schnupperkurs-Bucher geworden.

Nun handelt es sich ja bei Golfkursen und weißen Hochzeitskleidern um rein private Vorlieben, die mit der politischen Ebene zunächst nichts zu tun haben. Auch der richtige Gebrauch einer Hummerzange lässt sich kaum per Gesetz verordnen oder fördern.

Vom Privaten ins Politische

Doch mit der neuen Bürgerlichkeit als einem rein privaten Trend war es bald darauf vorbei. Ab 2003 erscheinen Artikel, in denen der Gedanke der neuen Bürgerlichkeit mit konkreten politischen Forderungen verknüpft wird: Als Ursache für leere Sozialkassen gilt nun fehlendes Verantwortungsgefühl. Denn dem Empfänger von Arbeitslosenhilfe mangelt es nicht am Geld, sondern am Willen, von der Stütze wegzukommen, so der *Stern* 2004.[3] Die antibürgerliche Haltung der Achtundsechziger ist nun schuld an der Rentenkrise. Denn die Töchter der Achtundsechziger sind zu karrieresüchtigen Hedonistinnen herangewachsen, denen es fürs Kinderkriegen an Opferbereitschaft mangelt.

Die Bürger haben es außerdem satt, dass auf den Bühnen ihrer Stadttheater nur noch herumexperimentiert wird. Wenn man Schillers Dramen heute noch zerlegt und problematisiert, statt sie werkgetreu und vollständig zu spielen, dann ist ironischerweise gerade das Ausdruck »arroganter Spießigkeit«, so Bundespräsident Horst Köhler 2005.[4] Junge deutsche Mädchen gehen in Berlin wieder mit einem Deutschlandschal um die Hüften tanzen. Das beobachtete Ulf Poschardt in der *Welt am Sonntag* schon lange vor der Fußball-WM und wertete es als Ausdruck eines neuentdeckten Patriotismus, der wiederum das beste Mittel sei gegen »überzogenen Individualismus« und »Konsumismus«.[5]

Fehlt noch ein Politikfeld? Ach ja: Die Müllsortierer sind schuld an der Rezession. »Die ökologische Agenda hat Deutschland in einen mentalen und wirtschaftlichen

Stillstand geführt. Weit jenseits der Grünen legt sich diese Gesinnung längst wie Mehltau übers Land. Viele Deutschen haben das Gefühl, man dürfe überhaupt nichts mehr riskieren, keine Straße mehr bauen, keinen Baum mehr fällen.« So der Historiker Paul Nolte 2004 in einem Interview.[6]

Vier Jahre hatte es gedauert, um die neue Bürgerlichkeit von einem vorwärts- in einen rückwärtsgewandten Begriff zu verwandeln. Weitere vier Jahre später ist aus einer harmlosen Klassifizierung für einen neuen Lebensstil eine politische Kampfparole geworden.

Gleichzeitig nimmt die Intensität der Debatte zu: Für 2002 findet DIGAS beim Suchbegriff »neue Bürgerlichkeit« sieben Treffer, 2004 sind es achtzehn und in den ersten sechs Monaten des Jahres 2006 bereits 93 Treffer. Die Welle scheint sich immer höher aufzutürmen. Immer häufiger verweisen die Artikel nun auf Bücher, die inzwischen zum Thema erschienen sind. Zugleich wiederholen sich die Namen derer, die sich entweder selbst in dieser Debatte äußern oder als Kronzeugen der neuen Bürgerlichkeit Gehör finden. Oft sind sie zugleich die Autoren der entsprechenden Referenzwerke: der Historiker Paul Nolte mit seinem Buch *Generation Reform*, der Bundesverfassungsrichter Udo Di Fabio mit *Die Kultur der Freiheit*, der *FAZ*-Herausgeber Frank Schirrmacher mit seiner Veröffentlichung *Minimum*.

Im Kopf des gebildeten Spießers

So kalt wie mich der Begriff neue Bürgerlichkeit noch wenige Tage zuvor gelassen hatte, nun faszinierte er mich. Wer sind diese neuen Bürgerlichen? Warum tauchen sie auf einmal in derartiger Breite in den Medien auf? Und: Was heißt das überhaupt, neue Bürgerlichkeit?

Ich begann, mich in die Gedankenwelt der neuen Bürgerlichen einzulesen. Ich diskutierte ihre Thesen mit Bekannten, und ich merkte: Kaum einen lässt dieser Begriff kalt, vor allem Frauen nicht. Mein Eindruck: Viele von ihnen empfinden die neubürgerliche Renaissance der Mutterrolle als Zumutung. Unabhängig davon, ob sie Kinder haben oder nicht, verwahren sie sich dagegen, dass ihre Gebärfreudigkeit zum Politikum gemacht wird.

Um es vorwegzunehmen: Die Auseinandersetzung mit den Vertretern der neuen Bürgerlichkeit fiel ernüchternd aus. Ihre Gedankenwelt ist in erster Linie bürgerlich im Sinne von konservativ. Neu hingegen ist sie nicht. Im Gegenteil: Jeder über Dreißigjährige dürfte sich bei der Lektüre der neubürgerlichen Autoren an die Spießerklischees seiner Jugend erinnert fühlen. Je genauer man hinschaut, desto kleiner wird die geistige Distanz zwischen einem zweifellos hochgebildeten neuen Bürgerlichen wie dem Verfassungsrichter Udo Di Fabio und beispielsweise dem Reihenhausbesitzer, der sich einst in meinem Heimatdorf über die Sicherheitsnadel im Ohr des Nachbarjungen erregte.

Na ja, damals waren halt die Achtziger, und Sicherheitsnadeln waren Punkrock. Der besagte Nachbarsjunge ist heute übrigens Rechtsanwalt.

Um dem Generalverdacht der Spießigkeit zu entgehen, haben die neuen Bürgerlichen die Vorzeichen umgedreht: Wer vermeintlich Spießiges äußert, ist in ihren Augen der wahre Rebell, denn er setzt sich mutig der linken Kritik aus. Die wahren Spießer hingegen, das seien heute ebenjene Linken. Ihre Engstirnigkeit offenbare sich in den Denkverboten der Political Correctness.

Sicher, es hat heute leicht etwas wahnsinnig Abgedroschenes und Verstaubtes, wenn man auf die abgedroschenen und verstaubten Ideen vermeintlicher Spießer eindrischt. Da klingt man leicht wie ein bemüht-kritischer Provinzkabarettist, dem seit den späten Siebzigern kein neuer Gag mehr eingefallen ist.

Und erscheint nicht vieles von dem, was die neuen Bürgerlichen fordern, schlüssig und einleuchtend? Wer würde bestreiten, dass eine Gesellschaft verbindliche Werte benötigt, nach denen sie ihr Zusammenleben regelt?

Die typische Argumentationslinie der neuen Bürgerlichen beginnt genau an diesem Punkt: Sie behaupten, dass die herkömmlichen Regelsysteme unserer Gesellschaft in Auflösung begriffen sind. Aus diesem Befund leiten sie das Recht ab, neue Regeln zu formulieren und die nötigen Maßnahmen zu ihrer Durchsetzung zu fordern. Das Problem dabei: Schon der empirische Befund hält nicht mal einer oberflächlichen Überprüfung stand. Es gibt erstaunlich wenig Anzeichen dafür, dass sich die Bindungsfähigkeit in unserer Gesellschaft auflöst. In den grundlegenden Fragen unseres Zusammenlebens ist der Konsens in Deutschland nach wie vor überwältigend groß: Gewalt als Mittel der Auseinandersetzung wird allgemein geächtet; Diskussion, Abstimmung, Kompromiss sind die fundamentalen Instrumente, mit denen sich friedliches Zusammenleben gestalten lässt. Sie finden breite Anerkennung – übrigens quer durch alle gesellschaftlichen Schichten.

Natürlich gibt es andere Bereiche, in denen unsere gesellschaftlichen Normen einem rapiden Wandel unterworfen sind, was in vielen Fällen auch zu Problemen führt. Der argumentative Trick der neuen Bürgerlichen: Sie setzen diesen Wandel automatisch mit Niedergang gleich.

Das ist nichts Neues, sondern ein klassisches konservatives Denkmuster: Wenn sich etwas ändert, ist das im Zweifelsfall schlecht. Frauen wollen sich lieber selbst verwirklichen, anstatt zu gebären – Hilfe, die Deutschen sterben aus! Die Hosenbünde sitzen heute tiefer als früher – die jungen Dinger haben einfach keinen Anstand mehr!

Freiheit war schon immer verdächtig

Wandel mit Niedergang gleichzusetzen, das war in konservativen Kreisen stets üblich. Schon die preußischen Gutsbesitzer klagten, die Abschaffung der Leibeigenschaft werde zum gesellschaftlichen Niedergang führen, schließlich wüssten die Bauern mit ihrer neugewonnenen Freiheit nichts anzufangen, außer sich herumzutreiben, in der Dorfschänke zu zechen und umstürzlerischen Gedanken nachzuhängen.

Heute wissen wir: Die meisten Bauern wussten ihre neugewonnene Freiheit sehr wohl zu nutzen. Sie zogen in die Städte und bildeten dort das Arbeitskräftereservoir für die rasante Industrialisierung Deutschlands. Das Leben in Deutschland wurde besser, nicht schlechter: Die Lebenserwartung stieg, ebenso das Durchschnittseinkommen. Und mit einiger Verzögerung konnten auch die ehemals unfreien Bauern oder zumindest ihre Kinder an diesem Wohlstandszuwachs teilhaben.

Allerdings nicht, wenn es nach den Besitzern der Fabriken und Bergwerke gegangen wäre, jener Schicht also, die im engeren historischen Sinne als Bürgertum bezeichnet wird. Bis weit ins 19. Jahrhundert beschäftigten diese Unternehmer ganz selbstverständlich auch Kinder und Jugendliche – und rechtfertigten dies mit einer originellen Begründung: Nur in der Fabrikhalle könnten die Gören Sitte und Anstand erlernen. Hätten sie mehr Freizeit, würden sie sich nur herumtreiben und in der Schänke … siehe oben.

Schließlich mussten auch die Kinder von Arbeitern nicht mehr ins Bergwerk, und wie wir heute wissen, haben die meisten von ihnen ihre Freizeit ganz gut genutzt, indem sie zur Schule gegangen sind. Aus den Kindern von Eisenbiegern und Kohlenklopfern wurden Facharbeiter, später Angestellte und sogar Akademiker. Wieder wuchs der Wohlstand der gesamten Gesellschaft, wieder hatten die Konservativen gesellschaftlichen Wandel mit gesellschaftlichem Niedergang verwechselt.

Der Generalverdacht, dass die unteren Gesellschaftsschichten zum eigenverantwortlichen Umgang mit ihrer Freiheit nicht fähig sind, zieht sich durch die gesamte Geschichte des konservativen Denkens. Er hat sich bisher regelmäßig als falsch erwiesen. Was also sollen wir vom Historiker Paul Nolte halten, der sich über die deutsche Unterschicht des 21. Jahrhunderts auslässt: Die wisse mit ihrem Geld nichts Rechtes anzufangen, verdaddele es sinnlos im »klassenspezifischen Konsumdreieck« aus Tabak, Alkohol und Lottospiel.[7] Mit solchen Äußerungen sitzt der Professor der Freien Universität Berlin beinahe schon wieder in der geistigen Dorfschänke bei den zechenden Leibeigenen.

Eine Alternative wäre es, gesellschaftlichen Wandel zunächst einmal als etwas Neutrales zur Kenntnis zu nehmen: Junge Menschen kleiden sich anders als die Generationen vor ihnen, Frauen bekommen weniger Kinder als früher, und für Handy-Klingeltöne hat vor zwanzig Jahren auch noch niemand Geld ausgegeben. Aber ob dieser Wandel gut ist oder schlecht, wer will das heute kompetent beurteilen?

Die neuen Bürgerlichen indes besitzen nicht nur die Hybris, über die Wünschbarkeit von gesellschaftlichen Entwicklungen den Daumen zu heben oder zu senken. Sie nehmen sich auch das Recht heraus, daraus politische Forderungen abzuleiten, die regulierend in das Leben des Einzelnen eingreifen. Zum Beispiel: Weil die Unterschicht ihr Geld nicht für die richtigen Dinge ausgibt, muss sie zu einem anderen Lebensstil erzogen werden. Weil Frauen heute im Schnitt weniger Kinder bekommen möchten als früher, müssen sie für dieses Fehlverhalten bestraft werden.

Um die Leichtfertigkeit zu verstehen, mit der neue Bürgerliche Eingriffe in die individuelle Freiheit der Bürger fordern, lohnt es sich, einen Begriff aus der politischen Ökonomie in die Diskussion einzuführen: den des Interesses oder des Nutzens.

Gutsherren und Fabrikanten hatten nicht nur einfach eine Abneigung gegen trinkendes Gesindel. Sie hatten auch ein konkretes Interesse daran, dass Leibeigene unfrei blieben und Kinderarbeit üblich war. Erst Unfreiheit und Bildungslosigkeit der anderen sicherten die herausgehobene Stellung von Adel und später auch Bürgertum in der Gesellschaft. Kaum waren die Gutsbesitzer ihre Leibeigenen los, ging es auch mit der Stellung des Adels in der Gesellschaft bergab. Fontanes Dubslav von Stechlin, Sinnbild des preußischen Adeligen in der Literatur, musste sich am Ende sogar Geld beim ortsansässigen jüdischen Tuchhändler leihen.

Konservative ziehen in der Regel einen wie auch immer gearteten materiellen oder immateriellen Nutzen daraus, dass sie konservativ sind. Eine Tendenz, die sich auch beim nun folgenden Blick auf die Protagonisten der neuen Bürgerlichkeit bestätigt.

Dass die eigenen politischen Positionen dem eigenen Interesse folgen, ist bis zu einem gewissen Grad durchaus legitim. Auch andere Teile des politischen Spektrums, von Gewerkschaftern bis Umweltschützern, folgen bei der Formulierung ihrer politischen Positionen den eigenen Nutzenerwägungen. Eine bewährte Strategie in der politischen Auseinandersetzung ist es auch, die Durchsetzung der eigenen Partikularinteressen als Mehrung des Gemeinwohls auszugeben. Diese Strategie beherrschen die neuen Bürgerlichen perfekt. Erst bei genauerem Hinschauen zeigt sich: Ihre Forderungen nutzen in erster Linie ihnen selbst.

Das wird sich immer wieder in den folgenden Kapiteln zeigen, in denen ich jeweils ein »Lieblingsthema« der neuen Bürgerlichen aufgreife und versuche, die Stichhaltigkeit der neubürgerlichen Argumente zu hinterfragen – von der Familienpolitik über den Patriotismus bis zum Spielplan unserer Theater.

Das System ändern, nicht die Menschen

Im Kern kommt das Buch zu einem grundlegend anderen Ergebnis als die neuen Bürgerlichen: Nicht die deutsche Gesellschaft ist erkrankt – sie funktioniert überraschend gut angesichts all der Schocks, die ihr in den letzten zwei Jahrzehnten zugemutet wurden, von der Wiedervereinigung bis zur Globalisierung. Die meisten Probleme in Deutschland haben ihre Ursache vielmehr in einem politischen System, das sich an veränderte Anforderungen kaum angepasst und deshalb in den letzten fünfzehn Jahren massiv an Handlungsfähigkeit eingebüßt hat. Das politische System der Bundesrepublik ist inzwischen nicht mehr in der Lage, nachhaltige Lösungen für die drängendsten Probleme zu entwickeln – etwa Bekämpfung der Arbeitslosigkeit, Reform der Sozialversicherungen, Konsolidierung der Staatsfinanzen. Diese Handlungsunfähigkeit führt zu einem massiven Vertrauensverlust der Bürger in die politische Elite und die Funktionsfähigkeit des politischen Systems. Die Symptome dieses Vertrauensverlusts dürfen aber nicht mit einem Auseinanderbrechen der Gesellschaft insgesamt verwechselt werden. Genau diesen Fehler begehen die neuen Bürgerlichen.

Kurz: Wer Deutschland erneuern will, muss das politische System reformieren, nicht die Menschen umerziehen.

Noch eine letzte Bemerkung, bevor es richtig losgeht: In den folgenden Kapiteln spreche ich sehr häufig und meist unfreundlich von »den« neuen Bürgerlichen. Das ist eine grobe Pauschalisierung. Die Protagonisten der neuen Bürgerlichkeit unterscheiden sich natürlich voneinander, sowohl hinsichtlich ihres intellektuellen Niveaus (nicht jeder kann ein Peter Hahne sein) als auch in ihren Ansichten. Untereinander sind sich die neuen Bürgerlichen bei weitem nicht immer grün. Wie in jeder ordentlichen ideologischen Strömung wimmelt es von sektiererischen Abgrenzungsversuchen. Matthias Matussek wettert gegen Paul Nolte, der Philosoph Norbert Bolz gegen *FAZ*-Herausgeber Frank Schirrmacher. Von daher kann es durchaus vorkommen, dass sich manche der in diesem Buch angegangenen Personen unter dem Schlagwort neue Bürgerlichkeit nicht richtig kategorisiert wähnen; ihr Protest ist hiermit zur Kenntnis genommen.

2. Der demographische Wandel oder: Hilfe, die Deutschen sterben aus!

»Wenn nichts anderes mehr klappt, dann lässt sich Unsterblichkeit wenigstens durch spektakuläre Irrtümer erreichen.« Eine schöne Einsicht des US-amerikanischen Ökonomen und Sozialkritikers John Kenneth Galbraith.[1] Mit Galbraith' Erkenntnis lässt sich auch sehr treffend das traurige Schicksal eines anderen Wissenschaftlers zusammenfassen – das von Thomas Robert Malthus. Der Name des Engländers dürfte bis in alle Ewigkeit verknüpft bleiben mit der gravierendsten demographischen Fehlprognose aller Zeiten, »Unsterblichkeit« im schlechtesten Sinne.

1798 veröffentlichte Malthus in London sein Buch *An Essay on the Principle of Population*. Kernaussage: Die Menge der Lebensmittel, die Menschen produzieren können, steigt mit der Zeit linear an. Die Menschen aber vermehren sich exponentiell vor allem in den ärmeren Bevölkerungsschichten – und zwar umso schneller, je besser ihre Lebensbedingungen sind. Malthus' Schlussfolgerung aus dieser Beobachtung: Es macht keinen Sinn, die Lage der Unterschicht etwa durch Armenfürsorge zu verbessern. Denn je besser es den Armen geht, umso mehr Kinder gebären sie. Die Produktion von Nahrungsmitteln kann dann nicht mehr mit der wachsenden Bevölkerungszahl Schritt halten. Hungersnöte sind die Folge. Besser wäre es also, wenn es den Angehörigen der Unterschicht gleich so schlecht ginge, dass sie freiwillig auf Kinder verzichten.

Klingt aberwitzig? Aus heutiger Sicht vielleicht. Aber zu seinen Lebzeiten konnte sich Malthus über mangelnde Resonanz nicht beklagen: In England wurde 1834 tatsächlich die Armenfürsorge eingeschränkt.

Seitdem hat sich die Bevölkerungszahl in Großbritannien vervielfacht. Doch Hunger leiden müssen dort heute höchstens jene Feinschmecker, die Fish Pie oder Black Pudding nicht als Essen durchgehen lassen.

Dabei hatte Malthus eigentlich nichts anderes gemacht als unzählige andere Demographen nach ihm: Er hatte Entwicklungen, die er in seiner Gegenwart zu beobachten glaubte, in die Zukunft fortgeschrieben – und jene Schlussfolgerungen daraus gezogen, die er für zwingend hielt. Lebensmittelproduktion steigt langsamer als Bevölkerungszahl, ergo: Hungersnot.

Die Verlockungen der Demographie

Die Demographie ist eine Wissenschaftsdisziplin, die besonders leicht zu solch falschen Schlussfolgerungen verführt – gerade weil sie auf den ersten Blick so einfach und verlässlich erscheint. Während sich andere Sozialwissenschaftler noch um Begriffsdefinitionen balgen, errechnen Demographen scheinbar mühelos, wie viele Rentner es im Weser-Ems-Gebiet in, sagen wir mal, fünfzig Jahren geben wird. Das ist möglich, weil in kaum einer anderen Forschungsdisziplin die Datenlage derart gut ist wie in der Demographie. Jede Geburt in Deutschland wird offiziell registriert, ebenso jeder Sterbefall und nahezu jeder Umzug. Und die Rentner des Jahres 2056 sind heute bereits Teenager.

Die Fülle an Daten schürt jene Gefahr, der auch Malthus erlegen ist: Allzu verlockend scheint es, heutige demographische Entwicklungen für die nächsten fünfzig Jahre fortzuschreiben und daraus apokalyptische Szenarien abzuleiten. Denn was sich aus der deutschen Bevölkerungsstatistik herauslesen lässt, birgt auf den ersten Blick pures Dynamit in sich. Bereits seit 1972 werden in Deutschland weniger Kinder geboren, als Menschen sterben. »Ohne weitere Zuwanderung würden in Deutschland 2050 nur noch 51 Millionen Menschen leben, im Jahr 2100 nur noch 24 Millionen – so viele wie Anfang des 19. Jahrhunderts.«[2] Da gleichzeitig die Lebenserwartung steigt, werden die Deutschen im Schnitt immer älter. Kamen im Jahr 2001 auf hundert Personen im Erwerbsalter zwischen zwanzig und sechzig noch 44 Senioren über sechzig, werden es 2030 bereits 71 sein.[3]

Wie so oft war es die *Bild-Zeitung*, die diese Fakten zu einem eindrücklichen Satz verdichtete: »Wenn der Trend anhält, sind wir in zwölf Generationen ausgestorben.«[4]

Vielleicht sind es die simplen, einprägsamen und scheinbar unwiderlegbaren Botschaften, die die Demographie zur Lieblings- und Generalwissenschaft der neuen Bürgerlichen gemacht haben. Die Deutschen als bedrohte Spezies, die dringend ein Artenschutzprogramm braucht. Aus diesem Grundgedanken zimmern die neuen Bürgerlichen ein Ideologiegebäude, das seinen Schatten auf eine ganze Reihe von Politikbereichen wirft:

- Beispiel Familienpolitik: Die deutsche Frau bekommt im Schnitt nur noch 1,4 statt der 2,1 Kinder, die zum Selbsterhalt unseres Volkes nötig wären. Das muss sich ändern! (Siehe Kapitel 5)
- Beispiel Ausländerpolitik: Bereits seit dreißig Jahren wird der Bevölkerungsrückgang in Deutschland durch Einwanderung ausgeglichen. Wenn das so weitergeht, werden die Deutschen zur Minderheit im eigenen Land. Das darf nicht passieren! (Siehe Kapitel 8)
- Beispiel Sozialpolitik: Wenn in Zukunft immer weniger Junge immer mehr Alte durchfüttern müssen, dann können wir Deutsche uns Müßiggang nicht mehr leisten. Faulpelze darf das Sozialsystem keinesfalls mehr durchschleppen! (Siehe Kapitel 4)
- Beispiel Patriotismus: Die notwendigen Schlussfolgerungen aus dem seit Jahrzehnten drohenden Bevölkerungsrückgang sind nur deshalb so lange nicht gezogen worden, weil die Achtundsechzigerbewegung den Deutschen einen selbstzerstörerischen Hass auf sich selbst eingeimpft hat. Wir brauchen wieder mehr Vaterlandsliebe! (Siehe Kapitel 8)

Die Demographie ist das Gerüst, an dem sich die Neubürgerlichen von einem Politikfeld zum anderen hangeln. Hilfestellung leistet bei dieser Übung vor allem einer: Herwig Birg. Die wissenschaftliche Karriere des Bevölkerungsforschers verlief eher unauffällig. Sicher, er brachte es zum Leiter des Instituts für Bevölkerungsforschung und Sozialpolitik der Universität Bielefeld und zum Präsidenten der Deutschen Gesellschaft für Demographie. Doch außerhalb seiner Zunft wurde Birg lange Zeit kaum zur Kenntnis genommen. Ein Schicksal, das er übrigens mit vielen anderen Demographen teilte: Die Angehörigen dieser Disziplin galten jahrelang als wissenschaftliche Hilfstruppe, als Zahlenhuber, denen jenseits ihrer Sterbetabellen leider die notwendige Sensibilität fehlt, um im politischen Diskurs ernst genommen zu werden. Dieses Image wandelte sich erst mit dem Aufkommen der neuen Bürgerlichen – und Birg avancierte im fortgeschrittenen Alter zum Medienstar. So führt auch *FAZ*-Herausgeber Frank Schirrmacher Birg in seinem Bestseller *Minimum* als Zeugen an. In dem Buch prophezeit Schirrmacher den Niedergang Deutschlands infolge von Bevölkerungsrückgang und Familienverfall.

Wer einige Bücher und Aufsätze von Birg liest, erkennt schnell, warum er zum Lieblingsdemographen der neuen Bürgerlichen avancierte: Munter vermischt Birg seriöse Demographie mit eigenen konservativen Werturteilen und allerlei halbwissenschaftlichen Anleihen bei Nachbardisziplinen wie Volkswirtschaftslehre und Politologie. Aus diesen Zutaten entwickelt er ein düsteres Zukunftsszenario. So diagnostiziert er bei den Deutschen »Selbstbestrafung als Folge von Selbsthass«[5], konstatiert die Unterlegenheit Deutschlands bei den »Übernahmeschlachten«[6] gegen ausländische Unternehmen, zweifelt daran, dass die deutsche »Spaßgesellschaft«[7] für die Herausforderungen der Zukunft gerüstet ist, schließlich hätten die Achtundsechziger für eine »antifamiliale Selbstverwirklichungsideologie« gesorgt, deren Folgen die Deutschen nun ausbaden müssten.[8]

Hoffnung schöpft Birg in dieser Wüstenei vor allem aus der deutschen Kultur, die bis heute ihre Anziehungskraft bewahrt habe – trotz der »ungeheuren Heimsuchungen«, die durch zwei Weltkriege und zwei Diktaturen über diese Kultur gekommen seien.[9] So als hätte die deutsche Kultur zu zwei Weltkriegen und zwei Diktaturen wirklich gar nichts selbst beigetragen. Kurz: Birg nutzt die gesamte Klaviatur an rhetorischen Versatzstücken und Geschichtsklitterungen, mit denen man sich erfolgreich als demographischer Kronzeuge der neuen Bürgerlichen bewirbt.

Die Kurzschlüsse des Herwig Birg

Aber geben denn nicht die Fakten den neuen Bürgerlichen Recht? Ist es etwa nicht bedrohlich, wenn wir Deutschen immer weniger werden und zugleich immer älter? Sicher, in den kommenden Jahrzehnten wird Deutschland tiefgreifenden demographischen Veränderungen unterworfen sein, die unsere Gesellschaft und unser politisches System vor viele Herausforderungen stellen. Wie lässt sich das Rentenversicherungssystem so umbauen, dass es mit dem Wandel Schritt hält? Wie lässt sich die wirtschaftliche Dynamik auch in einer Gesellschaft aufrechterhalten, die altert und schrumpft? Alles Themen, über die es sich zu diskutieren lohnt.

Zu ihren demographischen Untergangsszenarien

können Schirrmacher, Birg und Co. allerdings nur gelangen, indem sie konsequent drei wichtige Aspekte ignorieren oder kleinreden:

- Erstens blenden sie aus, dass der Rückgang der Geburtenrate kein typisch deutsches Krisensymptom ist, sondern ein normaler Teil der gesellschaftlichen Modernisierung, wie er so oder so ähnlich in nahezu allen Ländern der Erde auftritt oder auftreten wird. In Deutschland hat sich dieser Trend in den vergangenen drei Jahrzehnten zumindest nicht verstärkt.
- Zweitens wird verschwiegen, dass Migration bereits seit Jahrhunderten ein normaler Weg ist, um Schwankungen in der Geburtenrate auszugleichen – und dass jede Kultur durch solche Wanderungsbewegungen geprägt worden ist, gerade auch die deutsche.
- Drittens übersehen die neuen Bürgerlichen, dass die anhaltenden Fortschritte in der wirtschaftlichen Produktivität eine gute Chance bieten, mit dem Schrumpfen wie auch mit der Alterung der deutschen Gesellschaft ohne Wohlstandsverlust fertig zu werden.

Aber der Reihe nach. Zunächst zum ersten Punkt: Besonders gerne suggerieren die neuen Bürgerlichen, dass es sich beim Bevölkerungsrückgang um etwas spezifisch Deutsches handelt. Meist folgen dann Verweise auf hedonistische Jammerlappigkeit, übertriebenen Selbstverwirklichungsdrang und womöglich noch auf den Schuldkomplex »Drittes Reich«, der deutschen Vätern das Zeugen und deutschen Müttern das Gebären verleidet.

Überspitzt gesagt: Die Deutschen sterben aus, weil die Väter dann nicht mehr Porsche Boxster fahren können, weil die Mütter ihre Businesskostümchen gegen Kittelschürzen tauschen müssten und weil uns die Achtundsechziger eingeimpft haben, dass in jedem deutschen Jungen ein kleiner Heinrich Himmler steckt.

In Wahrheit handelt es sich beim Bevölkerungsrückgang keineswegs um ein rein deutsches Phänomen. In nahezu allen Teilen der Welt verläuft die demographische Entwicklung in drei Stadien: In vormodernen Gesellschaften gebären die Frauen sehr viele Kinder, allerdings ist wegen Nahrungsmangel und schlechter medizinischer Versorgung auch die Lebenserwartung sehr gering. Die Bevölkerungszahl bleibt konstant auf niedrigem Niveau. Mit dem Beginn der Industrialisierung verbessern sich Ernährung und medizinische Versorgung. Die Bevölkerungszahl steigt rapide.

Irgendwann tritt eine Gesellschaft in das Stadium ein, in dem Kinder nicht mehr die einzig mögliche Form der Altersvorsorge sind – eigene Ersparnisse oder Rentenversicherungen sind die verlässlichere Alternative. Ökonomisch gesehen werden Kinder von einer Form der Geldanlage zu einem Konsumgut: Statt als lebende Alterssicherung zu dienen, sollen sie nun Freude bereiten, dem Leben der Eltern einen Sinn geben – auch über deren Tod hinaus.

Deutschland erreichte dieses Stadium gegen Ende des 19. Jahrhunderts. Ein Meilenstein war die Einführung der gesetzlichen Rentenversicherung 1889. In den Jahrzehnten darauf fiel die Kinderzahl rapide. In den gerade mal drei Jahrzehnten zwischen 1890 und 1920 halbierte sie sich von im Schnitt fünf auf 2,5 Kinder pro Frau. Anfang der Dreißigerjahre sank sie erstmals unter das Niveau von 2,1 Kindern pro Frau, bei dem die Bevölkerungszahl ohne Ein- oder Auswanderung stabil bleibt.[10] In den Wirtschaftswunderjahren kletterte die Kinderzahl kurzfristig wieder über diese magische Schwelle und brach dann in den Sechzigerjahren erneut ein: Die Antibabypille war auf den Markt gekommen, die erstmals einen fast hundertprozentigen Schutz vor ungewollter Schwangerschaft bot. Seitdem verharrt die Geburtenrate in den alten Bundesländern etwa auf jenem Niveau, das bereits in den Siebzigerjahren erreicht wurde.

Zeitgleich mit Deutschland haben nahezu alle Industriestaaten diese verschiedenen demographischen Stadien durchlaufen, und die meisten Schwellenländer folgen der Entwicklung mit einigen Jahrzehnten Verzögerung. Folgerichtig rechnet die UNO damit, dass sich die Weltbevölkerung Mitte des Jahrhunderts bei etwa neun Milliarden Menschen stabilisieren und fortan zurückgehen wird.

Mit anderen Worten: In allen Industriestaaten liegt die Geburtenrate der Kernbevölkerung bereits heute unter dem Wert von 2,1, der zum Erhalt einer konstanten Bevölkerungszahl nötig wäre. Auch die USA und Frankreich, die angesichts ihrer relativ hohen Geburtenrate gern als Beispiele für eine erfolgreiche Bevölkerungspolitik hingestellt werden, verlieren bei näherer Betrachtung ihren Vorbildcharakter. In den USA sind es vor allem drei Bevölkerungsgruppen, die die Geburtenrate nach oben treiben: illegale Einwanderer, meist aus

Mexiko, die keinen Zugang zum US-amerikanischen Sozialsystem haben und deshalb wie im 19. Jahrhundert auf Kinder als Altersvorsorge angewiesen sind. Ferner die meist farbige Unterschicht in den amerikanischen Großstädten. Und schließlich allerlei christlich-religiöse Fundamentalisten, die mit vielen Kindern Gottes Willen zu erfüllen glauben. In Frankreich wiederum wird die Geburtenrate hochgehalten durch muslimische Einwanderer, die kaum in die französische Gesellschaft integriert sind und deshalb jene familiären Rollen beibehalten haben, die sie aus ihrer Heimat gewohnt sind.[11]

Die relativ vielen Kinder in Frankreich und den USA sind also keineswegs ein Indiz für besonders geglückte Familienpolitik oder gar »Nationalstolz« (so eine von Birgs Erklärungen im Fall USA)[12], sondern eher ein Symptom für gesellschaftliche Verwerfungen und Auflösungserscheinungen, die uns in Deutschland bislang zum Glück erspart geblieben sind.

Angesichts der Hysterie, mit der die demographische Debatte in Deutschland geführt wird, kann man es sich gar nicht deutlich genug vor Augen führen: Im internationalen Vergleich ist die Geburtenrate in Deutschland weitgehend normal. In zehn Mitgliedsstaaten der Europäischen Union werden pro Einwohner weniger Kinder geboren als in Deutschland. Noch dazu ist die Geburtenrate in Deutschland seit 1970 in etwa konstant.[13] Und den dramatischsten demographischen Umbruch aller Zeiten wird Deutschland nicht etwa in den kommenden Jahrzehnten erleben, er fand vielmehr schon vor etwa hundert Jahren statt, zwischen 1890 und 1920.

Wer hat Angst vorm schwarzen Mann?

Wie kann es sein, dass die Geburtenrate in Deutschland bereits seit fast vier Jahrzehnten unter dem bestandserhaltenden Niveau von 2,1 liegt und in Deutschland heute dennoch etwa ebenso viele Menschen leben wie vor dem Pillenknick, nämlich rund 80 Millionen? Laut *Bild*-Logik müsste Deutschland von den zwölf Generationen, die es noch bis zum Aussterben braucht, doch schon mindestens eine hinter sich gebracht haben.

Die Antwort ist natürlich banal: Es sind mehr Menschen nach Deutschland eingewandert, als Menschen das Land verlassen haben. Seit 1972, seit die Zahl der Sterbefälle jene der Geburten übersteigt, wurden in Deutschland rechnerisch rund fünf Millionen Kinder zu wenig geboren. Ebenso viele Menschen sind seitdem neu nach Deutschland gekommen. Größtenteils Asylbewerber, Russlanddeutsche und nachgezogene Familienangehörige von Gastarbeitern, die bereits seit den Fünfziger- und Sechzigerjahren in Deutschland leben.

Aber kann Zuwanderung auf Dauer eine Lösung sein? Schließlich sinkt die Zahl der Geburten in Deutschland exponentiell – bei 1,4 Geburten pro Frau ist jede Generation um 30 Prozent kleiner als die vorangegangene. Um die Bevölkerungszahl konstant zu halten, muss die Zahl der Zuwanderer also ständig steigen. Das klingt erst mal bedrohlich – ist es aber nicht wirklich. Laut Berechnungen des Statistischen Bundesamtes könnte die Bevölkerung durch ein Fortschreiben einer jährlichen Nettozuwanderung[14] von knapp 200 000 Menschen bis

2050 auf dem Niveau von 75 Millionen gehalten werden.[15]

Potenzielle Zuwanderer gibt es mehr als genug: In den 25 Ländern in unmittelbarer Nachbarschaft zur Europäischen Union wird sich die Einwohnerzahl bis 2050 verdoppeln – vor allem in den nordafrikanischen Staaten. Schon heute riskieren jährlich Zehntausende von Afrikanern ihr Leben bei dem Versuch, über das Meer in die EU zu gelangen. Mit anderen Worten: Während die Bevölkerung in nahezu allen EU-Staaten schrumpft, steht Europa gleichzeitig unter einem enormen Zuwanderungsdruck. Was läge näher, als diese Zuwanderung bewusst zu steuern?

Dieser Gedanke stößt allerdings auf erbitterten Widerstand bei den neuen Bürgerlichen. Es gehört zu ihrem Standardkanon, dass sie Zuwanderung nicht als Teil der Lösung sehen, sondern als Teil des Problems. Sie verweisen gern darauf, dass es ja bereits misslinge, die bisher ins Land gekommenen Zuwanderer zu integrieren: Man müsse sich nur mal die Zustände an der Rütli-Schule in Berlin-Neukölln anschauen.

Das Gegenargument: Es gab bisher noch nie einen ernsthaften Versuch, Zuwanderer in Deutschland zu integrieren. Zuwanderer wurden immer nur als Gäste auf Zeit gesehen (Asylbewerber und Gastarbeiter, die Namen sagen es schon). Oder aber sie waren Russlanddeutsche und wurden per Definition als Deutsche gesehen, die nicht extra integriert werden mussten – ganz gleich wie fremd diesen Menschen das Leben in Deutschland wirklich war. Dass heute die Arbeitslosigkeit unter Zugewanderten deutlich höher ist als unter

Einheimischen, kann also nicht damit erklärt werden, dass es den Ausländern vor allem um die »Einwanderung in die Sozialsysteme«[16] geht. Eher schon damit, dass das deutsche Schulsystem vor der Aufgabe versagt hat, Zuwandererkinder angemessen auf den Arbeitsmarkt vorzubereiten.[17] Mehr dazu in Kapitel 8.

Der erste und bislang letzte Versuch, Einwanderung bewusst zu steuern, kam 2002 von der rot-grünen Bundesregierung: Nach einem Punktesystem sollten besonders qualifizierte Ausländer gezielt nach Deutschland geholt und anschließend bei der Integration unterstützt werden. Doch dieses Gesetz scheiterte letztendlich, was in Kapitel 8 noch ausführlich beschrieben wird. Tragisch, denn das Gesetz hätte tatsächlich ein geeignetes Instrument geboten, um den demographischen Wandel in Deutschland in den kommenden Jahrzehnten in gewünschte Bahnen zu lenken. Es hätte als das große Vermächtnis der Ära Schröder in die Geschichte eingehen können.

Doch es ist anders gekommen, und dieses zweifelhafte Verdienst gebührt auch Herwig Birg. Er zählte zu den eifrigsten Trommlern gegen das Zuwanderungsgesetz.

Wann immer Birg gegen mehr Ausländer wettert, dann nimmt er dabei selbstverständlich die Autorität des (mittlerweile emeritierten) Universitätsordinarius in Anspruch und verschanzt sich hinter allerlei pseudowissenschaftlichem Jargon. Doch in der Substanz bietet Birg kaum mehr als akademischen Stammtisch. Das hört sich dann zum Beispiel so an: »Der quantitativ-demographische Niedergang wird vom Prozess des qualitativ-kulturellen Substanzverlustes überholt. Dieser Überholungsprozess ist umso wahrscheinlicher, je mehr Menschen aus fremden Kulturen ins Land geholt werden, um die quantitativ-demographische Schrumpfung zu kompensieren.«[18]

Also salopp gesprochen: Fremde Mann nix gut für deutsch Kultur, nix kenne Schiller, nix kenne Grundgesetz.

Wohlgemerkt: Birg kritisiert hier nicht etwa nur jene Minderheit von Ausländern, der es tatsächlich schwerfällt, sich in Deutschland zu integrieren. Er differenziert auch nicht zwischen Veränderung und Verschlechterung der deutschen Kultur durch Zuwanderung. Er stellt pauschal den Einfluss von Fremden mit kulturellem Niedergang gleich.

Wo genau in der deutschen Geschichte fing der von Birg diagnostizierte »qualitativ-kulturelle Substanzverlust« eigentlich an? In der Rütlischule? Bei den ersten Pizzerien in deutschen Fußgängerzonen? Oder doch schon bei den Hugenotten, die den Deutschen im 17. und 18. Jahrhundert französische Manieren beibrachten?

Bezeichnend ist auch für Birgs Argumentation, dass Fremde bei ihm immer Fremde bleiben, egal wie lange sie schon in Deutschland leben: Unter seine Definition von Zugewanderten fallen alle Menschen, die 1998 mit einem ausländischen Pass in Deutschland lebten, einschließlich ihrer künftigen Nachkommen, plus alle künftigen Zuwanderer mitsamt den Kindern und Kindeskindern, die in Deutschland auf die Welt kommen werden.

So kommt Birg auf eine Prognose von 19 Millionen Zugewanderten, die 2050 in Deutschland leben werden.[19] Er orakelt, die Deutschen könnten im eigenen Land zu einer Minderheit unter anderen Minderheiten werden. Dass zu diesem Zeitpunkt die Familien der ersten Gastarbeitergeneration bereits fast ein Jahrhundert in Deutschland gelebt haben werden, dass die Allermeisten der Zugewanderten in Deutschland geboren sein und womöglich einen deutschen Pass haben werden, das interessiert Birg nicht wirklich. Frei nach dem Motto: einmal Türke, immer Türke.

Fraglich allerdings, warum Birg dann nicht auch all die Polanskis und Zikowskis im Ruhrgebiet zur zugewanderten Bevölkerung zählt. Schließlich ist es gerade mal hundert Jahre her, dass deren Familien aus dem heutigen Polen kamen. Und wer einmal am Sonntagabend im »Tatort« die Wohnung von Kommissar Schimanski gesehen hat, der weiß, was »qualitativ-kultureller Substanzverlust« wirklich bedeutet.

Fest steht: Mit maßvoller Zuwanderung lässt sich die Bevölkerungszahl in Deutschland noch viele Jahrzehnte lang etwa auf heutigem Niveau halten. Einen anderen Prozess kann die Zuwanderung allerdings nicht umkehren: den der Alterung unserer Gesellschaft. Um den Altersdurchschnitt in den kommenden Jahrzehnten ebenfalls annähernd konstant zu halten, müssten bis 2050 über hundert Millionen junge Menschen nach Deutschland einwandern. Das ist in der Tat utopisch.

Doch welche Auswirkungen wird dieser Alterungsprozess haben? Muss es wirklich so schlimm kommen, wie es Frank Schirrmacher in seinem Buch *Minimum* prophezeit? Schirrmachers These: Echten sozialen Zusammenhalt gibt es letztlich nur in Familienstrukturen. Da aber in den kommenden Jahrzehnten massenhaft Menschen ins Rentenalter kommen, die keine eigenen Kinder haben, werden die verbliebenen Jungen irgendwann den Generationenvertrag aufkündigen. Also das Grundprinzip des deutschen Rentenversicherungssystems, wonach die mittlere, erwerbstätige Generation die Renten der älteren Generation finanziert und dadurch selbst Rentenansprüche erwirbt – die wiederum von der nachfolgenden jungen Generation erwirtschaftet werden. Die Solidarität der Jungen, so Schirrmacher, werde nicht weit genug gehen, um einen immer höheren Teil ihres Einkommens an jene Rentner abzutreten, die letztlich selbst durch ihre Kinderlosigkeit den Geist des Generationenvertrags verletzt haben.

Mit dieser Argumentation greift Schirrmacher ein weiteres Lieblingsmotiv der neuen Bürgerlichen auf: Kinderlosigkeit als eine Art Verweigerung der gesellschaftlichen Reproduktionspflicht, als ein übergesetzliches Vergehen, das irgendwann bestraft werden wird.

Wer aber hat diese Pflicht zur Reproduktion festgelegt? Der liebe Gott? Oder doch eher irgendwelche schwiemeligen »Urgewalten, mit denen wir gespielt, deren Kräfte wir entfesselt haben und deren Kontrolle uns und unseren Kindern zu entgleiten droht«, wie Schirrmacher raunt?[20] Gesetzlich verankert ist eine solche Pflicht jedenfalls nirgendwo, und wenn in Deutschland rund ein Viertel einer Generation gewollt oder ungewollt kinderlos bleibt, dann kann von einem gesellschaftlichen Konsens zur Reproduktion auch nicht wirklich die Rede sein.

Das Problem sind nicht die Deutschen, die sich einer wie auch immer gearteten Pflicht widersetzen, Nachwuchs zu bekommen. Denn es gibt keine Instanz, die eine solche Pflicht legitim festsetzen könnte. Es ist vielmehr das politische System, das versagt hat: Seit 35 Jahren, seit dem Pillenknick, sind die Probleme absehbar, die auf das deutsche Rentensystem zukommen werden. Doch erst Ende der Neunzigerjahre begann die Politik, sich ernsthaft mit diesem Thema zu befassen. Ein erster Rentenreformversuch der Regierung Kohl wurde von der SPD aus wahltaktischen Gründen verhindert. Einige Jahre später setzte die rot-grüne Regierung dann ziemlich genau das um, was sie zuvor in der Opposition verhindert hatte: Die Steigerung der Renten wird in Zukunft langsamer verlaufen als die der Arbeitseinkommen, um übermäßige Beitragssteigerungen zu vermeiden. Dem gleichen Ziel dient die Verschiebung des Renteneintrittsalters auf 67 Jahre, das die große Koalition 2006 beschlossen hat.

Man muss länger arbeiten, um Renten zu erhalten, und sie steigen langsamer. Mit einigen Jahrzehnten Verspätung vollzieht die Politik genau jene Reformschritte, die Sozialversicherungsexperten seit Jahrzehnten fordern. Nur muss diese Kursänderung heute natürlich viel radikaler ausfallen, als es vor dreißig Jahren notwendig gewesen wäre. Angesichts der kontinuierlich steigenden Lebenserwartung könnte das Renteneintrittsalter in den kommenden Jahrzehnten durchaus bis auf siebzig Jahre steigen. Von einer automatischen Anpassung der Renten an die Lohnentwicklung haben wir uns eh längst stillschweigend verabschiedet. Mehr als ein Inflationsausgleich wird in Zukunft nicht drin sein.

Ohne Wachstum ist alles nichts

Werden diese Schritte ausreichen, um den Generationenvertrag zukunftssicher zu machen? Oder konkreter gesagt: Reichen sie aus, um die Beitragssätze zur Renten- und Pflegeversicherung in den kommenden Jahren stabil zu halten, ohne dass die Rentner verarmen und Pflegebedürftige massenhaft menschenunwürdig dahinsiechen?

Die Antwort auf diese Frage hängt weniger von der Geburtenrate der kommenden Jahrzehnte ab, sondern vor allem von der wirtschaftlichen Entwicklung. Wenn sich Deutschland weiterhin über 4 Millionen Arbeitslose leistet und damit ebenso viele Beitragszahler ausfallen, dann werden auch die Rentenbeiträge weiter steigen. Das wiederum bedeutet höhere Arbeitskosten und führt somit zu noch mehr Arbeitslosigkeit – ein Teufelskreis, der in Deutschland seit fünfzehn Jahren in vollem Gange ist. Bei über 4 Millionen Arbeitslosen ist auch ein höheres Renteneintrittsalter keine wirkliche Alternative – schließlich sind ältere Arbeitnehmer schon heute kaum zu vermitteln.

Eng mit der Arbeitslosigkeit gekoppelt ist auch die zweite kritische Größe für einen funktionsfähigen Generationenvertrag: Wachstum. Von der Höhe des Wirtschaftswachstums in Deutschland wird es abhängen, ob man von einer durchschnittlichen Rente in einigen Jahrzehnten noch menschenwürdig leben kann. Vom Wachstum hängt auch ab, ob Deutschland ein attraktives Ziel für qualifizierte junge Zuwanderer werden kann – oder ob diese Gruppe das lahmende Deutschland ebenso links liegen lässt, wie es die hochqualifizierten Inder aus der Computerbranche taten, die die Regierung Schröder 2000 ins Land holen wollte. Und schließlich ist mehr Wachstum natürlich auch das beste Mittel gegen Arbeitslosigkeit.

In einem reifen Industriestaat wie Deutschland kann Wachstum langfristig gesehen nur aus einer einzigen Quelle fließen: aus steigender Produktivität. Für Produktivitätswachstum wiederum ist Bildung die entscheidende Ressource: Je besser Arbeitnehmer qualifiziert sind, je pfiffiger Unternehmer ihre Firmen führen, je mehr Wissenschaftler auf Spitzenniveau forschen, desto größere Werte werden die Deutschen aus den begrenzten Ressourcen schaffen, die ihnen zur Verfügung stehen. Nichts anderes bedeutet ja Produktivitätswachstum.

Die Vergangenheit macht hier durchaus Mut. Für die Belastungen, denen sich ein Sozialversicherungssystem ausgesetzt sieht, ist ja nicht die absolute Größe der Bevölkerung entscheidend, sondern das Tempo ihrer Veränderung. Wie schon erwähnt, halbierte sich in Deutschland (und vielen anderen Industriestaaten) zwischen 1890 und 1920 die Geburtenrate. Eine viel gravierendere Verschiebung als jene, vor der wir heute stehen. Kam es deswegen einige Jahrzehnte später zu einer Rentnerschwemme, zu einem Ende des gesellschaftlichen Grundkonsenses, zu einem »Minimum«, wie es Schirrmacher prognostiziert? Keineswegs. 1900 kamen zwölf Erwerbstätige auf einen über 65-Jährigen, heute sind es nur noch vier. Trotzdem sind die Rentner heute besser versorgt als vor hundert Jahren. Nahezu überall in Westeuropa machte das Wirtschaftswachstum die Folgen des Geburtenrückgangs wett. Es gab genug Geld, um die Rentner ebenso zufriedenzustellen wie die Arbeitnehmer.[21]

Der Wirtschaftswissenschaftler Axel Börsch-Supan, Direktor des Mannheimer Forschungsinstituts für Ökonomie und demographischen Wandel, hat in Modellrechnungen das langfristige Wirtschaftswachstum in Deutschland prognostiziert, und zwar in Abhängigkeit von unterschiedlichen Geburtenraten. Für die nächsten fünfzig Jahre kommt er auf ein durchschnittliches Pro-Kopf-Wachstum von 1,5 Prozent. Die künftige Entwicklung der Geburtenrate – ob sie bei 1,4 bleibt, auf 1,1 sinkt oder auf 1,8 steigt – hat auf dieses Pro-Kopf-Wachstum nur geringen Einfluss.[22]

Wenn es Deutschland gelänge, seine langfristige Wachstumsrate auf 2 Prozent zu steigern, wenn es gelänge, die Arbeitslosigkeit auf 5 Prozent zu halbieren, dann ließe sich ein Großteil des demographischen Wandels abfedern, ohne dass Rentner oder Beitragszahler reale Einkommensverluste fürchten müssen. 2 Prozent Wachstum, 5 Prozent Arbeitslosigkeit – das sind eigentlich keine utopischen Ziele, das haben, nur als Beispiel, so unterschiedliche Staaten wie Großbritannien oder Dänemark geschafft.

Umgekehrt gilt aber auch: Bei anhaltend hoher Arbeitslosigkeit wird auch eine höhere Geburtenrate das Rentenproblem nicht lösen. Denn nur wer einen Arbeitsplatz hat, kann auch Sozialversicherungsbeiträge zahlen. Dass derzeit die Renten stagnieren, hat dementsprechend für Börsch-Supan nichts mit der Geburtenrate zu tun. Aber sehr viel mit der flauen Konjunktur der vergangenen Jahre.[23]

Wer ist hier egoistisch?

Wenn Produktivitätsfortschritt und Wirtschaftswachstum für den Erhalt des Generationenvertrags ebenso wichtig sind wie die Geburtenrate, dann sieht auch die Rolle der Kinderlosen im Generationenvertrag ganz anders aus, als uns die Neubürgerlichen suggerieren wollen. Nehmen wir zum Beispiel Christa Kreuzburg. Die 46-Jährige gehört zu den wenigen deutschen Topmanagerinnen. Sie gehört zur Führungsspitze der Arzneimittelsparte der Bayer AG. Ihr unterstehen mehrere tausend Mitarbeiter, ein Drittel des Jahres verbringt sie auf Geschäftsreisen. Kinder hat Kreuzburg keine und lässt auch keinen Zweifel: Kinder seien mit ihrem Job nicht zu vereinbaren. Punkt.

Hat Kreuzburg sich nun wider den Generationenvertrag versündigt? In der simplen Logik von Birg und Schirrmacher schon, schließlich ist sie ihrer Gebärpflicht nicht nachgekommen, aus purer Lust an der beruflichen Selbstverwirklichung.

Deshalb müssten Kinderlose wie Kreuzburg mit einem Abschlag bei der Rentenversicherung bestraft werden, fordert Birg. Oder noch besser: Kreuzburg hätte ihren Job gar nicht erst erhalten dürfen. Birg verlangt nämlich allen Ernstes »Priorität für Mütter bei Stellenbesetzungen durch Frauen«[24]. Wohlgemerkt: Nur bei der Stellenbesetzung durch Frauen. Kinderlose Männer dürfen aufatmen.

Was die Neubürgerlichen übersehen: Kreuzburg leistet sehr wohl einen wesentlichen Beitrag für den Erhalt des Generationenvertrags. Als promovierte Chemikerin hat sie nicht nur einen hohen Bildungsabschluss erreicht, sie sorgt auch dafür, dass die Bayer AG mit ihren Medikamenten von Jahr zu Jahr mehr Umsatz macht. Kreuzburg trägt dadurch zu Produktivitätsfortschritt und höherem Wachstum bei.

Über ihre eigene Selbstverwirklichung hinaus erzielt sie also einen positiven externen Effekt für die Gesamtgesellschaft – und für das Rentensystem. Mal ganz davon abgesehen, dass sich allein mit Kreuzburgs Steueraufkommen wahrscheinlich ein halbes Dutzend Kindergartenplätze finanzieren lässt.

Wäre Kreuzburg vielleicht nützlicher für die Gesellschaft, wenn sie sich mit einer Halbtagsstelle in jenem Pharmalabor begnügt hätte, in dem sie 1990 bei Bayer anfing, und nebenbei zwei Kinder großgezogen hätte? Seit dem Ende des Zweiten Weltkriegs hat sich der Staat in Westdeutschland auf genau diese Frage keine Antwort angemaßt. Eine weise Zurückhaltung, die die Neubürgerlichen jetzt über Bord werfen wollen.

Aber da wir gerade beim Aufrechnen sind: Eine junge Frau, die sich vom Staat ein sündhaft teures Chemiestudium inklusive Promotion finanzieren lässt, um sich kurz nach der Doktorprüfung in die Hausfrauen- und Mutterrolle zurückzuziehen, müsste sich dann durchaus die Frage gefallen lassen: Werden die kleinen Lieblinge dereinst genug in die Sozialkassen einzahlen, um Mamas vergeudete Ausbildungskosten mit Zins und Zinseszins wettzumachen? Die Wochenzeitung *Die Zeit* hat vorgerechnet, dass eine verheiratete Akademikerin, die für die Kindererziehung zehn Jahre aus dem Beruf aussteigt, gegenüber der Gesellschaft mit rund 380 000 Euro im Soll steht.[25]

Mit dem Verweis auf diese Berechnung, die sicherlich in vielen ihrer Annahmen angreifbar ist, will ich auf keinen Fall dafür plädieren, dass wir künftig so etwas wie eine allgemeine Arbeitspflicht für Hochschulabsolventinnen einführen sollten. Oder dass man das Kindergeld zurückzahlen muss, wenn sich der Filius wider Erwarten doch nicht als hochbegabt herausstellt. Im Gegenteil: Ich will demonstrieren, auf welche Irrwege der Versuch führen muss, den gesellschaftlichen Wert von Müttern gegen den von Nichtmüttern aufzurechnen.

Sicherlich gibt es eine Menge Dinge, die getan werden könnten, um die Geburtenrate in Deutschland um einige Zehntel anzuheben, um also Deutschlands Kinderzahl vom unteren ins obere europäische Mittelfeld zu heben. Eine bessere Kinderbetreuung, eine bessere Vereinbarkeit von Familie und Beruf, Familien- statt Ehegattensplitting: Es gibt jede Menge Politikfelder, auf denen sich all jene sinnvoll austoben können, die sich in Deutschland mehr Kinder wünschen. Die Wiedereinführung des Mutterkreuzes gehört nicht dazu.

Was das Besondere an Birg und Konsorten ausmacht,

ist nicht die politische Forderung, mehr für Kinder zu tun, sondern die moralische Aufladung der Demographiedebatte. Kinderlose wie Kreuzburg sind im Schnitt nicht egoistischer oder altruistischer als eine mehrfache Mutter und Hausfrau. Beide verfolgen mit ihrer Lebensgestaltung in erster Linie ihre eigenen Interessen und erzielen daneben positive externe Effekte für den Rest der Gesellschaft. Und selbst wenn es anders wäre – es stünde dem Staat nicht an, darüber zu urteilen.

Genau diesen Punkt sehen Birg und Co. anders. Sie haben wenig Hemmungen, regulierend in das Leben anderer einzugreifen und dafür anerkannte demokratische Prinzipien und liberale Grundsätze über Bord zu werfen. So fordert Birg neben der bevorzugten Einstellung von Müttern auch die Einführung eines Eltern- oder Familienwahlrechts. Sprich: Die Stimme eines Familienvaters (oder einer Mutter) soll mehr zählen als die einer kinderlosen Person. Also eine Gewichtung der Wähler nach ihrer vermeintlichen gesellschaftlichen Nützlichkeit. Mit der gleichen Berechtigung könnte dann allerdings Kreuzburg die Rückkehr zum preußischen Dreiklassenwahlrecht fordern, zur Gewichtung der Stimme nach Steueraufkommen.

Die Werturteile über das Leben anderer dienen den Neubürgerlichen als notwendiger Kitt, um die Ungereimtheiten ihres Ideologiegebäudes zu kaschieren. Das zeigt sich in der Demographiedebatte besonders deutlich: Migranten werden als schädlich für die deutsche Kultur und Wirtschaft diskreditiert. Nur dadurch kann Zuwanderung als Problemlösung ausgeschlossen werden. Deshalb rückt zwangsläufig die Geburtenrate in den Mittelpunkt der demographischen Debatte. Gleichzeitig wird die entscheidende Bedeutung eines höheren Wirtschaftswachstums für die Bewältigung des demographischen Wandels kleingeredet – und damit die Leistung kinderloser Berufstätiger für die Gesellschaft. Das Ganze noch garniert mit etwas metaphysischem Geraune von »demographischem Wetterleuchten am Horizont«, von »Bevölkerungsdämmerung«, die über dem Land stehe[26] – anstelle des sachlichen Hinweises, dass der deutsche demographische Wandel im historischen wie im internationalen Vergleich kein einmaliges Phänomen darstellt. Und schon lassen sich politische Forderungen auf den unterschiedlichsten Politikgebieten rechtfertigen. Forderungen, die vor allem eines gemeinsam haben: Sie schränken den Freiraum ein, den die Bürger mühsam über Jahrhunderte dem Staat abgetrotzt haben.

Eine Handvoll empirischer Befunde, die leichtfertig in die Zukunft fortgeschrieben werden, einige bornierte Urteile über das Leben anderer Leute, ideologische Scheuklappen sowie ein eindrückliches Katastrophenszenario und einige radikale politische Forderungen, die auf fruchtbaren Boden fallen: Mehr war auch vor zweihundert Jahren nicht nötig, um Thomas Robert Malthus Unsterblichkeit zu verleihen.

3. Werteverfall oder: Die Achtundsechziger haben uns zu Egoisten gemacht!

Muss eine schlimme Zeit gewesen sein damals. Deutschland war einer totalitären Ideologie verfallen, gewalttätige Horden regierten auf den Straßen, ihren Führern bedingungslos ergeben. Andersdenkende wurden fertiggemacht, Gewalt war an der Tagesordnung. Traditionelle Werte und bürgerliche Kultur gab man der Lächerlichkeit preis, alles Alte sollte hinweggefegt werden, um Platz zu machen für den stampfenden Rhythmus einer neuen Zeit.

Einige Jahre später war dieses Schreckensregime zusammengebrochen. Doch seine Protagonisten lebten fort. Ihre Taten blieben ungesühnt. Manche nisteten sich in den Schaltstellen der Macht ein und prägten noch für Jahrzehnte das geistige Klima in unserem Land.

Es musste erst eine neue, kritische Generation heranwachsen, die aufbegehrte gegen die Täter von einst. Eine junge Generation, die endlich wagte, die überfällige Frage zu stellen: Papa, was hast eigentlich *du* 1968 gemacht?

Den neuen Bürgerlichen sind die Achtundsechziger das liebste Feindbild. Gegenüber jener Generation, die vor knapp vierzig Jahren gegen die herrschenden Verhältnisse protestierte, gerieren sich die Neokonservativen von heute als selbsternannte Chefankläger. Damit nehmen sie ironischerweise eine ganz ähnliche Position ein wie die Achtundsechziger selbst, die erstmals die Verstrickung ihrer Elterngeneration in den Nationalsozialismus hinterfragten.

Wenn etwa der christlich-konservative *ZDF*-Journalist Peter Hahne von seiner Studienzeit berichtet, dann klingt das, als wäre er Augenzeuge von Hitlers Machtergreifung geworden: »Der Muff von tausend Jahren, raus aus den Talaren, skandierte der Mob auf der Straße. Ich konnte das in der Hochburg der Kulturrevolution, an der Universität Heidelberg, Anfang der Siebzigerjahre hautnah miterleben. Und bin bis heute erstaunt, in welchen Schlüsselpositionen die damaligen (auch geistigen) Rädelsführer jetzt sitzen.«[1]

Nur mal zum Verständnis: Bei Hahnes »Mob auf der Straße« – Mob ist übrigens laut *Duden* das englische Wort für »Pöbel« – handelte es sich offensichtlich um Studenten, die von ihrem verfassungsmäßig garantierten Demonstrationsrecht Gebrauch machten und auf die unrühmliche Rolle hinwiesen, die viele der damaligen Professoren im »tausendjährigen Reich« gespielt hatten. Das klingt für mich nach einem einigermaßen legitimen Anliegen. Warum diejenigen, die solche Demonstrationen als »Rädelsführer« organisiert hatten, später keine wichtigen gesellschaftlichen Funktionen ausüben sollten, bleibt Hahnes Geheimnis.

Nun wäre Hahnes Beitrag zum Thema neue Bürgerlichkeit, ein in weiten Passagen unfreiwillig komisches Pamphlet namens »Schluss mit lustig«, inhaltlich eigentlich nicht weiter erwähnenswert. Doch das dünne

Bändchen hat sich zu einem echten Verkaufsschlager entwickelt, der monatelang die Bestsellerlisten anführte. Man kann sich leider nur allzu gut vorstellen, wie sich saturiert-frustrierte Vorortbewohner Hahnes Lamento über den Jägerzaun hinweg zureichen: »Genau so isses!« – »Endlich sagt's mal einer.«

Wenn Peter Hahne das volkstümliche Ende im breiten Spektrum der Achtundsechziger-Basher verkörpert, dann bildet der Verfassungsrichter Udo Di Fabio mit seinem Werk *Die Kultur der Freiheit* das andere, das intellektuelle Ende des Spektrums. Er bestreitet immerhin nicht von vornherein, dass sich der Protest der jungen Generation um 1968 tatsächlich gegen kritikwürdige Missstände richtete: »Der Vietnamkrieg, der Einsatz von Napalm gegen unschuldige Kinder, die historische Schuld der Väter in der jüngeren Vergangenheit, die Ausbeutung der Dritten Welt, das Schicksal von Minderheiten, rassische Differenzen, die Monotonie des Industriealltags: All das wurde angeklagt mit der Geste der tiefen moralischen Empörung, des Abscheus. Wer wollte dem, wer will dem widersprechen?«[2]

Ob der Protest der Achtundsechziger nun legitim war oder nicht – eigentlich egal, denn einen Argumentationsschritt später sind sich Hahne, Di Fabio und alle übrigen Protagonisten der neuen Bürgerlichkeit wieder einig: Mit ihrer überzogenen Kritik an den damals herrschenden Wertvorstellungen hätten die Achtundsechziger eine Art Wertevakuum erzeugt, einen ethischen Nihilismus, dessen Folgen wir bis heute spüren. Hahne barmt: »Dass die klassischen und unsere Gesellschaft tragenden Werte als Sekundärtugenden (...) verspottet und systematisch der Demontage preisgegeben wurden, hat vielfältige Ursachen. Der Hauptgrund liegt im Kampf der Achtundsechzigerrevolte gegen jede Form von Tradition, Autorität und Wertbindung.«[3]

Ähnlich drastisch beschreibt Di Fabio die Folgen von 1968: »Ein entschiedener Individualismus und ein betont liberaler Affekt gegen Institutionen haben sich mit zum Teil nur noch verstreuten Einzelteilen einer verblassten Gesellschaftsutopie und einer emotionalen Grundtönung verbunden, die das Lust- und Konsumprinzip hervorkehrt. Die neuen Werte brachen radikal mit den ohnehin bereits geschwächten, aber noch lebendigen Traditionsbeständen religiöser und lebenspraktischer Art.«[4]

Rudi ist an allem schuld

Die Achtundsechziger sind für die neuen Bürgerlichen das zweite Überthema neben der Demographie. Wie bereits im vorherigen Kapitel beschrieben, liefert die Demographie scheinbar all jene Belege, die die neuen Bürgerlichen zur empirischen Untermauerung ihrer Alles-wird-immer-schlimmer-Thesen benötigen. Die Auseinandersetzung mit den Achtundsechzigern wiederum verschafft den neuen Bürgerlichen das nötige ideologische Feindbild nach dem Motto: Wir haben nicht nur einen Missstand, wir haben auch einen Schuldigen. Was sollen die Achtundsechziger und der durch sie initiierte Werteverfall nicht alles ausgelöst haben:

- den Geburtenrückgang, weil die selbstverwirklichungssüchtigen Nachachtundsechziger lieber Abenteuerreisen machen, statt am Kindbett zu wachen
- die Erziehungskrise, weil sich Eltern und Lehrer nicht mehr trauen, auf Pünktlichkeit und saubere Fingernägel zu achten
- den Kollaps des Sozialstaats, weil dank der leistungsfeindlichen Achtundsechzigerideologie die Arbeitslosen von heute nicht mal mehr ein schlechtes Gewissen haben, wenn sie sich in die soziale Hängematte legen
- die schlecht integrierten Ausländer, weil die Altachtundsechziger lieber auf multikulti machen, statt dem Türken beizubringen, dass in Deutschland auch deutsch gegrüßt wird

Der Kurzschluss von Rudi Dutschkes fettigen Haaren zum Werteverfall und von dort zum Niedergang unseres Landes gehört zum unverrückbaren geistigen Inventar der Neubürgerlichen. Zugleich wissen sich die konservativen Vordenker in Sachen Werteverfall mit der breiten Masse der Bevölkerung erschreckend einig: 85 Prozent der Deutschen sehen Egoismus zwischen den Menschen als wichtigstes gesellschaftliches Problem. 76 Prozent glauben, dass heute nur noch Macht und Geld zählen.[5] Und selbst der ehemalige Bundespräsident Roman Herzog, von Natur aus eher ein bajuwarisch-fröhliches Gemüt, beklagt: »Der Verlust der Werte« sei das Schlimmste an der derzeitigen Gesellschaft.[6]

Angesichts dieses breiten Konsenses erscheint es umso erstaunlicher, dass sich die Sache mit den Werten bereits durch einen relativ flüchtigen Blick in die Fachliteratur klären lässt: Entweder entzieht sich der angeblich so schwerwiegende Werteverfall seit Jahrzehnten jedem empirischen Nachweis – oder aber es gibt ihn gar nicht.

Wer könnte das besser beurteilen als Helmut Klages? Klages, Jahrgang 1930, gehört zu den großen Männern der deutschen Soziologie. Um selbst ein Achtundsechziger zu sein, ist er eine entscheidende Dekade zu früh geboren worden. Von 1975 an lehrte Klages als Professor an der renommierten (und linksradikaler Umtriebe gänzlich unverdächtigen) Deutschen Hochschule für Verwaltungswissenschaften in Speyer. Mehrere Jahre leitete er die Hochschule als Rektor. Nahezu sein gesamtes wissenschaftliches Leben hat Klages der Erforschung des Wertewandels in der deutschen Gesellschaft gewidmet. Nach unzähligen empirischen Studien und jahrzehntelanger soziologischer Forschung kann Klages seine grundlegenden Erkenntnisse in Sachen Werte und Wertewandel in einem Satz zusammenfassen: »Diese Erkenntnisse fallen insgesamt überraschend positiv aus und widerlegen das Lamento vom ›Werteverfall‹ aufs nachdrücklichste.«[7]

Wertewandel statt Werteverfall

Es gibt nach Ansicht der seriösen Soziologie keinen allgemeinen Werteverfall – wohl aber einen Wertewandel. Dieser Wandel verläuft nach Klages' Ansicht genau in die richtige Richtung: Er macht den Menschen fit für das Leben in der Moderne.

Zu allen Zeiten der Menschheitsgeschichte haben sich Werte verändert. So auch in Deutschland seit den Sechzigerjahren. Kennzeichnend für diese Entwicklung seit 1968 ist die relative Schwächung großer, wertsetzender Institutionen wie zum Beispiel der Kirchen oder Gewerkschaften. Die Gesellschaft spaltet sich stattdessen zunehmend auf in zahlreiche immer autonomer agierende Subsysteme – zum Beispiel Unternehmen, Vereine, Freundeskreise, verschiedene Familienformen. Dementsprechend ist ein deutscher Bürger nicht mehr in erster Linie Arbeiter oder Unternehmer, katholisch oder evangelisch. Wir alle leben unser Leben heute in einer Vielzahl von Teilrollen, die uns vor unterschiedliche und rasch wechselnde Anforderungen stellen.

Die Werte wiederum, nach denen wir leben, haben sich zusammen mit den Begleitumständen unseres Lebens verändert und verändern sich weiter:

- Wir mussten zum Beispiel flexibler werden, um uns auf unsere schneller wechselnden sozialen Rollen einzustellen. Welcher Mann hätte es sich vor vierzig, fünfzig Jahren träumen lassen, dass er kurz vor einem Geschäftstermin zu Hause noch schnell sein Kind wickelt – das war Frauensache.
- Wir mussten toleranter werden: Wer hätte es sich in den Fünfzigerjahren schon vorstellen können, an seinem Arbeitsplatz einen Asiaten oder einen Schwarzafrikaner als Chef zu akzeptieren?
- Wir mussten kreativer werden: Mit der bloßen Anwendung einmal erlernter Fähigkeiten lässt sich in immer weniger Berufen Geld verdienen.

- Wir mussten lernen, mit ganz neuen Wertekategorien zu leben: Vor vierzig Jahren wussten die Menschen noch nicht einmal, was Nachhaltigkeit heißt. Heute gilt es als asozial, sein Altpapier in die Hausmülltonne zu stopfen.

Sehr deutlich lässt sich die Richtung des Wertewandels an den Zielen ablesen, die sich Eltern bei der Erziehung ihrer Kinder setzen: Seit Anfang der Fünfzigerjahre – und nicht erst seit 1968 – wurde das Erziehungsziel »Selbständigkeit und freier Wille« immer wichtiger. Die Bedeutung von »Gehorsam und Unterordnung« nahm demgegenüber ab. Was aber keineswegs heißt, dass Eltern ihre Kinder heute zu pflichtvergessenen Egomanen heranziehen wollen: Die klassischen Sekundärtugenden »Ordnungsliebe und Fleiß« sind heute bei der Erziehung noch genauso wichtig wie vor 50 Jahren.

Es spricht laut Klages vieles dafür, dass der Wandel genau in die richtige Richtung verläuft, um uns das Überleben in einer globalisierten Welt leichter zu machen. Wir werden in Zukunft immer selbständiger arbeiten müssen, wir werden immer häufiger nur unseren eigenen Willen als Antrieb besitzen – ob es darum geht, sich ein Leben lang fortzubilden oder nach einem beruflichen oder privaten Rückschlag neu anzufangen. Zuverlässigkeit und Engagement bleiben wichtige Anforderungen, die uns am Arbeitsplatz und in der Familie abverlangt werden. Doch blinder Gehorsam bringt uns immer weniger weiter.

Natürlich ist die schwindende Folgsamkeit ihrer Schützlinge das erste Symptom des Wertewandels, das

Lehrern oder Ausbildern auffällt. Vielleicht erklärt diese einseitige Wahrnehmung der Pädagogen das verbreitete Wehklagen über den Werteverfall. Dabei bleiben die vielgerühmten »preußischen Tugenden« durchaus wichtig für unsere Gesellschaft. Aber wir verabsolutieren sie nicht mehr so stark wie früher. Wir erlauben uns, diese Sekundärtugenden wieder zu dem zu machen, was sie nach ihrer Bezeichnung auch sein sollen. Etwas, das man auch mal hintanstellen kann, wenn es mit anderen Werten kollidiert.

Wer dem neuen Wert der Flexibilität genügen und in mehreren parallelen sozialen Rollen funktionieren will, der muss eben auch mal die eine Aufgabe zugunsten der anderen zurückstellen – ohne dass dies gleich mit Pflichtvergessenheit zu tun hätte. Wer eine gleichberechtigte Partnerschaft führen will, der kommt eben auch mal zu spät zu einem Termin, weil er nach dem Babywickeln noch ein frisches Hemd anziehen musste. Und wer im Job eine gute Idee hat, die dem Chef nicht gefällt, der tut gut daran, die preußische Tugend des Gehorsams auch einmal zu vergessen und dennoch weiter daran zu arbeiten. Heinrich Manns »Untertan« würde es in modernen Unternehmen nicht weit bringen.

Was ihr wollt

Neben den veränderten Anforderungen, die die Gesellschaft an uns stellt, gibt es noch einen zweiten mächtigen Motor des Wertewandels: unsere eigenen Bedürfnisse. Meistens jagen wir unser Leben lang den Dingen nach, die wir in der Jugendzeit am meisten vermisst haben. Wer in Deutschland während Weltwirtschaftskrise und Kriegsjahren aufgewachsen ist, der wird wahrscheinlich zeit seines Lebens zu schätzen wissen, was Jüngeren selbstverständlich vorkommt: ein Haus, gutes Essen, ein Leben in Ordnung und Sicherheit.

Damit wären wir wieder bei den Achtundsechzigern. Sie waren die erste Generation, die ohne Erinnerung an Wehrmacht und Hitlerjugend aufwuchs. In ihrer Kindheit in den Fünfzigerjahren erlebten sie Wirtschaftswunder und Wohlstandsexplosion. Sie erlebten aber auch, dass ihre Eltern über dem Anhäufen materieller Güter vieles aus den Augen verloren, was das Leben in den Augen der Jungen erst lebenswert machte. Meist werden diese neuen Bedürfnisse mit dem Schlagwort Selbstverwirklichung beschrieben: Vielfalt der Lebensformen, Experimentierfreude in Mode und Musik, ein sozial gerechtes Gesellschaftssystem, Sex mit Uschi Obermaier und vor allem: politische Teilhabe, die sich nicht darin erschöpft, alle vier Jahre sein Kreuzchen bei Konrad Adenauer (»Keine Experimente!«) zu machen.

Diese Beobachtung lässt sich noch eine Generation weiter fortschreiben: Die Achtundsechziger erschütterten erfolgreich die alten Autoritäten. Gleichzeitig forderte der gesellschaftliche Wandel uns allen mehr und mehr Flexibilität ab. So kam es, dass die Kinder der Achtundsechziger zwar in materiellem Wohlstand *und* großer Freiheit aufwuchsen, dabei aber bisweilen Verbindlichkeit und klare Regeln vermissten. Dieses unerfüllte Bedürfnis nach Autorität liefert eine mögliche Erklärung dafür, warum Jugendliche in den vergangenen Jahren wieder stärker zu traditionellen Wertorientierungen neigen – und damit die These vom anhaltenden, durch die Achtundsechziger ausgelösten Werteverfall ein weiteres Mal Lügen strafen. Familie, Treue, aber auch Fleiß, Einfluss und materielle Sicherheit stehen bei deutschen Jugendlichen heute wieder hoch im Kurs. Umweltbewusstsein und politisches Engagement sind demgegenüber weniger wichtig geworden.[8] Der Einfluss der Achtundsechziger auf die Wertvorstellungen der deutschen Jugendlichen dürfte demnach in den vergangenen Jahren eher abgenommen haben.

Könnte es vielleicht sein, dass all die Studien zur Werteorientierung einen entscheidenden Fehler machen? Sie fragen die Menschen ja in erster Linie danach, welche Werte ihnen wie viel bedeuten. Womöglich prahlen wir in Umfragen damit, wie wichtig uns Anstand und Sitte sind – um dann in unserem konkreten Handeln unablässig dagegen zu verstoßen?

Auch hierfür gibt es keine Anzeichen. Nehmen wir zum Beispiel die Zahl der Verbrechen in Deutschland; Kriminalität ist ja nichts anderes als ein besonders eklatanter Verstoß gegen gesellschaftliche Normen. Ein Blick in die gemeinsame Kriminalstatistik von Bund und Ländern – und wir sehen, dass wir nichts sehen: In den vergangenen zehn Jahren ist die Zahl der erfassten Straftaten zurückgegangen.[9] Ein signifikanter Anstieg der Kriminalität ist lediglich bei drei Delikten zu verzeichnen: Warenkreditbetrug (plus 11,5 Prozent gegenüber Vorjahr), Körperverletzung (plus 4 Prozent) und

»Erschleichung von Leistungen«, vulgo: Schwarzfahren (plus 2 Prozent).

Der Anstieg beim Warenkreditbetrug geht fast ausschließlich auf den Vormarsch von Internetgeschäften wie etwa bei Ebay zurück. Bis vor wenigen Jahren gab es schlicht noch nicht die technische Möglichkeit für diese Form des Betrugs. Die gestiegene Zahl der ertappten Schwarzfahrer führt die Kriminalstatistik auf die verstärkten Kontrollen der Verkehrsbetriebe zurück. Ähnliches gilt für die Körperverletzung: Die Toleranz gegenüber Gewalt ist in der Gesellschaft gesunken. Mehr Menschen als früher erstatten nach Schlägereien Anzeige oder gehen zur Polizei, wenn sie Zeuge von Gewalt werden.[10] Also wieder kein Indiz für einen Werteverfall, eher für das Gegenteil.[11]

Wir hier oben, ihr da unten

Ein weiterer möglicher Einwand der Freunde des gepflegten Werteverfalls könnte wie folgt lauten: Okay, das Gros der Deutschen mag ja in erstaunlich intakter Werteverfassung aus dem Wandel der vergangenen Jahrzehnte hervorgegangen sein. Aber das schließt ja nicht aus, dass es in einzelnen gesellschaftlichen Milieus dennoch Probleme eines Werteverfalls gibt. Vielleicht hat der Individualisierungsschub im Gefolge von 1968 ja in bestimmten Bevölkerungsschichten positiv gewirkt – hin zu mehr Selbständigkeit und freiem Willen, in anderen hingegen negativ – hin zu Antriebslosigkeit und Familienzerfall.

So suggeriert es zumindest der konservative Historiker Paul Nolte. Seiner Ansicht nach »fehlen in den Unterschichten nicht nur die materiellen, sondern vor allem die kulturellen Ressourcen, um das Leben in individualisierten Konstellationen und ›Patchworkfamilien‹ auch sozial und emotional aufzufangen. Die postmoderne Glorifizierung der Patchworkfamilie ist ein akademisch-intellektueller Lebensentwurf, der in anderen sozialen Schichten vermehrt in Erziehungskatastrophen, in Vernachlässigung, Verwahrlosung, im Extremfall in Gewalt mündet.«[12]

Sind also Teile der Gesellschaft in der Lage, mit der neuen Freiheit umzugehen, andere hingegen nicht? Auf diese Frage liefert Wertewandelexperte Klages eine differenzierte Antwort. Er unterteilt die deutsche Bevölkerung in fünf Milieus, je nachdem wie sie mit dem Wertewandel der letzten Jahrzehnte umgegangen sind.

- Da sind zum einen die Konventionalisten; 1999 machten sie 18 Prozent der Bevölkerung ab 14 Jahre aus. Diese meist älteren Menschen verkörpern so etwas wie das Wunschbild der neuen Bürgerlichen. Bei ihnen hat kein Wertewandel stattgefunden, geistig leben sie in den Fünfzigerjahren. Gehorsam und Selbstbescheidung bestimmen ihr Leben.
- Etwa gleich stark ist mit 16 Prozent die Gruppe der perspektivlosen Resignierten. Sie entsprechen am ehesten dem, was Paul Nolte als Unterschicht bezeichnet: Die Bedeutung der preußischen Tugenden ist für sie verblasst, doch auch die neuen Werte

der Selbstentfaltung sind bei ihnen nicht stark ausgeprägt. Meist handelt es sich um Menschen, die schwere Misserfolge hinter sich haben und nun auf der Suche sind nach gesellschaftlichen Nischen, in denen sie ohne große Anforderungen vor sich hin leben können.

- 15 Prozent der Deutschen gehören zu den hedonistischen Materialisten. Sie bilden die von den neuen Bürgerlichen so gerne gescholtene Spaßgeneration. Diese Menschen sind einerseits sehr anpassungsfähig und damit eigentlich gut gerüstet für das hektische Leben im Hier und Jetzt. Doch allzu sehr meiden sie übertriebene Anstrengungen, schätzen das Spielerische, Unverbindliche. Klages: »In ihren anspruchsvolleren Ausprägungen sind sie kreative Wellenreiter im bewegten Meer der Unstetigkeit, mit der in der Ära der Globalisierung zu rechnen ist; in ihren Niederungen sind sie verantwortungsscheue Schnäppchenfischer, die im Grenzfall auch nicht die Übertretung gesellschaftlicher Spielregeln und Normen und die Verletzung der Interessen anderer scheuen, um zum Ziel zu gelangen.«[13]
- Die vierte Gruppe bilden die nonkonformen Idealisten (17 Prozent). Sie befürworten die gesellschaftliche Modernisierung. Doch dann müssen sie meist frustriert feststellen, dass auch der von allen Fesseln befreite Mensch nicht nach den hehren Idealen der Nonkonformen leben mag. In dieser Gruppe kann man sich am ehesten den Altachtundsechziger vorstellen, der über den Materialismus der heutigen Jugend schimpft. Nicht umsonst finden sich unter

diesen Möchtegern-Weltverbesserern besonders viele Lehrer und Journalisten.[14]

Manche Leser fangen jetzt wahrscheinlich langsam an, sich Sorgen zu machen. Schließlich sieht es angesichts der bisher aufgeführten Milieus ganz so aus, als bestünde die deutsche Gesellschaft nur aus verbohrten Rentnern, Asozialen und idealistischen Spinnern. Doch ruhig Blut, denn:

- Die fünfte, mit 34 Prozent deutlich größte und auch am schnellsten wachsende Bevölkerungsgruppe sind die aktiven Realisten. Sie verkörpern so etwas wie die neue Mitte unserer Gesellschaft: Die aktiven Realisten sind ehrgeizig und erfolgsorientiert, gleichzeitig aber auch tolerant und flexibel. Sie verbinden traditionelle und moderne Werte ebenso gekonnt miteinander wie Familie und Beruf. Daneben engagieren sie sich sogar noch überdurchschnittlich häufig in einem Ehrenamt. Aber nicht weil ihnen das ihr Pflichtgefühl oder irgendwelche neokonservativen Denker vorschreiben, sondern weil es ihnen Spaß macht.

Dank der aktiven Realisten kann Klages konstatieren: »Das in allen entwickelten Ländern beobachtbare Vordringen von Selbstentfaltungswerten, das den Wertewandel zentral charakterisiert, (hat) die Engagementbereitschaft der Bevölkerung nicht geschwächt, sondern gerade umgekehrt gestärkt.«[15] Menschen mit traditioneller Werteorientierung engagierten sich hingegen unterdurchschnittlich häufig für die Gemeinschaft.

Kein Wunder, dass der Wissenschaftler zu dem klaren Fazit gelangt: »Die Frage ›Brauchen wir eine Rückkehr zu traditionellen Werten‹ kann von diesem Ergebnis her verneint werden.«[16]

Nimmt man die Häufigkeit des ehrenamtlichen Engagements als Indiz für die Gemeinschaftsorientierung eines Milieus, dann fällt auf: Selbst die hedonistischen Materialisten, also die Angehörigen der häufig verteufelten »Spaßgeneration«, engagieren sich immer noch häufiger im Ehrenamt als die Konventionalisten.[17] Überspitzt gesagt: Die größten Egoisten in der deutschen Gesellschaft sitzen nicht im Beach Club, sondern am Stammtisch – wo sie wahrscheinlich bevorzugt über den Egoismus der heutigen Jugend lamentieren.

Apropos: Wie sieht es eigentlich mit der Milieuverteilung unter den jungen Leuten aus? Erwartungsgemäß nimmt die Bedeutung des traditionellen Milieus kontinuierlich ab, bei den Achtzehn- bis Dreißigjährigen ist diese Gruppe kaum noch vertreten. Die idealistischen Jugendlichen wiederum hatten ihre große Zeit in den friedens- und umweltbewegten Achtzigerjahren, auch ihr Anteil ist deutlich gesunken. Der Hedonismus der Yuppiegeneration scheint seinen Höhepunkt seit Mitte der Neunzigerjahre ebenfalls überschritten zu haben. Der Anteil der Resignierten wiederum ist unter jungen Leuten weitgehend konstant. Das einzige Milieu, das seit Ende der Achtzigerjahre unter Achtzehn- bis Dreißigjährigen kontinuierlich wächst, sind die aktiven Realisten.[18] Also jene ohnehin schon große Gruppe, die Ehrgeiz mit Verantwortungsgefühl zu verbinden weiß, Lebensfreude mit Engagement für die Gemeinschaft.

Wer jetzt noch etwas gegen die Jugend von heute sagen möchte – bitte vortreten!

So hoffnungsvoll Klages' Milieustudien insgesamt stimmen, sie zeigen auch deutlich: Es gibt eine Gruppe von Stiefkindern des gesellschaftlichen Wandels. Die perspektivlosen Resignierten kommen offenbar nicht zurecht mit den neuen Anforderungen, die Gesellschaft und vor allem Arbeitswelt an sie stellen. Häufig haben sie ihren Arbeitsplatz verloren oder nach der Schulzeit gar nicht erst gefunden. Die Erfahrung solch einer drastischen Deklassierung erzeugt häufig pathologische Verhaltensweisen, die wiederum die Chancen auf dem Arbeitsmarkt nicht gerade erhöhen: Drogenmissbrauch, Lethargie, Kriminalität.

Aber auch in diesem deprimierenden Milieu erwartet uns eine positive Überraschung: Die Gruppe der perspektivlosen Resignierten scheint in den vergangenen zwanzig Jahren nicht nennenswert gewachsen zu sein.[19] Erstaunlich, schließlich hat sich die Zahl der Arbeitslosen in Deutschland im selben Zeitraum mehr als verdoppelt. Wenn es also eine Unterschicht gibt in Deutschland, dann gab es sie vermutlich schon immer. Nur hatten diese Menschen früher meist Jobs, die ihrem Leben Struktur gaben.

Doch dieser feine Unterschied wird von den Neubürgerlichen nur zu gerne verschwiegen. Mit voyeuristischem Ekel erregen sie sich stattdessen über das haltlose Gebaren der neuen Unterschicht nach dem Motto: Wer immer BigMac isst, muss sich nicht wundern, dass aus ihm kein Chefarzt wird (Siehe dazu auch Kapitel 4).

Schluss mit dem Toleranzterror!

Vorläufiges Fazit: Es gibt in Deutschland keinen flächendeckenden Werteverfall infolge von 1968, sondern höchstens einen punktuellen Werteverfall am unteren Ende der Gesellschaft infolge von schlechter Arbeitsmarkt- und Sozialpolitik. Im Gegenteil: Der im Gefolge von 1968 in Deutschland eingetretene Wertewandel hin zu mehr Toleranz, Kreativität und Flexibilität war dringend notwendig, um die Deutschen auf den wirtschaftlich-gesellschaftlichen Wandel vorzubereiten, den wir zum Teil bereits hinter uns haben – dessen größerer Teil uns aber noch bevorstehen dürfte. Mit Pünktlichkeit und Gehorsam allein lässt sich in der globalisierten Wirtschaft kein Blumentopf gewinnen.

Damit könnte man die Debatte über die ach so bösen Achtundsechziger eigentlich zu den Akten legen, hätten sich Udo Di Fabio und Peter Hahne nicht noch eine besonders absonderliche Volte einfallen lassen: Ausgerechnet die wichtiger gewordenen Werte Toleranz und Flexibilität erklären sie zu Indizien des Werteverfalls.

Bei Hahne hört sich das dann so an: »Dass die bewusste Zerstörung unseres Wertefundaments und das gezielte Kappen kultureller Wurzeln unter dem Deckmantel der Toleranz verkauft werden, spricht in Sachen Bildungsnotstand Bände. So ist die Toleranz für viele ja ein Problem von Pisa geworden. Die meisten schreiben Toleranz mit Doppel-l: Sie finden alles toll. Je nach Stimmungslage ist es mal der Dalai Lama, mal Jesus, mal der Papst, mal Marxismus oder Buddhismus, mal New Age oder die alte Bibel. (…) Wenn alles gleich gültig ist, ist auch schnell alles gleichgültig.«[20]

Mein Vorschlag zum überfälligen Tol(l)eranzabbau: hundert Stockschläge für schlechte Wortspiele, vollstreckbar sofort. Mehr fällt mir dazu nicht ein.

Di Fabio wiederum stört sich an der neuen Flexibilität der Deutschen: »Die moderne Wirtschaft hat – funktionell betrachtet – solche Menschen eben nicht mehr als optimal einsetzbar angesehen, die allzu fest in Familientraditionen und lokale Gegebenheiten eingebunden waren, die ihre Nachbarschaft nicht missen wollten oder die am Wort der Autoritäten von gestern hingen. Der freie moderne Mensch, bestens geeignet für Arbeitswelt und Konsum, muss mobil sein, sprachgewandt, weltoffen und vor allem ungebunden.«[21]

Das ist natürlich zunächst mal ein interessanter Gedanke, in den wahrscheinlich der eine oder andere Globalisierungskritiker von links begeistert einstimmt. Was die Anforderungen der modernen Wirtschaft angeht, hat Di Fabio durchaus Recht. Doch ihm entgeht, dass es große Teile der Deutschen in bewundernswerter Weise schaffen, mit neuen Werten neuen Anforderungen zu entsprechen und gleichzeitig ihre alten Werte und ihre Wurzeln in Familie und Gesellschaft nicht aufzugeben. Genau das zeigen Klages' Untersuchungen. Das Gerede von der »Zurichtung« des Menschen durch die Globalisierung ist zumindest für die deutsche Gesellschaft empirisch nicht haltbar.

Ich selbst bin viel zu jung, um die Achtundsechzigerbewegung selbst miterlebt zu haben. Meine Eltern wiederum sind ein paar Jahre zu alt, um an Schule oder

Hochschule noch mit ihr in Berührung gekommen zu sein. Doch je mehr ich über das Deutschland der Fünfziger- und Sechzigerjahre lese und höre, desto dankbarer werde ich den Studenten, die damals auf die Straße gingen. Vielleicht müssen wir uns noch viel regelmäßiger bewusst machen, was für ein verkorkstes Land die Bundesrepublik der Wirtschaftswunderjahre wirklich war. Ein Land, in dem es draußen nur Kännchen gab, in dem man Beatmusik nur nach vorherigen Warnhinweisen im Fernsehen sendete. Ein Land, in dem noch 1966 das ehemalige NSDAP-Mitglied Kurt Georg Kiesinger Bundeskanzler wurde, während sein späterer Gegenkandidat, der ehemalige Widerstandskämpfer Willy Brandt, als Vaterlandsverräter diffamiert wurde. Ein Land, in dem die spätere Bundesfamilienministerin Renate Schmidt vom Gymnasium flog, weil sie schwanger war, und die heutige Gesundheitsministerin Ulla Schmidt dort gar nicht erst aufgenommen wurde. Schließlich war sie die Tochter einer alleinerziehenden Arbeiterin, und solche Kinder hatten auf dem Gymnasium nichts verloren.

Einmal erkämpfte Freiheitsrechte werden vom Bürger oft als selbstverständlich hingenommen. Dagegen rücken eher die Fehlentwicklungen in den Vordergrund, die es im Gefolge von 1968 natürlich auch gab – von der Gewalt der Roten Armee Fraktion (RAF) bis zur Selbstgerechtigkeit mancher Achtundsechziger, die zwischenzeitlich an die Schalthebel der Macht gelangt waren.

Gäbe es doch bloß eine Zeitmaschine! Dann könnte man all jene, die heute auf die Achtundsechziger einprügeln, einfach mal probehalber ins Deutschland der Fünfzigerjahre zurückversetzen. Als ersten Passagier schlage ich übrigens den FDP-Vorsitzenden Guido Westerwelle vor, der heute gern mitmacht beim Achtundsechziger-Bashing.[22] Ich hätte ihm viel Spaß gewünscht bei dem Versuch, in der schwulenfeindlichen Adenauerära als Politiker Karriere zu machen.[23]

4. Die Unterschicht oder: Wer wirklich Arbeit will, der findet auch welche

Sind Arbeitslose eigentlich Opfer oder Täter?

Was für eine blödsinnige Frage, mag Ihre erste Reaktion sein. Arbeitslose sind Menschen, die Arbeit suchen, aber bislang nicht gefunden haben. Mit moralischen Kategorien hat das nichts zu tun.

Schade, mit dieser naiven Sichtweise werden Sie es nie auf ein Talkshowsofa schaffen. Die öffentliche Debatte ist längst weiter: Die Schicksale von Arbeitslosen werden in Deutschland anhand ganz ähnlicher Messlatten verhandelt wie die von Straftätern.

Kriminelle sieht die Öffentlichkeit ja auch – je nach Zeitgeist – mal als Opfer der Gesellschaft, mal als Sünder. Ebenso ist es mit den Arbeitslosen: Als zu Beginn der Achtzigerjahre die Arbeitslosigkeit erstmals seit dem Wirtschaftswunder die Millionengrenze deutlich überschritt, da überwog noch der mitleidige Blick. Arbeitslose, das waren Opfer der kapitalistischen Gesellschaft, ausgespuckt von einem zynischen System der Profitmaximierung. Diese Menschen waren »um ihre Arbeit gebracht worden«, und wer sich gegen dieses Schicksal auflehnte, der verdiente Solidarität. Unvergessen die monatelange Auseinandersetzung um das Stahlwerk Rheinhausen: Künstler, Politiker, Bischöfe standen Schlange mit ihren Solidaritätsadressen an die Kumpel, die »ihre« zur Stilllegung vorgesehene Hütte besetzt hielten und für den Erhalt »ihrer« Arbeitsplätze kämpften.

Solche Formulierungen, typisch für die damalige Zeit, zeigen: Arbeit galt als etwas, das mir zusteht. Wer sie mir wegnimmt, der ist böse. Und Klaus Lage lieferte den passenden Soundtrack dazu: »Monopoli, Monopoli, die an der Schlossallee verlangen viel zu viel.«

Gut zwanzig Jahre später, drei Millionen Arbeitslose mehr: Der gesellschaftliche Blick auf Menschen ohne Arbeit hat sich komplett gewandelt. Die neuen Begriffe lauten: »Sozialhilfeadel« oder »Arbeitslosenkarrieren«. Es geht nicht mehr um etwas, das diesen Menschen fehlt, nämlich Arbeit, sondern um etwas, das sie bekommen, nämlich staatliche Unterstützung, etwas, das sie zu Unrecht aus der Gesellschaft heraushebt, sie zu »Adeligen« und »Karrieristen« macht. Längst geht es auch nicht mehr um jene Arbeitslosen, die spätestens nach einem Jahr wieder einen neuen Job finden, immerhin sind das rund zwei Drittel. Nein, die Debatte dreht sich fast ausschließlich um das restliche Drittel, die Langzeitarbeitslosen. Berichte über diese Menschen lesen sich heute so:

»Udo Hupa ist 44 Jahre alt und wohnt auf demselben Stockwerk wie seine Eltern. Er ist klein und wiegt um die 130 Kilo. Im Sommer hat er sich ein Piercing in die linke Augenbraue bohren lassen. Als junger Mann hat Hupa Metzger gelernt. An seine letzte Arbeitsstelle kann er sich nicht mehr erinnern. Arbeit ist in Katernberg einfach kein Thema. Hupa lebt von Arbeitslosenhilfe und davon, DVDs zu brennen, ›was die Leute hier halt so gucken – Pornos‹.« So weit Walter Wüllenweber in der Zeitschrift *Stern*.[1]

Mit Menschen wie Udo Hupa wollen anständige Bürger natürlich nichts zu tun haben. Und deshalb wurde für die Langzeitarbeitslosen ein schöner, alter Begriff reaktiviert, der vor allem eines deutlich macht: Wer diesen Begriff benutzt, der gehört nicht zu denen, die er beschreibt.

Dieser Begriff heißt Unterschicht.

Wenn sich neubürgerliche Autoren über die Unterschicht äußern, schwingt schnell ein Unterton der Verachtung mit, etwa wenn Wüllenweber nach seinem Rechercheabstecher ins Problemviertel Essen-Katernberg sofort begriffen hat: »Disziplinlosigkeit ist eines der Merkmale der neuen Unterschichtkultur (…). Die Unterschicht lebt im Hier und Heute und kümmert sich nicht um die Zukunft. Weder um die eigene, noch um die der Gesellschaft.«[2]

Schlimmer noch: Nicht einmal Benimm weiß der Pöbel zu wahren. Udo Di Fabio klagt über »Menschen, die bei der Wahl ihrer Kleidung, in der Art, wie sie speisen oder wie sie reden, inzwischen wieder dem Niveau vorkultureller Zeit zuzustreben scheinen. Menschen, die schon morgens mit einer Alkoholfahne in öffentlichen Verkehrsmitteln reisen, oder solche, die überzogen aggressiv ihre Freizeitneigungen austoben, dürfen in unserer Kultur der selektiven Toleranz gegenüber dem individuellen Sosein weder verlacht noch öffentlich auch unter ästhetischen Gesichtspunkten kritisiert werden.«[3]

Man könnte die gewählten Sentenzen des Verfassungsrichters Di Fabio auch in normale Alltagssprache übersetzen, zum Beispiel in einen fiktiven Dialog zwischen Di Fabio und seiner Frau, geführt in der Karlsruher Straßenbahn:

Di Fabio (halblaut): »Also schau dir mal den da drüben an, wie der rumläuft. Möchte gar nicht wissen, wo der sich noch überall Ringe durchgezogen hat.«

Seine Frau: »Ja doch, Udo, wir sind ja gleich da.«

Udo (etwas lauter): »Und nach Bier riecht der auch! Um diese Uhrzeit! Der soll mal besser was arbeiten gehen!«

Seine Frau: »Pst! Nicht so laut, der hört das sonst noch.«

Udo (sehr laut): *Na und? Soll er doch! Das wird man doch wohl noch sagen dürfen!*«

Seine Frau: »Ist recht, Udolino, morgen lässt du halt wieder den Chauffeur kommen.«

Aus Wüllenwebers und Di Fabios kaum kaschiertem Ekel spricht, was der Stammtisch schon immer gewusst hat: (Langzeit-)Arbeitslose sind an ihrem Schicksal nicht nur selbst schuld (»Wer wirklich Arbeit will, der findet auch welche«), sie sind auch noch ein Ärgernis für die restliche Gesellschaft (Alkoholfahnen, schlechte Manieren). Neu ist allerdings, dass solche Vorurteile zum Repertoire eines gesellschaftlichen Dialogs gehören, der sich intellektuell gibt.

Können wir uns Mitleid nicht mehr leisten?

Vom Opfer zum Schuldigen in gut zwanzig Jahren. Was für eine paradoxe Karriere des deutschen Arbeitslosen! War es bei einer Million Arbeitslosen nicht viel wahrscheinlicher, dass die wenigen Betroffenen eine gewisse Mitschuld an ihrem Schicksal trifft als bei vier Millionen?

Es hat natürlich einen Grund, warum Langzeitarbeitslose ihren Opferstatus verloren haben – es gibt einfach zu viele von ihnen, um sie noch zu bedauern. Die Mittel- und Oberschicht beginnt stattdessen, sich von den Verlierern des gesellschaftlichen Wandels abzugrenzen, und die neubürgerlichen Autoren liefern die Argumentationshilfe. Zwei Mechanismen sind es, die die Abgrenzung vorantreiben:

- das typisch konservative Bestreben, einen bestehenden gesellschaftlichen Zustand als gerecht zu interpretieren, um auf diese Weise dem Ruf nach gesellschaftlicher Veränderung zu begegnen
- das Bedürfnis vieler Menschen in Zeiten erhöhter sozialer Risiken, sich selbst auf der Gewinnerseite zu sehen und sich der Eigenschaften zu vergewissern, die einen von den Verlierern unterscheiden

In der Geschichte der Menschheit gab es wahrscheinlich keine Ungerechtigkeit, die nicht von irgendwem irgendwie rational gerechtfertigt wurde. In den Romanen Tolstois finden sich Szenen von makabrer Komik, in denen sich (meist selbst völlig lebensuntüchtige) russische

Adelige über die Notwendigkeit der Leibeigenschaft ergehen: Die Leibeigenen ihre eigenen Äcker bestellen zu lassen führe zu nichts. Das Gesindel sei derart faul, dass es sich nur unter der Knute des Aufsehers zum Arbeiten aufraffe. Alles Geld würden sie vertrinken, keine Kopeke für morgen zurücklegen.

Disziplinlosigkeit, Zukunftsvergessenheit, Alkoholismus: Alles, was Wüllenweber und Konsorten heute an der Unterschicht beobachten, machten Tolstois Antihelden schon vor 150 Jahren geltend. Es ging ihnen darum, die Existenz der Leibeigenschaft vor sich und dem Rest der Gesellschaft zu rechtfertigen. Heute geht es darum, die Existenz von Massenarbeitslosigkeit zu rechtfertigen.

Die Angehörigen der wiederentdeckten Unterschicht sind ja nicht alle erst in den letzten zwanzig Jahren geboren worden. Es gab diese Menschen schon immer, sie fielen früher nur nicht so auf. Bis in die Achtzigerjahre hatte in Westdeutschland auch das untere Fünftel der Gesellschaft zumeist einen sicheren Arbeitsplatz, der dem Leben Halt und Struktur gab. Mit den jährlichen tariflichen Lohnerhöhungen konnte auch diese Schicht vom wachsenden Wohlstand profitieren. In Ostdeutschland war Arbeitslosigkeit bis zur Wiedervereinigung ohnehin kein Thema, und die Einkommen waren weit stärker nivelliert als im Westen.

Hüben wie drüben war die Unterschicht zur unteren Mittelschicht geworden, die Bundesrepublik zum Heim einer »nivellierten Mittelstandsgesellschaft«.[4] Wie viele Pornos der Fließbandarbeiter nach Feierabend schaute, wie viel Bier er trank, wurde als das betrachtet, was es natürlich auch heute noch sein sollte: seine Privatsache.

Doch seit die Arbeitslosigkeit rapide zu steigen begann – im Westen seit Anfang der Achtzigerjahre, im Osten schlagartig mit der Wiedervereinigung –, wurde die untere Mittelschicht von der Wohlstandsentwicklung abgekoppelt. Die bescheidene berufliche Qualifikation dieser Menschen reichte immer seltener für eine tariflich abgesicherte Vollzeitbeschäftigung. Heute leben die meisten Angehörigen dieser Schicht von Hartz IV oder stecken in sogenannten prekären Arbeitsverhältnissen – meist ohne Karriereaussichten, Tarifbindung oder Kündigungsschutz.

Kurz: Die Massenarbeitslosigkeit hat die untere Mittelschicht wieder zur Unterschicht gemacht. Jugendliche ohne Hauptschulabschluss wurden früher Hilfsarbeiter inklusive tariflicher Bezahlung, Kündigungsschutz und bescheidenen Aufstiegschancen. Heute werden sie Hartz-IV-Bezieher und scheinen damit in den Augen der neuen Bürgerlichen gleichzeitig den Anspruch verwirkt zu haben, ihr Privatleben nach den eigenen Vorstellungen zu gestalten.

Die Verlierer der Globalisierung

Warum aber reichten neun Jahre Hauptschule ohne Abschluss noch vor dreißig Jahren aus, um mit der allgemeinen Wohlstandsentwicklung Schritt zu halten, während heute oft noch nicht einmal mehr die Mittlere Reife einen Ausbildungsplatz garantiert?

Wichtigste Ursache ist die gewaltige Ausweitung des effektiven weltweiten Arbeitsangebots in den letzten zwei Jahrzehnten. Vor einigen Dekaden begannen deutsche Textilfabriken mit neuen Anbietern in Asien zu konkurrieren – und verloren, weil die deutschen Arbeiter natürlich ungleich höher bezahlt wurden. Es waren die ersten Vorboten dessen, was wir heute Globalisierung nennen. Deutsche Arbeiter stehen heute in Konkurrenz zu Kollegen auf der ganzen Welt.

Die Entwicklung erfasste nach und nach immer weitere Industriezweige. Auf die Textilindustrie folgten die Unterhaltungselektronik und schließlich auch Stahlwerke wie das in Rheinhausen. Inzwischen sind es nicht mehr nur Hilfsarbeiterjobs, die der Globalisierung zum Opfer fallen. Auch Aufträge in Handwerk und Dienstleistung werden immer häufiger von ausländischen Unternehmen übernommen, die dazu ihre niedrig entlohnten Mitarbeiter nach Deutschland schicken – etwa auf Baustellen oder in Schlachthöfe.

Um Missverständnissen vorzubeugen: Es gibt keine vernünftige Alternative zur Marktöffnung. Zum einen aus ethischen Erwägungen, denn warum sollten ein türkischer Bekleidungshersteller oder ein polnischer Handwerker weniger Recht als ein Deutscher darauf haben, seine Ware oder seine Dienstleistung in Deutschland anzubieten?

Zum anderen aus wirtschaftspolitischen Gründen, weil es keinen wissenschaftlich begründbaren Zweifel daran gibt, dass freier Handel für Wohlstandszuwächse in allen daran beteiligten Staaten sorgt und mehr Protektionismus umgekehrt Wohlstand vernichtet. Die stillgelegte Plattenspieler-Fabrik schreiben wir nur zu gern der Globalisierung zu. Dass wir heute importierte CD-Spieler für den Preis zweier CDs kaufen können, nehmen wir hingegen gern und selbstverständlich hin.

Die volkswirtschaftliche Begründung des Freihandels weist jedoch einen Haken auf, der in der öffentlichen Diskussion meist zu kurz kommt: Durch mehr Handel steigt zwar der Wohlstand aller beteiligten Volkswirtschaften insgesamt. Innerhalb der einzelnen Volkswirtschaften jedoch gibt es sehr wohl Gewinner und Verlierer des Freihandels. Theoretisch reichen die Zuwächse zwar aus, um alle Verlierer angemessen zu entschädigen. Ob und wie weit dies jedoch geschieht – das ist eine politische Entscheidung jeder einzelnen Gesellschaft.

Die Verlierer des verstärkten internationalen Handels, das sind in Deutschland die Anbieter gering qualifizierter Tätigkeiten. Egal ob es sich dabei um Industriearbeiter oder um kleine Selbständige handelt: Sofern sie noch Arbeit haben, sind ihre Realeinkommen in den vergangenen Jahren gesunken; sind sie arbeitslos, dann wurde vielen von ihnen im Rahmen der Agenda 2010 die Arbeitslosenunterstützung auf Sozialhilfeniveau gekürzt. Kurz: Die deutschen Globalisierungsverlierer wurden für ihre Verluste nicht entschädigt.

Woran liegt es, dass diese Entschädigung ausblieb? Die Antwort, abstrakt ausgedrückt: Die Globalisierung, die der deutschen Volkswirtschaft einerseits hohe Zuwächse einbrachte, hat den deutschen Staat gleichzeitig der Möglichkeit beraubt, diese Zuwächse nach Belieben zu verteilen.

Die mobilen Gewinner

Um diesen Sachverhalt zu verdeutlichen, muss man sich zunächst vor Augen führen, wer in Deutschland denn eigentlich die Globalisierungsgewinner sind. Es sind zum einen die Bezieher von Kapitaleinkommen (vulgo: Reiche), die ihr Geld nun überall auf dem Globus anlegen und damit im Schnitt – andere Einflussfaktoren ausgeschlossen – höhere Renditen erzielen können als früher. Zum anderen sind es die Inhaber bestimmter beruflicher Qualifikationen, sofern sich mit diesen Qualifikationen auf dem weltweiten Arbeitsmarkt höhere Einkommen erzielen lassen, als es zuvor in Deutschland der Fall war: Investmentbanker, Spitzenforscher, Wirtschaftsanwälte, Software-Ingenieure.

Die Globalisierungsgewinner sind mobil. Sie können sich jedem politischen Versuch zu verstärkter Umverteilung entziehen, indem sie ihr Kapital oder ihre Arbeitskraft in Länder verlagern, die ihnen höhere Nettoeinkommen und Nettozinsen versprechen. Sie gehen dorthin, wo sich also »nach Steuern« am meisten verdienen lässt – und tunlichst auch noch die Lebensqualität stimmt.

Die Globalisierungsverlierer sind nicht mobil. Welches andere Land sollte sie aufnehmen wollen? Was sollten sie in diesem anderen Land anbieten außer ihre überall bereits im Überfluss vorhandene Arbeitskraft?

Diese Verschiebung von Marktmacht weg von den Globalisierungsverlierern hin zu den Globalisierungsgewinnern ist die wahre Ursache dafür, dass sich in Deutschland bereits seit Jahren die Einkommensschere immer weiter öffnet – also die Einkommensdifferenz zwischen den oberen und den unteren Einkommensgruppen stärker auseinanderklafft.

Die Einkommensschere ein Stück weit zu schließen, darin bestand seit den Fünfzigerjahren das große Versprechen der real existierenden sozialen Marktwirtschaft: Wenn der Kuchen wächst, dann sollen die »kleinen Leute« davon überproportional profitieren. Vier große Stellschrauben dienten in der Vergangenheit dazu, diese Umverteilung in die Wege zu leiten:

- die progressive Besteuerung von Einkommen (Gutverdiener unterliegen einem höheren Steuersatz als Geringverdiener)
- die einkommensabhängigen Beiträge der gesetzlichen Krankenversicherung (Gutverdiener zahlen für die gleiche Leistung höhere Beiträge als Geringverdiener)
- das System der Flächentarifverträge (niedrige Lohngruppen werden durch Tarifverträge tendenziell über das Marktniveau gehoben)
- schließlich das relativ großzügige System der Arbeitslosenunterstützung (die Arbeitslosenhilfe orientiert sich am vorherigen Einkommen, nicht am Existenzminimum)

Alle vier Stellschrauben sind in den vergangenen Jahren gelockert worden. Die Gewerkschaften haben den Anspruch aufgegeben, für die geringqualifizierten Arbeitsplätze überproportionale Lohnsteigerungen durchzusetzen – damit diese verbliebenen Jobs nicht auch noch ins Ausland verlagert werden. In der Krankenversicherung wachsen jene Beitragskomponenten, die nicht prozentual zum Einkommen bemessen werden (Zuzahlungen, »kleine« oder »große« Kopfpauschalen, freiwillige Zusatzversicherungen). Bei der Einkommensteuer und der Arbeitslosenunterstützung war es ausgerechnet die sozialdemokratisch geführte Regierung Schröder, die den Spitzensteuersatz von über 50 auf 42 Prozent und die Arbeitslosenhilfe auf Sozialhilfeniveau senkte. Gepaart mit dem niedrigen Wachstum der vergangenen Jahre ist es kein Wunder, dass sich nicht nur die Einkommensschere öffnet, sondern die untere Bevölkerungsschicht inzwischen auch reale Einkommensverluste erleidet.

All diese Fakten implizieren jedoch nicht, dass eine Rückkehr zu mehr Umverteilung über die vier genannten Instrumente, wie sie etwa die Linkspartei fordert, einen gangbaren Weg darstellt. Im Gegenteil, im Zeitalter globaler Kapital- und (für die Eliten) auch Arbeitsmärkte würde eine solche Politik Deutschland in den sicheren Niedergang führen; sie würde automatisch die Abwanderung von Kapital und hochqualifizierten Kräften zur Folge haben. Der Staat hat längst nicht mehr die Macht, ein beliebig hohes Maß an Umverteilung durchzusetzen, ohne damit ökonomischen Selbstmord zu begehen.

Dosenwurst statt Wissensdurst

Zwischenfazit: Die Wohlstandszuwäche, die Deutschland insgesamt durch die Globalisierung genießt, wurden erkauft mit dem Verlust von Millionen geringqualifizierter und trotzdem großzügig entlohnter Arbeitsplätze. Die Verlierer der Globalisierung sind die Menschen, die diese Arbeitsplätze einst besetzten und dadurch am großen bundesrepublikanischen Versprechen vom Aufstieg via Umverteilung teilhaben konnten. Sie sind um diese Aufstiegschance gebracht worden, weil sie heute entweder arbeitslos sind oder in prekären, gering entlohnten Arbeitsverhältnissen stecken.

Wie gehen wir mit dieser Ungerechtigkeit um? Gibt es da überhaupt eine Ungerechtigkeit?

Die einfachste Antwort besteht darin, die zweite Frage zu verneinen. Das war schon immer der konservative Weg: Weil das herrschende System per se gerecht ist, müssen die Verlierer in diesem System selbst schuld sein. Wären sie nicht selbst schuld, wäre das System ja nicht gerecht.

Bisweilen trägt der Versuch, der wiederentdeckten Unterschicht die Schuld an ihrem Schicksal zuzuschreiben, fast schon absurde Züge. Wenn etwa die neuen Bürgerlichen beklagen, dass Unterschichtangehörige sich selbst um ihre Chance auf gesellschaftliche Teilhabe brächten, weil sie sich nur von ungesundem Fast Food ernährten, zu viel Alkohol tränken, Privatfernsehen schauten und ihre Kinder nicht vernünftig erzögen. Während die wackeren Proletarier früherer Zeiten natürlich ihren Körper beim Sport stählten, sich pausenlos in Lesehallen weiterbildeten, in Arbeitergesangsvereinen die Fahne hochhielten und ihre Kinder niemals ohne Pausenbrot in die Volksschule schickten.

Einmal mehr wünscht man die Herren Nolte, Wüllenweber und Di Fabio dann in eine Zeitmaschine, die sie zurückbefördert ins Deutschland der Fünfzigerjahre. Sie könnten sich dann selbst davon überzeugen, wie die Handlanger auf den unzähligen Baustellen des Wirtschaftswunders in der Frühstückspause die *Frankfurter Allgemeine* aufschlagen und vergnügt ihre Rohkostsalate futtern. Wie Frauen am Zahltag ihre Männer am Werkstor abholen, damit die den Inhalt der Lohntüte nicht gleich wieder für frischgepresste Fruchtsäfte verprassen; und wie die Näherin von der Fabrik nach Hause eilt, um ihre Kinder mit einem gekonnten Medley aus Schubert-Liedern in den Schlaf zu singen.[5]

Im Ernst: Der Lebensstil der Unterschicht war tendenziell schon immer ungesünder und unvernünftiger als jener der braven Bürgersleut'. Schon immer wurde auf dem Bau mehr gesoffen, geraucht und gerauft als im Kontor. Schon immer drohte der unteren Mittelschicht mit dem Verlust des Arbeitsplatzes auch das entscheidende bisschen Halt verloren zu gehen, der einen rauen Lebensstil von einem selbstzerstörerischen trennt. Lange bevor es Fastfood und Privat-TV gab, zeigte das bereits 1933 der österreichische Sozialforscher Paul Felix Lazarsfeld in der wegweisenden Studie *Die Arbeitslosen von Marienthal*.

Ebenfalls schon immer war das Bürgertum von den derben Sitten der »einfachen Leute« abgestoßen und fasziniert zugleich, und umgekehrt war die Unterschicht schon immer hin- und hergerissen zwischen der Imitation des bürgerlichen Lebensstils und dem stolzen Beharren auf dem eigenen Proletentum.

Ein Beispiel: Jahrhundertelang kannte man Tätowierungen nur bei Matrosen und Strafgefangenen. Erst seit den Achtzigerjahren begannen auch rebellische Bürgerkinder mit diesem ehemaligen Unterschichtsymbol zu experimentieren. Und schließlich wurden Tätowierungen in den Neunzigerjahren auch in der Mittelschicht populär, wodurch sie jedoch schnell den Ruch des Proletarisch-Subversiven verloren. So kann Harald Schmidt heute vortrefflich über uncoole Arschgeweihe spotten. Wenn aber der Historiker Paul Nolte allen Ernstes über »Unterschichten-Körperstilisierung wie Tattoos und Piercings«[6] klagt, empfehle ich ihm den Besuch eines beliebigen deutschen Badestrands. Anschließend soll Nolte noch einmal behaupten, dass all die völlig durchschnittlichen Familienväter und -muttis, die dort mit Tätowierungen herumlaufen, zur Unterschicht zählen.

Anders als von den Neubürgerlichen postuliert, gab es diesen spannenden Austausch zwischen bürgerlicher und Unterschichtkultur nicht erst, seit die Achtundsechziger angeblich die bürgerliche Kultur diskreditiert haben. Früher waren die Ausbrüche des Bürgertums (genauer: der bürgerlichen Männer, für Frauen war so etwas nicht vorgesehen) lediglich stärker an bestimmte Anlässe gebunden: an den regelmäßigen Bordellbesuch des braven Gatten, an das exzessive »Kneipen« in der Studentenverbindung, an die Männlichkeitsrituale während des Wehrdiensts und auf Reserveübungen.

Die Angst der Mittelschicht

Die bürgerliche Kultur war nie nur bürgerlich, die Unterschichtkultur nie der Unterschicht vorbehalten. Warum ist es heute so populär, genau dies zu leugnen und auf die angeblich so grundlegenden kulturellen Unterschiede zwischen Bürgertum und »Unterschichtkultur« zu verweisen?

Zum einen weil wie gesagt der Unterschicht in unrühmlicher konservativer Tradition Mitschuld an ihrem eigenen Schicksal zugeschrieben werden soll. Zum anderen weil die Globalisierung inzwischen auch weite Teile der Mittelschicht in ihrem sozialen Status bedroht. Es sind ja längst nicht mehr nur die geringqualifizierten Arbeitsplätze, die von Verlagerung oder Einkommensverlust bedroht werden. Bedroht sind inzwischen auch die klassischen Biotope der Mittelschicht: Dank gesunkener Kosten für die elektronische Datenübertragung (auch dies eine Facette der Globalisierung) lassen sich heute die Tätigkeiten von technischen oder kaufmännischen Angestellten ebenso global verlagern wie vor zwanzig Jahren die Jobs der Hilfsarbeiter. Wo dieser Prozess endet, wen es noch alles trifft, das weiß niemand.

Umso größer das Bedürfnis der Mittelschichten, sich abzusetzen gegenüber den gesellschaftlichen Verlierern. Sich und anderen zu vergewissern: Mir kann nicht passieren, was der Unterschicht passiert, denn ich bin grundlegend anders als die. In Abwandlung eines Chansons von Franz Josef Degenhardt: Ich spiel nicht mit den Schmuddelkindern.

Ob es tatsächlich die Menge des Fernsehkonsums,

die Häufigkeit der McDonald's-Besuche oder die Vorliebe für Tätowierungen überm Gesäß sind, die ursächlich die Verlierer der Globalisierung von denen scheiden, die noch einmal davonkommen werden? Das ist zwar mehr als fraglich, aber es beruhigt natürlich enorm, sich genau das von den neuen Bürgerlichen einreden zu lassen.

Was nicht heißt, dass langjährige Arbeitslosigkeit sich nicht katastrophal auf Menschen auswirken kann: Antriebslosigkeit, Drogenkonsum, Depressionen, Zerfall der Familienstrukturen. All das macht es natürlich nicht leichter, eine neue Stelle zu finden oder seine Kinder vernünftig zu erziehen. Das war schon bei den Arbeitslosen von Marienthal so. Entscheidend aber: Anders als etwa von *Stern*-Autor Wüllenweber behauptet, sind diese pathologischen Symptome in erster Linie Folge der Arbeitslosigkeit, und höchstens im zweiten Schritt ihre Ursache.

Um zu beurteilen, ob dem unteren Fünftel unserer Gesellschaft soziales Unrecht widerfahren ist oder nicht, empfiehlt sich ein Gedankenexperiment, das der US-amerikanische Philosoph John Rawls in seinem Werk *Eine Theorie der Gerechtigkeit*[7] vorgeschlagen hat: Wer über eine Entwicklung der Gesellschaft weg von einem fiktiven Urzustand urteilt, sollte demnach nicht wissen, mit welchen Fähigkeiten und in welcher sozialen Stellung er sich in der neuen Gesellschaft wiederfinden wird.

Versuchen wir, diesen Gedanken anzuwenden auf die wirtschaftspolitische Entscheidung, Deutschlands Märkte zu öffnen oder sie weiterhin von ausländischer Konkurrenz abzuschotten, eine Entscheidung, die es natürlich in dieser Eindeutigkeit so nicht gegeben hat. Es geht wie gesagt um ein Gedankenexperiment. Würde ein Angehöriger der wirtschaftlichen oder politischen Elite für diese Öffnung plädieren, wenn er damit rechnen müsste, am nächsten Tag als ungelernter Hilfsarbeiter in der Textilindustrie oder im Schlachthof aufzuwachen? Zumindest würde er sicherstellen, dass die Wohlfahrtszuwächse aus der Marktöffnung genutzt werden, um die Globalisierungsverlierer für ihren Verlust an Einkommen und gesellschaftlichem Status so weit zu entschädigen, dass es ihnen nicht schlechter geht als vorher.

Die neuen Leibeigenen

Eine gerechte Politik im Sinne von Rawls müsste also alles tun, um der Unterschicht wieder Beschäftigungschancen zu eröffnen und ihre Teilhabe am gesamtgesellschaftlichen Wohlstand zumindest nicht noch weiter absinken zu lassen. Dazu gibt es im Prinzip zwei Wege, die einander keineswegs ausschließen: Zum einen bessere Bildungschancen für die unteren Gesellschaftsschichten, damit diese langfristig in höher qualifizierte, besser bezahlte und zukunftssichere Berufe vordringen können. Um dieses Ziel zu erreichen, bedarf es vor allem einer grundlegenden Reform des Schulsystems.[8]

Zum anderen ist eine radikale Reform des gesamten Sozialsystems notwendig. Die Hartz-IV-Leistungssätze bilden derzeit de facto einen Mindestlohn. Wer eine Arbeit annimmt, die ihm weniger Gehalt einbringt, als er vorher an staatlicher Unterstützung genossen hat, handelt massiv gegen sein eigenes materielles Interesse. Kein Wunder, dass Niedriglohnjobs in Deutschland keine Nachfrage finden – was sich alljährlich bei der Obst- und Gemüseernte zeigt, die trotz vier Millionen Arbeitslosen fast ausschließlich von ausländischen Saisonkräften eingebracht wird.

Hier liegt auch die wahre Ursache für die scheinbare Passivität der Unterschicht, heute wie zu Tolstois Zeiten: Es gibt für sie keinen ausreichenden Anreiz zu arbeiten. Den Leibeigenen vergangener Tage wurden die Früchte ihrer Arbeit vom Gutsbesitzer weggenommen. Den Hartz-IV-Empfängern wird ein Großteil ihres Lohns, abgesehen von minimalen Freibeträgen, umgehend von der Stütze abgezogen – was natürlich nicht nur Passivität fördert, sondern auch einen Anreiz zur Schwarzarbeit liefert.

Aus diesem Widerspruch ziehen alte und neue Konservative nun den Schluss, dass man die soziale Unterstützung einfach weit genug absenken müsse nach dem Motto: Kurz vorm Verhungern wird sich selbst der faulste Sozialschmarotzer zum Salatpflücken melden. Das ist wahrscheinlich richtig, mit Gerechtigkeit im Rawls'schen Sinne hätte diese Lösung jedoch nichts zu tun.

Eine Alternative wäre es, die staatliche Garantie eines angemessenen Lebensunterhalts komplett abzukoppeln von der Aufnahme einer Beschäftigung, und sei sie noch so gering bezahlt. Dieser Vorschlag läuft faktisch auf eine einkommens- und bedürftigkeitsunabhängige Grundsicherung in Höhe des offiziell definierten Existenzminimums hinaus. Das beträgt derzeit für Erwachsene rund 7600 Euro pro Jahr. Die Grundsicherung würde jedem Bürger automatisch ausgezahlt. Zur Finanzierung der Grundsicherung müssten zum einen alle übrigen sozialen Sicherungssysteme wegfallen zusammen mit den dazugehörenden kostspieligen Bürokratien: Bundesagentur für Arbeit, gesetzliche Rentenversicherung und viele andere mehr. Zum anderen müssten alle Arbeits- und Kapitaleinkommen vom ersten Euro an versteuert werden, am besten in Form einer Flat Tax, eines gleichmäßig hohen Steuersatzes für alle. Die bisherigen Freibeträge und Progressionsstufen fielen komplett weg.

Für Normalverdiener würde sich durch diese Regelung praktisch nichts verändern. Sie würden womöglich etwas mehr Steuern auf ihr Arbeitseinkommen entrichten, dieser Verlust würde aber ausgeglichen durch die pauschale Auszahlung der einkommensunabhängigen Grundsicherung. Auch die bisherige Steuerprogression bliebe für sie faktisch bestehen: Je weniger ich im neuen System brutto verdiene, desto größer ist der Anteil der Grundsicherung an meinem Nettoeinkommen. Desto geringer ist wiederum der prozentuale Anteil, den ich von meinem Bruttoeinkommen als Steuern an den Staat abführen muss – faktische Progression trotz Flat Tax.

Für die derzeit Arbeitslosen hingegen würde sich der Anreiz zur Arbeitsaufnahme radikal erhöhen: Jeder Euro Verdienst brächte ihnen netto mehr Geld in die Tasche. Jeder Job würde sich lohnen, und sei er noch so schlecht bezahlt. Der Anreiz zur Schwarzarbeit würde auf jenes normale Maß sinken, dem sich schon heute jeder Arbeitnehmer gegenübersieht.

All die alltäglichen Dienstleistungen, die wir auf Reisen in die USA so genießen, könnten dann auch in Deutschland Einzug halten: vom Schuhputzservice im Hotel bis zum Tüteneinpacker im Supermarkt. Mit einem entscheidenden Unterschied: Anders als in den USA müssten die Anbieter solcher Dienstleistungen nicht in Wohnwagen oder Pappkartons schlafen. Die Grundsicherung würde ihnen ein menschenwürdiges Dasein garantieren, selbst wenn das Schuhputzen netto nur vier, fünf Euro pro Stunde einbringt. Ich bin sicher, das Gerede von der angeblichen Lethargie der Unterschicht würde durch eine bedarfsunabhängige Grundsicherung schlagartig widerlegt.

Interessanterweise sind es gerade liberale Wirtschaftswissenschaftler, die zur Einführung einer solchen Grundsicherung raten, in Deutschland vor allem Thomas Straubhaar, Chef des Hamburgischen Weltwirtschaftsinstituts (HWWI). Kein Wunder: Auch wenn das Umverteilungsvolumen einer solchen Grundsicherung auf den ersten Blick gewaltig anmutet, es handelt sich um ein zutiefst liberales Projekt. Jenseits der Grundsicherung könnte eine weit weniger regulierte Wirtschaft blühen als heute – ohne Debatten über Mindestlöhne oder steigende Rentenversicherungsbeiträge.

Wo Werte nicht weiterhelfen

Die Vertreter der neuen Bürgerlichkeit hingegen tun sich mit dem Gedanken der Grundsicherung schwer. Er verstößt in ihren Augen gegen den Grundsatz, dass der in Not geratene Mensch zwar auf die Barmherzigkeit der Gemeinschaft hoffen darf – aber keinen moralischen oder gar einklagbaren Anspruch auf diese Hilfe hat.

Oder wie Udo Di Fabio es gewohnt blumig formuliert: »Das alte bürgerliche Fundament der westlichen Freiheit führte immer die Idee der Brüderlichkeit mit sich, zeigte aber auch darin eine gewisse Härte, weil vom Bruder erwartet wurde, sich selbst zu helfen, bevor er um Hilfe bittet. Der Wind der Freiheit ist mitunter rau, wie atlantische Stürme, denen die europäischen Weltentdecker vor einem halben Jahrtausend trotzten.«[9] Di Fabio fordert, die Menschen müssten es als eine »Frage der Ehre betrachten, anderen – mit Ausnahme des familiären Gemeinschaftsverbandes – möglichst nicht zur Last zu fallen«.[10]

Mit anderen Worten: Er erklärt das Problem der unbesetzten Billigjobs zu einer Frage der Werte. Ein anständiger Arbeitsloser nimmt auch einen schlecht bezahlten Job an, selbst wenn der ihm weniger einbringt als das Geld vom Staat. Ehrensache.

Hier überschätzt Di Fabio, was Werte zu leisten vermögen. Werte sind aus politisch-ökonomischer Sicht enorm wichtig, um Menschen dazu zu bringen, in ihrem langfristigen Eigeninteresse zu handeln statt im kurzfristigen, sich kooperativ gegenüber anderen Menschen zu verhalten anstatt konfrontativ. Werte als wirtschaftliches Regulierungsinstrument versagen jedoch regelmäßig da, wo sie Menschen dazu bringen sollen, komplett gegen ihre Interessen zu handeln. Welches kurz- oder langfristige Interesse sollte der Hartz-IV-Empfänger daran haben, für fünf Euro die Stunde Salat zu pflücken und hinterher weniger Geld in der Tasche zu haben als vorher – anstatt auszuschlafen? Etwa die Aussicht, dass es Deutschland langfristig bessergehen wird, wenn weniger Menschen die Sozialkassen in Anspruch nehmen? Eine reichlich abstrakte Vorstellung, wenn es darum geht, morgens um fünf aufzustehen und den ganzen Tag auf dem Acker herumzurobben – oder fürs gleiche Geld einfach liegen zu bleiben.

Anders sähe es zum Beispiel aus, wenn die Salatpflückerei langfristig Aufstiegschancen eröffnen würde, die Aussicht auf ein höheres Einkommen, einen besseren gesellschaftlichen Status in der Zukunft. Dann spräche das kurzfristige Eigeninteresse immer noch gegen den Job, das langfristige jedoch dafür, und das richtige Wertegerüst könnte bei der Entscheidung pro Arbeitsaufnahme helfen. Doch es liegt ja leider im Wesen der Salatpflückerei, dass die Aufstiegschancen eher begrenzt sind.

Im Gegensatz übrigens zu den vielen einfachen Industriejobs der Vergangenheit: Hier winkten auch dem einfachen Arbeiter zumindest bescheidene Chancen, etwa zum Vorarbeiter oder mit besonders viel Ehrgeiz sogar zum Meister aufzusteigen. Er hatte dadurch einen Anreiz, seine kurzfristigen Interessen (Dienst nach Vorschrift und in der Frühstückspause das erste Bierchen) zurückzustellen zugunsten seiner langfristigen Interessen (fleißig schaffen und auf Beförderung hoffen).

Angesichts all der Anreize, sich auf Dauer in der Sozialhilfe einzurichten, macht ürigens nur ein erstaunlich kleiner Teil der Empfänger von dieser Möglichkeit Gebrauch. Von hundert Menschen, die 1991 in Köln und

Leipzig erstmals Sozialhilfe erhielten, hatten es fünf Jahre später 83 Prozent wieder aus der Sozialhilfe heraus geschafft.[11] Der Soziologieprofessor Stephan Leibfried schätzt, dass nur 5 Prozent der Empfänger langfristig in der Sozialhilfe verbleiben.[12] Arme Menschen gibt es immer mehr in Deutschland, ebenso wie Bürger, die – verschuldet oder unverschuldet – vorübergehend auf staatliche Unterstützung angewiesen sind. Doch beim Sozialhilfeadel, den Wüllenweber in Essen-Katernberg flächendeckend vorzufinden meint, handelt es sich in Wahrheit um ein absolutes Minderheitenphänomen.

5. Der Niedergang der Familie oder: alles Schlampen außer Mutti!

Erinnern Sie sich noch daran, wie dieses Buch begann? Es ging los mit einer hitzigen Diskussion und anschließenden nächtlichen Gedanken, warum manche Leute Kinder haben und andere nicht. Die neuen Bürgerlichen machen sich über nichts lieber Gedanken als über genau diese Frage: Warum kriegen die Deutschen so wenig Nachwuchs? Kinder haben schließlich etwas mit Familie zu tun, und die Familie befindet sich in der Überlappung der zwei beliebtesten neubürgerlichen Schreckensszenarien: demographische Bedrohung und Werteverfall.

Wie diese Themen zusammenhängen? Ganz einfach: Die Achtundsechziger haben uns eingeredet, dass wir uns selbst verwirklichen müssen. Dabei stören Kinder. Deshalb gibt es immer weniger von ihnen, und die Deutschen sind vom Aussterben bedroht. Matthias Matussek und Kollegen fassen diese Position im *Spiegel* so zusammen: »Das Programm: jeder für sich, angetreten zur Anbetung des eigenen Bauchnabels! Und dieses Modell ist Leitkultur geworden. Nur logisch, dass dabei einiges auf der Strecke bleibt, was früher ganz selbstverständlich mit zur ›Entfaltung der Persönlichkeit‹ gehörte. Eben die Familie.«[1]

Weil wir angeblich alle zu Egoisten geworden sind,

ist die deutsche Familie vom Aussterben bedroht, und die neuen Bürgerlichen beginnen, ihr schon vor dem Ableben rhetorische Denkmäler zu errichten. Ganz oben auf dem Sockel dieser Denkmäler steht eine mythenumwehte Figur – selbstlos und leidensfähig, doch in der freien Wildbahn leider immer seltener anzutreffen: die deutsche Mutter.

Was Frauen wollen

Besonders eindringlich gelingt diese Verklärung Norbert Bolz, der im Hauptberuf an der Technischen Universität Berlin das anspruchsvolle Fach der Medienwissenschaft lehrt. Bisweilen gibt Bolz auch Interviews im *Spiegel* oder in der *Wirtschaftswoche*. Der studierte Philosoph darf also als gesellschaftlich vergleichsweise gut integriert gelten. Wenn man allerdings Bolz' Buch *Die Helden der Familie* gelesen hat, dann fragt man sich: Was ist dem armen Mann bloß Schlimmes widerfahren? Was hat ihn dazu getrieben, ein derart gestörtes Verhältnis zu selbstbewussten Karrierefrauen zu entwickeln – und umgekehrt ein so verklärtes Bild von Hausfrauen und Müttern?

Gleich auf der ersten Seite seines Buchs stellt Bolz klar: Er hat daheim in der Küche selbst so ein Prachtexemplar stehen, eine echte Hausfrauenmutti, und dazu vier Kinder. Folgerichtig findet Bolz, dass Kinder eine gute Sache sind: »Reiche erobern, Kunstwerke schaffen, an den gnädigen Gott glauben oder Kinder zeugen – so kann man sich der eigenen Unsterblichkeit versichern.«[2]

Kinder zeugen, wohlgemerkt, Kinder gebären rangiert für Bolz offenbar nicht ganz so hoch. Aber Frauen gründen ja auch keine Reiche. Das überlassen sie grundsätzlich lieber ihren Männern: »Mann sollte sich deshalb nicht beirren lassen, wenn Frauen nicht zugeben, dass sie dominante Männer begehren. Denn man kann leicht beobachten, dass Frauen Männer verachten, die sich von anderen Männern dominieren lassen und es nicht schaffen, sich in ihrer Lebenswelt Respekt zu verschaffen. Sie mögen Männer, die karriereorientiert, fleißig und ehrgeizig sind. Denn evolutionstypisch tauschen Frauen Sex gegen Ressourcen, während Männer Ressourcen gegen Sex tauschen.«[3]

Leider jedoch lebt Bolz in einer Welt, in der sich manche Frauen einfach nicht an die Bolz'schen Gesetze halten mögen. Der Professor reagiert entsprechend verschnupft: »Bekanntlich ist die Bewegung der Achtundsechziger dann nahtlos in den Feminismus übergegangen, und was beide verknüpft hat, ist der Angriff auf die bürgerliche Familie (…). Eine Frau, die arbeitet, ist unserer Gesellschaft heute mehr wert als eine Hausfrau und Mutter. Die höchste Wertschätzung genießt das berufstätige Paar mit ganztägig betreutem Kind. Dann folgt die alleinerziehende, berufstätige Mutter – sie ist die eigentliche Heldin des sozialdemokratischen Alltags. (…) Am unteren Ende der Werteskala rangiert die klassische Familie mit arbeitendem Ehemann und Mutter/Hausfrau. Ihr gilt nur noch der Spott der neuen Kulturrevolutionäre, die die Lufthoheit über den Kinderbetten längst erobert haben.«[4]

Und weil's so schön-schauderhaft ist, hier noch ein

letzter O-Ton unseres Geschlechterexperten Bolz: »War Männlichkeit immer schon Reaktionsbildung und Angstabwehr, so muss sie heute auf die Delegitimation der Männlichkeit selbst reagieren. Männlichkeit ist ständig gefährdet und muss deshalb ständig demonstriert werden. Zu den klassischen Ungewissheiten des Mannes – Bin ich der Vater (oder gehörnt worden)? Ist sie befriedigt (oder simuliert sie)? – kommt heute modernitätsspezifisch hinzu, dass Männlichkeit gesellschaftlich marginalisiert wird.«[5]

Hm. Oute ich mich hier als unmännlicher Waschlappen, wenn ich anmerke, dass es in meinem Leben durchaus größere Ungewissheiten gibt als die oben genannten?

Nun hat es Bolz natürlich nicht leicht mit seinen Argumenten. Als Gatte einer Nurhausfrau wirkt er wenig objektiv, wenn er sich über die Diskriminierung von Nurhausfrauen erregt. Viel glaubwürdiger wäre es doch, wenn die gleichen Argumente von anderer Seite kämen ... sagen wir zum Beispiel von einer erfolgreichen Karrierefrau und Mutter.

Auftritt Eva Herman. Die Tagesschausprecherin, Mutter und Ratgeberautorin (*Mein Kind schläft durch*) erweist den neuen Bürgerlichen den größten denkbaren Gefallen: Sie erklärt öffentlich den Versuch, Kinder und Karriere miteinander zu verbinden, für gescheitert. Zuerst in einem Zeitschriftenaufsatz, dann auf Buchlänge ausgewalzt (*Das Eva-Prinzip*), preist sie ganz im Bolz'schen Sinne das Leben der Hausfrauenmutti: »Nur Hausfrau? Nur Mutter? Kein attraktiver Smalltalk für eine Party, und schon gar keine gesellschaftliche Reputation. Ist die zu faul?, fragt man hinter vorgehaltener Hand. Oder etwa zu dumm? Dabei sollten sich umgekehrt die so genannten Vorzeigefrauen auf den Prüfstand stellen und sich fragen lassen, welche Ziele sie eigentlich leiten. Die ehrliche Antwort wäre: Es sind Selbstgefälligkeit und Eitelkeit.«[6]

Ja klar, wenn Männer den Erfolg im Beruf suchen, folgen sie ihrer Bestimmung (Jagd!), wenn Frauen das Gleiche tun, sind sie eitel. Daraus folgt: »Es ist die Frau, die in der Wahrnehmung ihres Schöpfungsauftrages die Familie zusammenhalten kann. Das soll nicht heißen, dass sich die weibliche Existenz ausschließlich darauf stützt. Es ist selbstverständlich, dass Frauen etwas lernen, dass sie sich weiterbilden und Aufgaben außerhalb der Familie übernehmen, wenn sie das Talent dazu haben. Doch all das sollte in Maßen geschehen. Es darf ihr Glück nicht allein darin bestehen, Geld zu verdienen und sich in der männlichen Berufswelt zu behaupten.«[7]

Immerhin zeigt Herman eine gewisse Konsequenz: Kurz vor Erscheinen ihres Buches legte sie ihren Job als Tagesschausprecherin fürs Erste nieder. Damit nähert sie sich zumindest ein Stück weit jenem Lebensstil an, den sie öffentlich so gerne verklärt.

Doppelt verdient hält besser

Wo soll man bei so viel Unfug bloß mit dem Argumentieren anfangen? Wir müssen uns wohl oder übel auf jene Äußerungen der neuen Bürgerlichen beschränken, die mit wissenschaftlichen Erkenntnissen zu widerlegen sind. Wenn jemand wirklich glaubt, die Rollen von Mann und Frau seien von Schicksal oder Schöpfer festgelegt, dann lässt sich schwer dagegenhalten. Das ist dann halt Glaubenssache. Wenn ein Mann wie Bolz wiederum denkt, nur weil er mit den Affen die Vorfahren teile, zwängen ihn seine Gene sich rund um die Uhr als Bonobo-Männchen zu gebärden – dann trägt dies alle Züge einer sich selbst erfüllenden Prophezeiung. Und wenn schließlich die neuen Bürgerlichen darüber jammern, dass die Nurhausfrau von »neuen Kulturrevolutionären« (Bolz) verächtlich gemacht werde, dann kann man auch diese Behauptung nicht widerlegen, solange nicht klar ist: Wer genau soll das gesagt haben?

Bezeichnend, dass sich Bolz und in ähnlicher Weise auch Udo Di Fabio[8] beim Thema Familie in solch wolkige Anschuldigungen flüchten müssen. Dass Nurhausfrauen und -mütter in Deutschland diskriminiert werden, gehört zu ihrem Standardrepertoire. Doch niemand von ihnen hat bisher ein konkretes Zitat eines halbwegs relevanten deutschen Politikers vorgelegt, das eine solche Diskriminierung von Nurhausfrauen in der Bundesrepublik beinhaltet. Ich vermute stark, dass solche Äußerungen gar nicht existieren. Die Alleinverdienerfamilie ist in Deutschland noch immer viel zu verbreitet, als dass Politiker so dumm wären, sie zu diskriminieren – und sei es nur verbal.

Den Glauben an die Vorhersehung des Schöpfers, die Allmacht der Gene oder die diffuse Geringschätzung der deutschen Mutter können wir niemandem nehmen. Gegen die übrigen Realitätsklitterungen der neuen Bürgerlichen in Sachen Familie lässt sich allerdings ein schweres Geschütz in Stellung bringen. Und zwar der im Mai 2006 veröffentlichte Siebte Familienbericht der Bundesregierung.[9] 386 Seiten, zusammengestellt von einer unabhängigen wissenschaftlichen Expertenkommission und vollgepackt mit Fakten über den Zustand der Familie in Deutschland inklusive Vergleich mit anderen europäischen Staaten. Die wissenschaftlichen Studien, die in diesem Bericht zitiert werden, wären natürlich auch für die Autoren der neuen Bürgerlichkeit zugänglich gewesen. Aber wir haben es ja schon in den vorherigen Kapiteln gesehen: Mit der Empirie stehen die neuen Bürgerlichen auf Kriegsfuß. Fakten ersetzen sie gerne durch intensives Meinen.

Dem Familienbericht lässt sich unter anderem entnehmen, dass …

- anders als von den neuen Bürgerlichen suggeriert, die Alleinverdienerfamilie in der Geschichte keineswegs eine Normalität, sondern eine Ausnahme war;
- der Geburtenrückgang in Deutschland nur zum kleinen Teil auf einen Anstieg der Zahl der Erwachsenen ohne eigene Kinder zurückgeht, sehr viel stärker jedoch auf einen Rückgang der Familiengröße – was wiederum die These widerlegt, dass in Deutschland eine »Kultur der Kinderlosigkeit« herrsche;
- es im Gegensatz zu den Behauptungen der neuen Bürgerlichen keine wissenschaftlich-pädagogischen Belege dafür gibt, dass Kinder möglichst lange von den leiblichen Eltern betreut werden müssen;
- es keinen Nachweis dafür gibt, dass die gestiegene Zahl der Scheidungen (für die neuen Bürgerlichen

Ausdruck des Hangs zur Selbstverwirklichung) zu mehr psychisch gestörten Kindern führt.

Zunächst zum ersten Punkt: Die neuen Bürgerlichen suggerieren ja so etwas wie eine direkte Linie vom Höhlenmenschen zur Normalfamilie der Fünfzigerjahre. O-Ton Eva Herman: »Der Mann steht in der Schöpfung als der aktive, kraftvolle, starke und beschützende Part, die Frau dagegen als der empfindsamere, mitfühlendere, reinere und mütterliche Teil. In den zurückliegenden Jahrtausenden richtete die Menschheit ihre Lebensform nach dieser Aufteilung aus, die Rollen waren klar definiert. Der Mann ging zur Jagd, später zur Arbeit und sorgte für den Lebensunterhalt der Familie, die Frau kümmerte sich um das Heim, den Herd, die Kinder und stärkte ihrem Mann den Rücken durch weibliche Fähigkeiten wie Empathie, Verständnis, Vorsicht.«[10]

In Wahrheit waren die Fünfziger- und Sechzigerjahre in Deutschland und im Rest der westlichen Welt die absoluten Ausnahmedekaden. Nur während dieser zwei Jahrzehnte wurde das, was wir heute »bürgerliche Familie« nennen, zum Standard für die Mehrheit der Bevölkerung.

In den diversen Jahrtausenden zwischen der Einführung von Ackerbau und Viehzucht – seit also der Mann nicht mehr hauptberuflich auf die Jagd gehen muss – und der industriellen Revolution gab es für rund 90 Prozent der Bevölkerung weder eine Trennung von Erwerbs- und Hausarbeit noch von Wohn- oder Arbeitsort noch von weiblicher oder männlicher Sphäre. Alle waren Bauern, gearbeitet wurde im Sommer auf dem Feld und im Winter im Haus. Die Kinder wuselten irgendwie zwischendrin.

Der nächste Einschnitt folgte mit der Industrialisierung im 19. Jahrhundert. Immer mehr Menschen arbeiteten nun in Fabriken statt auf dem Feld, Wohn- und Arbeitsort waren fortan getrennt. Doch die Einkommen der Arbeiter und auch vieler Angestellter waren viel zu niedrig, als dass die Frau Gemahlin sich nur Kind und Küche hätte widmen können. Jeder musste in die Fabrik, auch die Frauen und lange Zeit sogar die Kinder.

Sicher, im 18. und 19. Jahrhundert entstand auch das Bürgertum mit seinen ausgeklügelten Rollenzuschreibungen für Mann (Erwerbsarbeit) und Frau (Haushalt) sowie dem revolutionären Gedanken, dass man Kinder erziehen müsse. Doch bis zum Zweiten Weltkrieg konnte es sich nur eine Minderheit der deutschen Haushalte leisten, diesem Modell zu folgen und auf das Einkommen der Ehefrau zu verzichten. Erst mit dem Wirtschaftswunder der Fünfzigerjahre blieben die Frauen massenweise zu Hause. Doch bereits Ende der Sechzigerjahre wurde diese Rollenaufteilung wieder in Frage gestellt. Immer mehr Frauen kehrten nach einer Erziehungsphase wieder in den Beruf zurück, meist in Teilzeit. Die Hausfrauenehe ist also historisch gesehen eher eine Ausnahmeerscheinung.

Das heißt nicht, dass diese Rollenverteilung schlecht sein muss. Aber wer sich nach der Nurhausfrau und -mutter zurücksehnt, der muss schon bessere Argumente bringen als ein dumpfes: »Das war schon immer so.«

Zwei Kinder sind genug

Auch von einer »Kultur der Kinderlosigkeit« oder einer »Spaltung der Gesellschaft in zwei Teilgesellschaften mit und ohne Nachkommen«[11], wie sie die neuen Bürgerlichen gern beklagen, kann in Wahrheit nicht die Rede sein. Der Anteil der Frauen, die zeitlebens ohne Kinder bleiben, liegt in Deutschland heute bei rund 25 Prozent.[12] In den Zwanziger- und Dreißigerjahren waren es Schätzungen zufolge etwa ebenso viele. Die Zahl der Kinderlosen hat also gegenüber damals nicht nennenswert zugenommen, lediglich die Ursachen für die Kinderlosigkeit dürften sich verändert haben: Früher blieben die Frauen häufig kinderlos, weil sie an Unfruchtbarkeit litten, die nicht behandelbar war. Heute dagegen ist die Kinderlosigkeit meist eine bewusste und freiwillige Entscheidung. In meinen Augen ein zivilisatorischer Fortschritt.

Wenn die Zahl der kinderlosen Frauen gegenüber der Zeit vor siebzig, achtzig Jahren etwa gleich geblieben ist, woher rührt dann der drastische Geburtenrückgang der vergangenen Jahrzehnte? Er lässt sich fast ausschließlich darauf zurückführen, dass immer mehr Familien sich mit ein oder zwei Kindern begnügen. Die kinderreichen Familien mit drei oder mehr Geschwistern sind zur Ausnahme geworden.[13] Der vorerst letzte Rückgang bei den durchschnittlichen Kinderzahlen pro Familie ereignete sich in Westdeutschland, wie auch in den meisten anderen europäischen Ländern, zwischen Mitte der Sechziger- und Mitte der Siebzigerjahre, also exakt in den Jahren, in denen die Antibabypille Verbreitung fand. Die Forschung sieht hier einen klaren Zusammenhang.[14] Ein großer Teil der dritten und vierten Kinder war früher offenbar wegen unzureichender Verhütung ungeplant auf die Welt gekommen.

Mit irgendwelchen Achtundsechziger-Selbstverwirklichungsspinnereien hatte diese Entwicklung nichts zu tun: Der Rückgang bei den kinderreichen Familien spielte sich vor allem in ländlichen Regionen ab,[15] also gerade nicht in den Metropolen, den Hochburgen der Studentenrevolte und des Hedonismus. Dort, in den Großstädten, hatten die Familien bereits vor Erfindung der Pille weniger Kinder. Es herrscht heute also weniger eine Kultur der Kinderlosigkeit in Deutschland (oder zumindest keine stärkere als vor hundert Jahren), sondern vielmehr eine Kultur der Kinderplanung.

Jetzt muss natürlich die Zahl kommen, die in keiner alarmistischen Wortmeldung der neuen Bürgerlichen fehlen darf: Bleiben nicht 40 Prozent der Akademikerinnen kinderlos? Hört nicht gerade die geistige Elite immer häufiger auf, sich zu reproduzieren? Also genau die Menschen, deren Nachkommen doch so besonders wichtig wären für Deutschland?[16]

Kaum zu glauben, aber wahr: Die ach so populäre Geisterzahl von 40 Prozent beruht auf einem statistischen Fehler. Erhoben wurde lange Zeit nur die Zahl der Kinder, die in den Haushalten von maximal 39-jährigen Akademikerinnen leben. Ein überraschend großer Anteil der hochgebildeten Frauen bekommt jedoch ihr erstes Kind nach dem vierzigsten Lebensjahr. Als erstmals auch die älteren Frauen in die Untersuchung einbezogen wurden, sank der Anteil der kinderlosen Akademikerinnen plötzlich auf rund 30 Prozent – und lag damit gar nicht mehr so weit über dem knappen Viertel aller Frauen, die seit eh und je kinderlos bleiben.[17]

Die verbleibende Differenz ist übrigens keineswegs ungewöhnlich: In Familien mit hohem Bildungsstand lag die Kinderzahl schon immer niedriger als in den unteren sozialen Schichten. Bereits die Nazis inspirierte das zu üblen Propagandagrafiken, in denen plastisch dargestellt wurde, wie angeblich »Asoziale« und »rassisch Minderwertige« mit ihren überdurchschnittlich vielen Kindern den deutschen Volkskörper schwächen.

Der Einstein von Neukölln

Die meisten der neuen Bürgerlichen gehen nicht so weit wie Eva Herman. Sie empfehlen Frauen nicht ausdrücklich, sich lieber in der Küche statt im Beruf zu verwirklichen. Der Gedankengang verläuft meist eine Spur subtiler. Ganz geschlechtsneutral wird argumentiert, dass Kinder möglichst lange von einem leiblichen Elternteil erzogen werden müssten. So etwa der *ZDF*-Prediger Hahne: »Die emanzipatorische Idee, ein Kind sich selbst zu überlassen oder es Fremden anzuvertrauen, um sich beruflich entfalten zu können, gilt nicht als unmoralisch, sondern vielmehr als fortschrittlich. Dabei bestätigt einem jeder Kinderpsychologe, dass Erziehung kein Nebenjob nach Feierabend ist. Kleine Kinder brauchen wenigstens einen konstanten familiären Ansprechpartner für ihre Fragen, und zwar rund um die Uhr.«[18]

Womit Hahne natürlich nicht gesagt hat, dass unbedingt die Mutter zu Hause bleiben muss. Aber natürlich wird ihm klar sein, dass Rund-um-die-Uhr-Betreuung durch einen »konstanten familiären« Ansprechpartner so gut wie immer bedeutet: Der Mann arbeitet, die Frau bleibt zu Hause.

In der verqueren Logik der neuen Bürgerlichen kennen auch die berufstätigen Frauen diese Realität – und propagieren deshalb nach Kräften die Vorzüge der Fremdbetreuung, um ihre eigene Karrieregelüste zu rechtfertigen. Wider besseren Wissens, wie Norbert Bolz vermutet: »Eine Mutter, die erwerbsmäßig arbeitet, muss natürlich die Meinung vertreten, dass Kinder nicht durch die eigenen Eltern erzogen, betreut und geliebt werden müssen. Die kinderpsychologische Grundthese lautet dann: Es gibt einen funktionalen Ersatz für die Eltern. Dass es eine große Nachfrage nach dieser Art von wissenschaftlicher Beruhigung gibt, leuchtet unmittelbar ein. Denn eine Mutter, die ganztägig berufstätig ist, kann schlecht die Meinung vertreten, damit ihren Kindern zu schaden. Dagegen werden sich Eltern, die ihrer natürlichen Neigung folgen, die eigenen Kinder mehr zu lieben als alles sonst, das sehr bestimmte Gefühl nicht ausreden lassen, dass keine Serviceleistung der Sorge die emotionalen Ressourcen bereitstellen kann, die ein Kind zu seiner Reifung braucht.«[19]

»Kinderpsychologen bestätigen« … »natürliche Neigung« … »bestimmtes Gefühl«: Da zeigt sie sich wieder, die unselige Neigung der neuen Bürgerlichen zu unscharfen, verquasten Formulierungen. Wem solche Vagheiten nicht genügen, für den fasst der Familienbericht der Bundesregierung den wissenschaftlichen

Erkenntnisstand deutlich präziser zusammen: »Wiewohl bekannt ist, dass Kinder nicht die leibliche Mutter brauchen, sondern feste Bezugspersonen, um verlässliche Beziehungen aufbauen zu können, und dass diese verlässlichen Personen zum Wohle des Kindes schon um der Entwicklung emotionaler Autonomie willen möglichst zahlreich sein sollten, geben die weit verbreiteten Normen immer noch vor, dass Frauen sich von ihren Aufgaben in der Familie nicht in größerem Umfang entfernen sollten.«[20]

Mit anderen Worten: Keine berufstätige Frau muss sich vom gesunden Volksempfinden in Gestalt der Herren Bolz und Hahne ein schlechtes Gewissen einreden lassen. Es gibt keinen empirischen Beleg dafür, dass eine stabile Fremdbetreuung Kleinkindern schadet.

Wie sehr die Debatte über Rabenmütter versus Gluckenmütter von Vorurteilen geprägt wird, zeigt ein Blick in unser Nachbarland Dänemark. Hier wird über die Hälfte der ein- und zweijährigen Kinder in Krippen oder von Tagesmüttern betreut. Bei den Kindern ab drei Jahren ist der Anteil der Fremdbetreuung noch höher.[21] Denn zum einen möchten dänische Frauen viel selbstverständlicher als deutsche möglichst bald nach der Geburt wieder arbeiten. Zum anderen sind die meisten Dänen davon überzeugt, dass es Kindern schadet, allzu lange bei Mutti zu Hause rumzusitzen.

Nach meiner Beobachtung hat diese Einstellung bislang nicht dazu geführt, dass sich die Dänen zu einem Volk verhaltensgestörter Irrer entwickelt haben. Zumindest nicht außerhalb von Fußballstadien und Duty-free-Shops.

Umgekehrt müsste ja nach der Logik der neuen Bürgerlichen in Berlin-Neukölln und Hamburg-Wilhelmsburg eine ganze Generation von sozial kompetenten kleinen Genies heranwachsen. Schließlich dominiert unter den dort lebenden Migranten das familiäre Traummodell aller Konservativen: klare männliche und weibliche Rollenbilder, die Mutter nicht berufstätig und rund um die Uhr für die Kinder da, viele Geschwister – genau wie es Matussek und Kollegen im *Spiegel* fordern: »Kinder haben eben, was unsere bindungsschwache Neigungsgesellschaft angeht, einen extravaganten Geschmack. Sie wollen Familie. So groß wie möglich.«[22]

Nun werden wir vermutlich auf die Flut der Nobelpreisträger aus Wilhelmsburg und Neukölln noch ein wenig warten müssen. Das einzig schlüssige Fazit: Glückliche Kinder können mit Hausfrauenmuttis oder mit Karrieremuttis heranwachsen, in der Kinderkrippe oder auf Mamas Schoß, als Einzelkinder oder im Rudel. Unglückliche Kinder ebenso.

Scheiden tut weh – Dableiben auch

Und was ist mit dem Zerfall der Familie? Steigt nicht die Zahl der Ehescheidungen unaufhörlich? Wachsen nicht immer mehr Kinder ohne Vater auf? Auch hier hat der Familienbericht durchaus Beruhigendes zu bieten: Stimmt, die Zahl der Scheidungen liegt hoch. Rund die Hälfte der Ehen wird irgendwann geschieden. Aber »nur« etwa ein Fünftel der Kinder in den alten Bundesländern und ein Drittel in den neuen Ländern wächst nicht mit beiden leiblichen Eltern auf, sondern in anderen Familienformen.[23] Die scheinbare Diskrepanz erklärt sich daraus, dass kinderlose Ehen häufiger geschieden werden als kinderreiche und dass in vielen Scheidungsfällen die Kinder bereits erwachsen sind.

Wenn bundesweit rund jedes vierte Kind zum Trennungsopfer wird, so erscheint das zunächst dramatisch genug, vor allem wenn man Folgendes liest: »Scheidungskinder, das ist statistisch belegbar, sind lernschwächer, kontaktärmer, neigen öfter zu Drogenkonsum und kriminellen Delikten.«[24]

Was der *Spiegel* hier für »statistisch belegbar« erklärt, ist zunächst einmal eine schlichte Korrelation: Scheidungskinder haben tatsächlich häufiger Probleme als Kinder aus intakten Familien. Mit der Kausalität indes, mit der Frage, was hier wodurch verursacht wird, tun sich Wissenschaftler schwer. Scheidungen treten nun einmal überdurchschnittlich häufig in Familien auf, in denen auch sonst vieles nicht in Ordnung ist: Alkoholismus, Arbeitslosigkeit, Ehebruch, Misshandlung der Frau oder des Kindes. Und selbst im gutbürgerlichen Milieu geht eine Scheidung oft mit endlosen Streitereien zwischen den Partnern einher, mit gerichtlichen Auseinandersetzungen ums Sorgerecht. Häufig wird auch noch versucht, das Kind in dem Streit auf die eigene Seite zu ziehen und es dem Partner zu entfremden. Genug starker Tobak, um dem Nachwuchs zu schaden. Aber wie viel kindliches Leid verursacht die Scheidung selbst, wie viel ihre Begleitumstände und wie viel die Ursachen der Scheidung?

Zumindest an den Ursachen würde sich ja nichts ändern, wenn die Mutter – und meist geht die Trennung von der Frau aus – beim Vater bliebe. Dann würde halt weiter gesoffen, geschlagen, gestritten, und das Kind würde vermutlich auch ohne Trennung der Eltern sozial auffällig werden.

Wie sehr wiederum die Begleitumstände der Scheidung das Kind belasten, haben die Partner selbst in der Hand, meinen die wissenschaftlichen Experten im Familienbericht: »Was die Inhalte elterlicher Konflikte betrifft, wirken sich elterliche Auseinandersetzungen, die von Diffamierung und Sabotage der Beziehung des Kindes zum anderen Elternteil gekennzeichnet sind und bei denen das Kind negativ im Mittelpunkt steht, am schlimmsten auf die kindliche Befindlichkeit aus.«[25] In einem Satz lässt sich der Forschungsstand so zusammenfassen: »Nicht die Trennung per se bereitet die größten Probleme, sondern die Art ihres Vollzugs.«[26]

In einer Hinsicht haben die neuen Bürgerlichen wahrscheinlich Recht: Zu der gestiegenen Zahl der Ehescheidungen dürften in der Tat Individualisierung und Selbstverwirklichung ihren Teil beigetragen haben, gepaart mit einem seit den Siebzigerjahren deutlich liberalisierten Scheidungsrecht. Frauen haben heute einen eigenen Beruf, sie wollen ihn häufig auch in der Ehe weiter ausüben – was ihnen der Mann übrigens noch bis 1957 verbieten konnte. Sie haben also eine soziale Rolle neben jener der Hausfrau und Mutter. Das macht es Frauen leichter, sich die Möglichkeit einer Scheidung überhaupt vorzustellen. Die Ehe ist zudem nicht mehr länger ein Zweckbündnis zur Kinderaufzucht. Kinder lassen sich heute auch ohne Trauschein großziehen.

Weil also die Ehe nicht mehr zwangsläufig eine Versorgungs- und Erziehungsgemeinschaft darstellt, muss sie in den Augen der meisten Menschen heute anderen Ansprüchen genügen. Vor allem soll sie beiden Partnern dauerhafte emotionale Befriedigung verschaffen – ein hoher Anspruch.

Die Anforderungen an eine gelungene Ehe wachsen, und gleichzeitig werden die sozialen Normen schwächer, die eine Scheidung einst zum Skandal machten. Noch Mitte der Siebzigerjahre musste Alfred Herrhausen, damals Vorstandsmitglied der Deutschen Bank, seinen Rücktritt anbieten, weil er sich von seiner Frau getrennt hatte. Ein geschiedenes Vorstandsmitglied galt bis dato als nicht tragbar. Das Rücktrittsangebot wurde abgelehnt – kleines Symbol einer Zeitenwende.[27]

Andere, weniger konsequente Charaktere als Herrhausen, hätten wahrscheinlich die Ehe pro forma aufrechterhalten und die jüngere Geliebte weiterhin im Geheimen getroffen. Und die Ehefrau hätte sich damit abfinden müssen. So war es üblich in der heute gern verklärten bürgerlichen Familie – exemplarisch nachzulesen in Thomas Manns *Buddenbrooks*. Für Kinder sind solche permanenten ungelösten Konflikte Experten zufolge schlimmer als eine Scheidung.[28]

Sicher, die Enttabuisierung der Scheidung und die eigene berufliche Rolle der Frau bieten zusammengenommen nicht nur die Chance, aus der Scheinheiligkeit einer kaputten Ehe auszubrechen. Sie bringen auch die Versuchung mit sich, eine Ehe vorzeitig für gescheitert zu erklären. Keine Liebe bleibt über Jahrzehnte so stürmisch wie in den ersten Monaten. Zu einer geglückten

Ehe gehört es deshalb, die Beziehung nach dem Abklingen der Verliebtheit auf eine neue Basis zu stellen. Solch ein Wandel gelingt womöglich leichter, wenn die Hürden für eine Scheidung relativ hoch sind.

Aber was wäre das politische Instrument, um eine Scheidung zu erschweren? Etwa eine Rückkehr zum Verschuldensprinzip, das bis 1977 im deutschen Scheidungsrecht herrschte? Damals wurde der Partner, der nach Ansicht des Gerichts das Ende der Ehe verursacht hatte, unter anderem beim Unterhalt schlechter gestellt. Gerade Frauen ohne Beruf war damit faktisch der Ausweg aus der Ehe verbaut. Es sei denn, sie konnten ihrem Mann das Verschulden nachweisen. Blaue Flecken (Misshandlung!) und Lippenstiftspuren (Ehebruch!) wurden in diesen Zeiten zu gerichtlichen Beweisstücken. Im Gegenzug beauftragte der Gatte oft einen Privatdetektiv, der heimlich Beweisfotos von den angeblichen Seitensprüngen der Frau Gemahlin aufnehmen sollte. Ein Justizsystem, das qua Gesetz in den Bettgeschichten seiner Bürger herumschnüffelt – aus heutiger Sicht ein unerträglicher, zutiefst antiliberaler Zustand. Und so stellt selbst der konservative Verfassungsrichter Udo Di Fabio klar, dass er die Rückkehr zum Verschuldensprinzip nicht als geeignetes Mittel zur Rettung der bürgerlichen Familie sieht.[29]

Aber was dann? Letztlich fällt auch den neuen Bürgerlichen kein geeignetes politisches Instrument ein, um die Scheidungsrate zu senken, ohne den einzelnen Bürger erneut der Bevormundung durch den Staat auszusetzen. So bleibt Di Fabio einmal mehr nur der diffuse Appell an die Werte: »Es macht einen großen

Unterschied, ob das alltagsweltliche Präferenz- und Wertesystem denjenigen, der mutwillig oder leichtfertig die Bindung zerstört, gesellschaftlich gering achtet oder ob es dies für seine Privatsache hält oder gar als Beweis seines unbeugsamen Freiheitsgeistes lobt.«[30]

Stimmt, das macht einen Unterschied. Nämlich den Unterschied zwischen einer Gesellschaft, die meine Privatsphäre achtet, und einer Gesellschaft der Anmaßung und der Heuchelei. Was für eine Alptraumwelt sehnt sich Di Fabio da herbei, in der sich wildfremde Menschen erdreisten, mich wegen meiner Beziehungsführung gesellschaftlich gering zu achten?

Natürlich sehe ich in meiner Generation ebenso wie in der meiner Eltern Ehen scheitern. Natürlich habe ich meist eine private Meinung zu den Ursachen und den Schuldigen. Wenn mich Freunde um Rat fragen, kriegen sie diese Meinung gerne zu hören. Sonst nicht. Und ich bin heilfroh, dass es die meisten Menschen in Deutschland ebenso halten.

Generell gilt: Ich sehe Ehen, die allzu leichtfertig geschlossen und ebenso leichtfertig wieder gelöst werden. Ich sehe Menschen, die ins Unglück stürzen, weil ein Partner sie verlässt. Aber ich sehe ebenso viele Trennungen, die längst überfällig erschienen und bei denen die Befreiung aus dem Gefängnis Ehe für beide Partner zu einem geglückten privaten Neuanfang geführt hat. Alles in allem erscheint mir der Preis der Freiheit in Sachen Ehescheidung nicht zu hoch. Zumindest nicht im Vergleich zu den Unerträglichkeiten, die eine Rückkehr zu einer staatlichen oder »alltagsweltlichen« Sanktionierung in diesem Bereich mit sich brächte.

Zumal die gestiegene Scheidungsrate keineswegs einhergeht mit einem generellen »Zerfall der Familie« – so ein weiteres Lieblingsschlagwort der neuen Bürgerlichen. Die familiären Bindungen zwischen Verwandten – Eltern, Kindern, Großeltern, Geschwistern – sind in Deutschland erstaunlich stark. Ein kleines Beispiel: Vor wenigen Monaten hat sich eine kinderlose Kollegin von mir mit Anfang sechzig in den Vorruhestand verabschiedet. Nicht etwa, um sich fortan auf Kreuzfahrten selbst zu verwirklichen. Sondern um ihre gebrechliche Mutter zu pflegen.

So sieht sie aus, die Realität in unserer egoistischen Spaßgesellschaft: Neun von zehn pflegebedürftigen Personen leben in Privathaushalten und werden meist von den Töchtern oder Schwiegertöchtern betreut – oftmals bis zu deren körperlichem oder psychischem Zusammenbruch. Ein Viertel aller Deutschen über vierzig Jahren hilft regelmäßig den gebrechlichen (Schwieger-) Eltern oder übernimmt sogar die komplette Pflege. Umgekehrt betreut ein Drittel aller Großeltern regelmäßig ihre Enkelkinder, und fast ebenso viele Eltern unterstützen ihre erwachsenen Kinder mit Geld – auch nach dem Ende von deren Ausbildung. 90 Prozent der Deutschen stimmen dem Satz zu: »Wenn meine Angehörigen Hilfe brauchen, werde ich jederzeit für sie einspringen.«[31]

Die Oma, die Heiligabend im Altersheim verbringt, weil die Kinder lieber alleine im Club Med feiern – sie ist ein Mythos, der in Fernsehserien häufiger vorkommen dürfte als in der Realität. Nur 5 Prozent der über 65-Jährigen leben überhaupt in einem Pflegeheim. Im internationalen Vergleich ein völlig normaler Wert.[32] Nur jedes fünfzigste erwachsene Kind hat den Kontakt zu seinen Eltern abgebrochen. 85 Prozent der Erwachsenen, die nicht mit Vati oder Mutti unter einem Dach leben, sehen oder sprechen ihre Eltern mindestens einmal pro Woche.[33]

Nicht nur zwischen der Eltern- und der Großelterngeneration sind die Beziehungen intakt, auch um ihre kleinen Kinder kümmern sich Eltern denkbar intensiv: Im Jahr 2002 verbrachte ein Kind unter sechs Jahren im Schnitt pro Tag sechs Stunden und fünfzig Minuten bei gemeinsamen Aktivitäten mit Vati und/oder Mutti. Zehn Jahre zuvor waren es nur sechs Stunden und zwei Minuten.[34] Deutsche Eltern verbringen also immer mehr Zeit mit ihren Kindern. Ein Satz, den man fast zweimal lesen muss angesichts all des Geredes über verhaltensgestörte Schlüsselkinder und selbstverwirklichungssüchtige Karrieremuttis.

Zusammengefasst gilt: Die Scheidungsrate steigt zwar, aber der Zusammenhalt der Generationen ist intakt. Kinder können in der klassischen Hausfrauenehe ebenso glücklich gedeihen wie in anderen Familienformen. Die Deutschen sind keine Familienmuffel, nur die Familiengröße nimmt ab. Dass Frauen neben der Mutterrolle verstärkt arbeiten gehen, ist historisch gesehen eher der Normalfall als die Ausnahme. Kurz: Die familiäre Apokalypse fällt aus mangels Beteiligung.

Nationalökonomie oder Nationalcharakter

Eine Frage allerdings bleibt: Warum bekommen die Deutschen denn nun so wenig Nachwuchs? Seit nunmehr dreißig Jahren gebiert die deutsche Frau mit großer Stabilität im Schnitt 1,4 Kinder. Mit seiner Geburtenrate liegt Deutschland im hinteren europäischen Mittelfeld. Hinsichtlich der gewünschten Kinder fällt der Unterschied zu anderen westeuropäischen Staaten allerdings überraschend deutlich aus: Der Durchschnittsdeutsche möchte im Schnitt 1,6 Kinder haben. In Frankreich, Großbritannien oder Dänemark wünschen sich die jungen Erwachsenen hingegen 2,5 Kinder, also im Schnitt fast ein Kind mehr als die Deutschen. Dieser Wunsch wird zwar seltener ausgelebt als in Deutschland. Aber insgesamt stehen die Eltern in anderen Ländern doch deutlich offener der Frage gegenüber, ob nach dem ersten ein zweites und nach dem zweiten vielleicht noch ein drittes Kind folgen sollte.

Im Zweifelsfall kann's für die Franzosen, Briten oder Dänen ruhig eins mehr sein. Die deutschen Eltern hingegen sind sich vergleichsweise sicher, dass sie ein oder zwei Kinder wollen, und damit Schluss.

Gibt es ein theoretisches Konzept, das diesen deutlichen Unterschied in den Kinderwünschen erklären kann, ohne irgendwelche spezifisch deutschen Untergangsphantasien zu bemühen? Also ohne wie Norbert Bolz zu argumentieren, der gleich auf der zweiten Seite seines Buchs Oswald Spengler (*Untergang des Abendlandes*) als Zeugen aufruft?[35] Ich meine ja. Der Wirtschaftsnobelpreisträger Gary Becker von der Universität Chicago hat eine Theorie entwickelt, nach der Kinder als langlebige Konsumgüter zu betrachten sind.

Kinder als Konsumgut: ein Gedanke, der sich zunächst schockierend anhört, aber bei näherer Betrachtung einleuchtet. Wie andere Konsumgüter auch kosten Kinder Geld und verschaffen einen bestimmten Nutzen. Im Fall von Kindern besteht der Nutzen in der Stiftung von Lebenssinn. Zum einen schenken Kinder ihren Eltern unreflektierte Zuneigung – gut, das tut ein Hund auch. Weshalb Hunde ja für manche Menschen tatsächlich einen Familienersatz darstellen. Zum anderen aber verleihen Kinder – anders als Hunde – zusätzlich eine Art virtuelle Unsterblichkeit; in diesem Punkt hat Bolz gar nicht so unrecht (siehe Seite 104). Ein Kind großzuziehen bedeutet: Aus meinen Genen und meiner Erziehungsleistung entsteht ein Mensch, der mich wahrscheinlich überlebt. Ich habe auf diese Weise meine sterbliche Identität als Individuum durch eine kollektive Identität namens Familie ergänzt, die zumindest theoretisch ewig fortbestehen kann.

Nun ist es mit Kindern wie mit allen Konsumgütern. Sie besitzen, wie es der Ökonom ausdrückt, einen abnehmenden Grenznutzen. Sicher, zwei Kinder geben mir mehr Liebe als eines und erhöhen auch die Chancen auf Fortbestand meiner Familie. Aber zwei Kinder verdoppeln meinen Nutzen nicht. Sie steigern ihn nur in einem Maß, das von Kind zu Kind abnimmt.

Wann ist also der Moment, um halt zu sagen? Wann übersteigen die Kosten eines weiteren Kindes meinen subjektiv empfundenen zusätzlichen Nutzen? Eine höchst individuelle Entscheidung: Was sind mir die

Liebe meiner Kinder und der Fortbestand meiner Familie wert? Die einzelnen Gebote dürften schwanken zwischen null und unendlich. Wenn man aber davon ausgeht, dass der Nutzen eines Kindes für dänische oder britische Eltern im Schnitt ähnlich hoch ist wie für deutsche, dann wird es vor allem von den Kosten eines Kindes in den einzelnen Ländern abhängen, wie viele Kinder sich Eltern im Mittel wünschen.

Es deutet in der Tat einiges darauf hin, dass diese Kosten für ein Kind in Deutschland höher liegen als in den anderen genannten Staaten. In Frankreich zum Beispiel wird die Einkommensteuerschuld einer Familie im Prinzip geteilt durch die Zahl der Familienmitglieder – also Vater, Mutter, Kinder (Familiensplitting), in Deutschland grundsätzlich nur durch die beiden Ehepartner (Ehegattensplitting). In Dänemark erhält eine Mutter (oder ein Vater), die nach der Geburt zu Hause bleibt, ein Jahr lang vom Staat über die Hälfte des vorherigen Gehalts ausgezahlt – in Deutschland gab es bislang lediglich 300 Euro im Monat für zwei Jahre. Bereits nach sechs Monaten können die dänischen Eltern das Kind in ein flächendeckendes Netz von Kinderkrippen geben, so dass sich der Verdienstausfall durch die Geburt des Kindes in engen Grenzen hält. In Deutschland sind Krippenplätze zumindest in den alten Bundesländern Mangelware.

Es ist höchst sinnvoll für den Staat, die Erziehung von Kindern durch solche Serviceeinrichtungen, Einkommensbeihilfen oder Steuerersparnisse zu fördern. Denn neben dem Nutzen für die Eltern stiften Kinder auch einen Nutzen für die Gesellschaft – Ökonomen nennen das einen externen Effekt. Der externe Effekt besteht darin, dass Eltern ihre Kinder rund zwei Jahrzehnte lang erziehen, ernähren, kleiden und ihnen Pokemonfiguren kaufen, ohne dafür ein Gehalt zu verlangen.

Wer also möchte, dass die Deutschen sich mehr Kinder wünschen, der sollte Kinder für die Deutschen billiger machen – das geht ganz ohne Ideologie oder Verklärung der Mutterrolle. Entscheidend ist zudem weniger der tatsächliche Preis eines Kindes als vielmehr der Preis, der subjektiv von den potenziellen Eltern empfunden wird. Einiges deutet darauf hin, dass in Deutschland nicht nur die tatsächlichen Beihilfen geringer sind als in Nachbarländern mit höherer Geburtenrate – das sicher auch, sondern dass zudem die existierenden Hilfen auch noch extrem zersplittert und intransparent strukturiert sind. Wussten Sie zum Beispiel, dass es eine Kinderzulage im Eigenheimzulagengesetz gibt?

Eine höhere Preistransparenz, so der Fachbegriff, könnte Eltern deutlicher vor Augen führen, was der Staat eigentlich alles für sie tut – und so den subjektiv empfundenen Preis für ein Kind senken. Das ab Anfang 2007 eingeführte Elterngeld weist in die richtige Richtung, denn es macht den Eltern ein klares Versprechen: Ein Jahr lang zwei Drittel des letzten Netto-Gehalts für denjenigen, der nach der Geburt zu Hause bleibt.

Ein weiterer Aspekt, der mir neben der absoluten Höhe der Elternbeihilfen und deren Transparenz wichtig erscheint, ist eine stärkere Abfederung des wirtschaftlichen Risikos, das mit einem Kind einhergeht. Bis heute gilt: Es gibt keinen sichereren Weg in die Armut als die Geburt eines Kindes. Ein Konzept, das hier gegensteuern könnte, wäre die Aufstockung des Kindergelds von derzeit 154 Euro pro Monat auf eine Grundsicherung für Kinder, die unabhängig von der Bedürftigkeit der Eltern gezahlt wird. Sozusagen als »kleine« Variante der allgemeinen Grundsicherung, die im vorangegangenen Kapitel vorgestellt wurde. Auf diese Weise könnten Eltern sicher damit rechnen, dass zumindest die materiellen Bedürfnisse des Kindes abgedeckt sind, ohne dass sie den Gang zum Sozialamt antreten müssen. Auch solche individuellen Risikobewertungen sind Bestandteil des subjektiv empfundenen Preises für ein Kind.

Ein weiterer Ansatz wäre es, die »Rushhour des Lebens« zu entzerren, jene gut zehn Jahre zwischen Ende zwanzig und Ende dreißig, in denen heute sowohl im Beruf als auch in der Familiengründung die wesentlichen Weichen gestellt werden müssen. Auf diese Weise ließen sich die empfundenen Opportunitätskosten für ein Kind senken: Frauen hätten nicht mehr das Gefühl, ausgerechnet in den entscheidenden Jahren ihrer Karriere aus dem Job aussteigen zu müssen. Warum also nicht die Kinder schon mit Anfang zwanzig bekommen und im Job voll durchstarten, wenn die Kleinen aus dem Gröbsten raus sind? Eine solche »entzerrte« Lebensplanung propagiert zum Beispiel James Vaupel, der Direktor des Max-Planck-Instituts für demografische Forschung in Rostock.

Den meisten neuen Bürgerlichen missfällt allerdings die ökonomische Betrachtungsweise der Elternschaft, die der Wirtschaftsnobelpreisträger Gary Becker formuliert hat. »Ein menschliches Wesen als ›Konsumgut‹ zu bezeichnen und in den Erklärungsmodellen für das

Fortpflanzungsverhalten auch so zu behandeln, ist ein grotesk unangemessenes Vorgehen«, wettert etwa der Demograph Herwig Birg.[36] Aber welches alternative Interpretationsmodell hat Birg anzubieten?

Er vermutet bei den Deutschen »eine Art historisch verwurzeltes, stilles Einverständnis mit dem Abwärtstrend auf der schiefen Bahn, erkennbar an den unterschiedlichen Gesichtern einer trotzigen oder ins Elegische entrückten, in jedem Fall aber bekennenden, aggressiven und geradezu intoleranten Gleichgültigkeit, eine Art Selbstbestrafung als Folge von Selbsthass. Deutschland gibt Rätsel auf. Heinrich Heine kommt einem in den Sinn: ›Denk ich an Deutschland in der Nacht …‹ Und Karl Kraus: Die Deutschen werden dereinst Kyffhäuser und Kaufhäuser verwechseln. Diese Gefahr ist vorbei, die meisten scheinen sich nur noch für Kaufhäuser zu interessieren.«[37]

Uff … was für ein verquaster Salbader! Von Birg vor die Wahl gestellt zwischen Kyffhäuser und Kaufhäuser, also zwischen Nationalcharakter und Nationalökonomie als Erklärungsfaktor der Geburtenrate, entscheide ich mich freudig für die Kaufhäuser. Ich halte die Kosten-Nutzen-Betrachtung der Geburtenfrage für die einzige Perspektive, die einer liberalen Gesellschaft angemessen ist. Nur mit ökonomischen Instrumenten lässt sich die Attraktivität der Elternschaft erhöhen, ohne die Bürger hinsichtlich ihres Lebensstils ideologisch zu bevormunden. Alle anderen Wege führen über kurz oder lang zurück zum Mutterkreuz.

6. Der neue Kulturkampf oder: Im Theater ziehen sich immer die Falschen aus!

Um es gleich vorwegzunehmen, ein gelungener Theaterabend muss für mich folgende Kriterien erfüllen: schöner Kronleuchter über dem Parkett, Gesamtdauer nicht über drei Stunden (der Hintern!), nicht zu viel Geschrei auf der Bühne (die Nerven!). Ganz wichtig: die Pause nach dem zweiten Akt, damit ich im Foyer stehen, Sekt trinken und nach Prominenz Ausschau halten kann. Im Anschluss an die Pause, wenn der Alkohol schläfrig macht, darf sich Fritzi Haberlandt auf der Bühne ruhig auch mal ausziehen. Soll keiner sagen, ich hätte was gegen moderne Inszenierungen. Aber bitte nicht zu modern! Ärgerlich, wenn man nach dem Schlussapplaus nicht sicher sein kann, ob man wirklich Tschechow gesehen hat oder das, was ein 33-jähriger gesichtstätowierter Nachwuchsdramaturg nach »intensiver Textarbeit« von Tschechow übriggelassen hat.

Mit dieser Einstellung müsste ich mich beim Thema Kultur unter den neuen Bürgerlichen eigentlich richtig wohl fühlen. Hat nicht Bundespräsident Horst Köhler ganz in meinem Sinne mehr Werktreue unter Deutschlands Dramaturgen angemahnt? »Ein ganzer Tell, ein ganzer Dom Karlos, das ist doch was!«[1] Ist nicht der *Spiegel*-Kulturchef Matthias Matussek nah bei mir, wenn er kritisiert, dass sich im modernen Theater »immer die Falsche auszieht«[2], nämlich »die Dicke«[3].

Und wenn der Schriftsteller Joachim Lottmann im *Spiegel* eine Düsseldorfer Macbeth-Aufführung verreißt, müsste er mir dann nicht eigentlich aus der Seele sprechen? »Von der ersten Sekunde stehen alle nackt auf der Bühne. Nur der König trägt etwas, eine verrutschte Papierkrone auf dem Kopf, damit man ihn erkennen kann. Der Zuschauerraum ist hell ausgeleuchtet, damit niemand unbemerkt fliehen kann. Die Pause fällt aus, aus demselben Grund. Gäbe es eine, wäre anschließend das Haus leer – bestimmt hat man das schon oft ausprobiert.«[4]

Was soll daran Kunst sein?

Keine Pause, kein Sekt, das ist natürlich schon mal schlecht. Doch trotz dieser geschmacklichen Nähe zu Lottmann fällt es mir überraschend schwer, mich in den Chor der neuen Bürgerlichen einzureihen, der seit einigen Monaten versucht, am Beispiel des deutschen Regietheaters einen neuen Kulturkampf zu entfachen. Es geht den Kritikern in mäßig modernisierter Verpackung um die Antwort auf eine Frage, die seit jeher zum klassischen Repertoire des Spießers gehört: »Und was soll *daran* Kunst sein?«

Dass dieser Kulturkampf gerade jetzt entbrennt, ist bis zu einem gewissen Grad sicher Lust an der Provokation: Wenn der Kulturteil des *Spiegel* sich all die Spießerklischees von gestern zu eigen macht und sie zum Element der seriösen Kulturkritik erhebt, dann ist das ein Tabubruch. Tabubrüche erregen Aufmerksamkeit, und Aufmerksamkeit ist die wichtigste Währung in der Kulturszene. Mit dieser pragmatischen Haltung verfolgt Matussek ironischerweise die gleiche Strategie wie jener Regisseur, der irgendwann vor Jahrzehnten als Erster auf die Idee kam, eine nackte, dicke Frau auf die Bühne zu stellen – auch dieser Tabubruch dürfte damals für maximale Aufmerksamkeit gesorgt haben.

Aber hinter der Debatte steckt noch mehr – das erkennen durchaus auch manche von Matusseks Kollegen im *Spiegel*: »Woran liegt es, dass die Parolen der Theatersaubermänner gerade jetzt ein bisschen dringlicher und zorniger formuliert werden als in den vergangenen Jahren?«, fragt Wolfgang Höbel, Matusseks Vorgänger als Kulturchef, und er liefert auch die Antwort: »Es passt ganz gut zu einer neuen Sehnsucht nach neuer Bürgerlichkeit und besseren Manieren in der bundesdeutschen Gesellschaft, die irgendwie Schutz bieten sollen vor einer Realität der rücksichtslosen Globalisierung, brutaler Kriminalität und grausamer Attentate.«[5]

Im Unterschied zu Höbel bin ich kein ausgewiesener Freund des modernen Regietheaters – und dennoch teile ich sein Unbehagen gegenüber den neubürgerlichen Saubermännern. Vielleicht rührt dieses Frösteln daher, dass ich natürlich genau weiß: Mit ernsthaftem Kunstinteresse haben meine Ansprüche an einen gelungenen Theaterabend nichts zu tun. Mir geht es in erster Linie um ein erbauliches Event. Und wäre ich ein ambitionierter Theaterintendant, würde ich alles daransetzen, genau solchen Schnöseln wie mir den Abend zu verderben.

Mein alter Freund Heiko hingegen interessiert sich wirklich fürs Theater. Er lässt kaum eine Berliner Premiere aus. Manchmal gehe ich mit. Und wenn mir dann von all dem Geschreie und Gemetzel auf der Bühne die Ohren klingeln und die Augen bluten, meint Heiko meistens: Och, die Inszenierung sei doch recht bieder gewesen, »die hätten ja gleich mit dem Reclamheftchen in der Hand auftreten können«.

Heiko hat eben Ahnung vom Theater und weiß deshalb auch extreme Inszenierungen zu würdigen. Ich habe keine Ahnung vom Theater und kann all dem Keifen und Koitieren der Schauspieler auf der Bühne wenig abgewinnen. Eine Eigenschaft, die ich übrigens mit dem *Spiegel*-Autor Joachim Lottmann gemeinsam habe, der sich angeblich ganz unverkrampft dazu bekennt, dass auch er vom Theater wenig versteht.[6]

Beifall von der falschen Seite

Der entscheidende Unterschied zwischen Lottmann und mir: Lottmann nimmt sich trotz seiner Ignoranz ein Urteil heraus, wo ich mir keines anmaßen würde. Dafür erhält Lottmann wiederum Beifall von Medien, von denen ich lieber keinen Beifall erhalten möchte. »Warum ist unser Theater so versaut?«, fragt besorgt die *Bild-Zeitung*, wie stets bemüht, ihre Leser vor zu viel Sex und Gewalt zu bewahren.[7]

Wo die *Bild-Zeitung* noch Fragen im Raum stehen lässt, da werden sie vom ehemaligen Berliner Regierenden Bürgermeister Klaus Schütz in dessen Kolumne im Berliner Boulevardblatt *B. Z.* gleich beantwortet. Er fordert hartes Durchgreifen in Sachen Ekeltheater: »In vielen Bereichen entwickelt sich so etwas wie eine Selbstkontrolle. Und dies im Zusammenwirken mit staatlichen Institutionen und in vollem Respekt vor den Freiheitsräumen, die unsere Ordnung für den jeweiligen Fall gewährt. (…) Wo das nicht funktioniert, da hat der Staat die Mittel und den Auftrag, tätig zu werden. Diese Mittel kennt selbstverständlich auch der Berliner Kultursenator. Und er wird sie anwenden müssen.«[8]

Respekt … Ordnung, die Freiheitsräume gewährt … staatliche Mittel, die angewendet werden müssen: Es sind solche Formulierungen, die eigentlich jeden halbwegs liberal denkenden Menschen zu einem Verfechter des Ekeltheaters machen müssten. Denn solche Sätze deuten darauf hin, dass es tatsächlich um deutlich mehr geht als um Geschmacksfragen.

Vielleicht hat ja die *Süddeutsche Zeitung* Recht, die über das neubürgerliche Theaterbashing schreibt: »Hier artikuliert sich vor dem Hintergrund erschöpfter städtischer und staatlicher Etats eine kulturpolitische Parallelgesellschaft, die zu ihrer Legitimation ein paar eklatante Beispiele braucht für den Sittenverfall in den bestehenden Kultureinrichtungen.«[9] Letztlich geht es demnach um die Frage: Sollen weiterhin Theater mit Steuergeldern subventioniert werden, die Stücke spielen, mit denen das gesunde Volksempfinden nichts anfangen kann?

Natürlich kann man sich auf den Standpunkt stellen: Wer die Musik bestellt (das Volk), bestimmt den Ton. Doch wenn es allein um diesen Aspekt ginge, wenn die Theater also öffentliche Event-Dienstleister wären, die lediglich hochwertige Unterhaltung und Erbauung zu liefern haben – dann müsste man sämtliche Theater sofort schließen. Es gibt nämlich nichts sozial Ungerechteres als Schauspiel- und auch Opernhäuser. Jede Eintrittskarte ist dank öffentlicher Zuschüsse auf einen Bruchteil ihres tatsächlichen Preises heruntersubventioniert worden. Die Einnahmen an der Theaterkasse decken selten mehr als 20 bis 25 Prozent der Gesamtkosten.

Die Theatersubventionen wiederum werden zwar von der Masse der Steuerzahler aufgebracht, kommen aber eben nicht »dem Volk« zugute, sondern fast ausschließlich der gehobenen Mittel- und der Oberschicht. Nur diese Bevölkerungsgruppe geht normalerweise ins Theater. Wenn Schauspiel aber lediglich gefällige Erbauung für die oberen Zehntausend liefern soll, dann müssten die nach gängigen ordnungspolitischen Vorstellungen auch selbst für ihr Vergnügen zahlen. Dann müsste eine Eintrittskarte statt 15 eben 150 Euro kosten. Die New Yorker Oper ist schließlich auch bei noch höheren Kartenpreisen gut gefüllt.

Das einzige Kriterium, mit dem sich die Subventionswürdigkeit eines Theaters bemessen lässt, ist die Antwort auf die Frage: Kommen künstlerisch relevante Inszenierungen auf die Bühne? Platte Werktreue, das Reclamheftchen in der Hand, erfüllt dieses Kriterium sicher nicht. Umgekehrt bürgen Sex und Gewalt auf der Bühne auch nicht ohne weiteres für Relevanz – sie sprechen aber auch nicht dagegen.

Kultur im Dienste der Gesellschaft

Interessanterweise scheint gerade die von Lottmann verrissene Macbeth-Inszenierung ziemlich voll gewesen zu sein von dieser Relevanz – wenn man nur willens war genau hinzuschauen. Der Kritiker der *Süddeutschen Zeitung*, Christopher Schmidt, machte sich die Mühe und sah »Gewaltorgiasten und Ursuppenkasper, arme Blutwürstchen und lebende Fäkalauer. Der Abend ist ein großer Regressionsspuk, Testosterontheater über männliche Allmachtsphantasien, das mit einem Saalbeben beginnt, um sich dann langsam zu steigern – zu einem der aufregendsten und aufwühlendsten Theaterereignisse der letzten Jahre.«[10]

Ursuppe … Regression … Testosteron … männliche Allmachtsphantasien: Könnte es vielleicht sein, dass dieser Macbeth mehr mit der Gedankenwelt der neokonservativen Kritiker zu tun hat, als die zu sehen bereit sind?

Letztlich wünschen sich die meisten neuen Bürgerlichen eine Kultur, die sich nahtlos einfügt in ihr restliches Weltbild. Funktional soll sie sein, soll beitragen zum Gelingen einer Gesellschaft, in der ein jeder und ein jedes an seinem Platz steht. Dabei darf Kultur durchaus auch einmal wider den Stachel löcken, darf mahnend den Zeigefinger erheben, aber bitte: Man muss auch wissen, wo die Grenzen des guten Geschmacks liegen!

Am Beispiel des modernen Theaters versuchen die neuen Bürgerlichen zum ersten Mal, ihren konservativen Kulturbegriff zu propagieren. Vielleicht weil sie ahnen, dass sich in dieser Disziplin die willigsten

Claqueure finden lassen. All die Mittelschichtbürger, die sich (»Es sind schließlich unsere Steuergelder!«) ein schönes Stadttheater wünschen, das ihnen gepflegte Erbauung zum subventionierten Schnäppchenpreis serviert.

Sollten die neuen Bürgerlichen erfolgreich sein, wäre das vermeintliche Ekeltheater sicherlich nicht ihr letzter Angriffspunkt. Warum werden an deutschen Opernhäusern eigentlich so viele moderne Opern inszeniert, wo die Leute doch viel lieber die Zauberflöte genießen? Warum läuft auf öffentlich-rechtlichen Klassikwellen bisweilen Zwölfton- und ähnlich dissonante Katzenmusik? Und warum finanziert das *ZDF* eigentlich noch immer Minderheiten-Sendereihen wie das »Kleine Fernsehspiel«, in denen permanent die dunklen Seiten unserer Gesellschaft thematisiert werden?

Am verräterischsten skizziert wahrscheinlich Udo Di Fabio die Sehnsucht der neuen Bürgerlichen nach einer funktionalen Kultur im Dienste der eigenen Werte: »Dass Männer und Frauen in aufregenden Liebesbeziehungen und gerade in ihrer Verschiedenheit zueinander finden, wird längst nicht mehr ungebrochen durch Literatur und Film als Normalfall thematisiert, wie dies insbesondere noch in den Fünfzigerjahren der Fall war. Dass einer Liebesbeziehung zwischen Mann und Frau und aus dem darauf gegründeten Versprechen lebenslanger Bindung ein gemeinsamer Entwurf der Zukunft folgt, die in den eigenen Kindern Gestalt annimmt und die Vollendung wirklicher Liebe ist, war einmal ein Leitbild und ist mit Vorbedacht, mit geradezu ausgeklügeltem System verunglimpft, genüsslich nur in seinem

Scheitern und kaum mehr in seinem Gelingen und seiner ansteckenden Lebensfreude gezeigt worden.«[11]

Kleiner Trost für Di Fabio: Fast jeden Freitagabend auf *ARD* und nahezu jeden Sonntagabend im *ZDF* kann er sich schöne Fernsehfilme anschauen, in denen neunzig Minuten lang in immer neuen Variationen der »Liebesbeziehung zwischen Mann und Frau und dem darauf gegründeten Versprechen lebenslanger Bindung« gehuldigt wird. Oder ging es bei »Inga Lindström: Inselsommer«[12] etwa um einen Sadomaso-Klub, versteckt im Gewirr der schwedischen Schären? Na, da hätte ich aber was verpasst!

Dass das Genre der Heile-Welt-Schmonzette außerhalb der öffentlich-rechtlichen Biotope nicht mehr populär ist, erklärt sich aus einer simplen Tatsache: Im wirklichen Leben entscheiden nicht Rundfunkräte, was in die Kinos kommt, sondern zahlende Kunden. Und die haben meist längst durchschaut, wie austauschbar all die Doris-Day-Komödien wirklich sind. Days Filmpartner Rock Hudson hätte vermutlich schon damals lieber »Brokeback Mountain« gedreht und als schwuler Cowboy nach Kräften das Leitbild der bürgerlichen Familie verunglimpft – wenn das in den Sechzigerjahren denn erlaubt gewesen wäre.

7. Die Rückkehr des Patriotismus oder: Hitler war ja gar kein Deutscher

Vielleicht können wir uns zu Beginn dieses Kapitels über ein paar grundlegende Punkte einigen:

- Es ist okay, sich zur Fußball-WM ein Deutschlandfähnchen ans Auto zu heften.
- Es ist ein bisschen peinlich, sich zur Fußball-WM ein Deutschlandfähnchen ans Auto zu hängen, nur weil das jetzt alle machen.
- Noch peinlicher ist es, sich zur Fußball-WM kein Deutschlandfähnchen ans Auto zu hängen, nur weil das jetzt alle machen.
- Hochgradig peinlich ist es, während der gesamten Fußball-WM darüber zu diskutieren, warum sich jetzt alle Deutschlandfähnchen ans Auto hängen und ob das nun Ausdruck eines neuen »unverkrampften« Patriotismus sei.
- Am alleroberpeinlichsten ist es, vor der Fußball-WM ein kleines Büchlein herauszugeben mit dem Titel *Das Beste an Deutschland. 250 Gründe unser Land heute zu lieben* und es in englischer Sprache an 10000 ausländische Journalisten zu verteilen, um ihnen gleich mal klarzumachen: Lasst euch von all den Deutschlandfähnchen an den Autos bloß nicht

täuschen. Wir sind in Wahrheit kein bisschen unverkrampft.

Die Idee mit dem Buch stammt übrigens von Florian Langenscheidt, Verlegersohn und Talkshowgast. In dem Buch werden allen Ernstes Errungenschaften wie der Fischer-Dübel oder das Vivil-Pfefferminzbonbon als zwei von insgesamt 250 Gründen angeführt, dieses Land zu lieben. Wäre es vorstellbar, als deutscher Journalist auf der Fußball-WM in Paris ein Büchlein in die Hand gedrückt zu bekommen, in dem 250 Gründe aufgelistet sind, warum Frankreich eine Grande Nation ist – vom Buttercroissant (Nr. 1) über den TGV (Nr. 2) bis Laetitia Casta (Nr. 3 bis 250)? Eher nicht, und schon gar nicht auf Englisch.

Was diese Einleitung zeigen soll: Mit dem Unverkrampft-patriotisch-Sein geht es den Deutschen so, wie es mir in meiner Jugend mit dem Total-cool-Sein ging: Wer anfängt drüber zu reden, der ist es nicht. Aber es ist soooo schwer, über etwas nicht zu reden, was man furchtbar gerne wäre.

Und deshalb reden wir und reden wir, bis auch der letzte Hauch von Unverkrampftheit dahin ist. Besonders die neuen Bürgerlichen tun sich hervor mit immer neuen Ergüssen über die Deutschen und ihre Vaterlandsliebe, oder vielmehr: ihre fehlende Vaterlandsliebe. Wer nicht aufpasst, bekommt von neubürgerlichen Oberlehrern wie Peter Hahne ruck, zuck eine Patriotismus-Kopfnote verpasst. Dem ehemaligen Bundespräsidenten Johannes Rau zum Beispiel erteilt Hahne höchstens eine Gnadenvier: »›Niemand spricht so schlecht über sein

Land wie wir‹, beklagte Bundespräsident Johannes Rau in seiner letzten Berliner Rede (...). Rau nannte Gründe, ›sich einzusetzen für unser Vaterland‹. Und man fügte im Geist spontan hinzu: ... das wir lieben. Nein, Rau sagte: ›... in dem wir gerne leben‹. Genau das scheint mir das Problem, weil es einfach zu wenig ist. Unsere nationale Selbstachtung muss im guten Sinne geheilt werden. Aber man kann und will ja nur etwas heil machen, was man auch liebt.«[1]

Das ist natürlich schon mal logischer Unfug. Wenn mein Auto kaputt ist, will ich es auch heil machen, und mit Hilfe einer Werkstatt gelingt das meist auch. Trotzdem wäre ich vorsichtig mit dem Attribut »Liebe« in Bezug auf einen neun Jahre alten Renault Twingo mit türkis-zitronengelben Sitzbezügen. Außerdem ist die Liste mit den 250 liebenswerten Dingen aus Frankreich ja schon voll.

Das Ende der Spaßbadgesellschaft

Tatsache ist: Den neuen Bürgerlichen erscheint das Verhältnis der Deutschen zu ihrer Nation nicht innig genug. Daraus ergeben sich drei Fragen:

- Warum sollen wir überhaupt patriotisch sein?
- Warum sind wir es nicht?
- Geht's uns nicht auch ohne Patriotismus ganz gut?

Die erste Frage, warum wir patriotisch sein sollen, beantworten alle neuen Bürgerlichen ähnlich, allerdings in unterschiedlichen Verschwurbelungsgraden. Lassen wir zum Beispiel Verfassungsrichter Udo Di Fabio zu Wort kommen:

»Nur wenn sich eine gewisse Anzahl von Menschen als Schicksalsgemeinschaft will, große Erzählungen miteinander teilt, historische Kämpfe und Erfahrungen als gemeinsame erinnert, über den sportlichen Erfolg des Angehörigen der eigenen Nation jubelt, jemanden in der eigenen Sprache und den Usancen des Denkens, Argumentierens und Verhaltens wiedererkennt, ist der Einzelne als Teil dieser Gemeinschaft bereit, die Hälfte seines Einkommens für eine abstrakte Infrastruktur oder für unbekannte Bedürftige abzugeben oder gar sein Leben im Kampf für den Bestand der Gemeinschaft aufzuopfern.«[2]

Richtig, das war Verschwurbelungsgrad »hoch«. Im Kern geht es um Folgendes: Wir leben nun einmal mit rund 80 Millionen anderen Menschen zusammen in einem Staat. Mit diesen 80 Millionen müssen wir uns regelmäßig über einige grundlegende Dinge einigen: Wofür sollen unsere Steuern ausgegeben werden? Gegen wen führen wir Krieg? All die Diskussionen, die diese Fragen zwangsläufig mit sich bringen, führen sich leichter mit jemandem, dem man sich emotional verbunden fühlt. Emotionale Verbundenheit kann zum Beispiel dadurch entstehen, dass man sich selbst als Deutscher fühlt und der andere auch. Oder wie es der französische Philosoph Ernest Renan im 19. Jahrhundert sinngemäß formulierte: Eine Nation lebt von dem Gedanken, in der Vergangenheit große Dinge gemeinsam getan zu haben und große Dinge in der Zukunft gemeinsam tun zu wollen.

Nun ist das mit den großen Dingen in der deutschen Vergangenheit bekanntlich so eine Sache. Die Jahre 1933 bis 1945 machen es für Deutsche schwierig, den Satz von Ernest Renan so ganz unverkrampft zu leben. Deshalb ist empirisch belegbar die Vaterlandsliebe in Deutschland schwächer ausgeprägt als in den meisten anderen europäischen Staaten.[3]

Jahrzehntelang war das kein Problem. In der alten Bundesrepublik lief es auch ohne viel Patriotismus ganz gut. Die einzig vorstellbare Kriegskonstellation war NATO gegen Warschauer Pakt, und jedem war klar: Die Entscheidung für oder gegen diesen Krieg würde sicherlich nicht in Bonn getroffen. Darüber, wofür man die Steuern ausgeben sollte, gab es wenig Konflikte. Im Zweifel wurden halt noch ein Hallenbad und eine Umgehungsstraße mehr gebaut. Die Bindung der Deutschen an ihren Staat beruhte, überspitzt gesagt, auf Bestechung: auf dem kontinuierlich wachsenden Wohlstand, den man gemeinsam erwirtschaftete, und der anschließenden Umverteilung, die jeden an diesem Wohlstand teilhaben ließ. Die Bundesrepublik glich bis 1989 eher einer Zugewinngemeinschaft denn einer Nation. Der Patriotismus alter Schule überwinterte derweil in den Biotopen der Kyffhäuser-Kameradschaften und Vertriebenenverbände.

Dass die neuen Bürgerlichen den Patriotismus aus seinem rechtskonservativen Winterlager herausholen wollen, hat vor allem mit Geld zu tun. Spätestens seit der Wiedervereinigung kann es sich der Staat finanziell nicht mehr leisten, aufbrechende Konflikte mit noch mehr Wohltaten für alle zu ersticken. Wir erleben das

Ende der Spaßbadgesellschaft. Seit dem Jugoslawienkrieg steht auch die andere Grundfrage in Deutschland wieder auf der politischen Tagesordnung: Welche Interessen sind es wert, dass deutsche Soldaten für sie ihr Leben riskieren?

In den Augen der Neubürgerlichen wären all diese Konflikte viel leichter zu klären, wenn die Deutschen sich so begeistert um ihre Flagge scharen würden wie beispielsweise die US-Amerikaner. Doch um sich derart naiv an den vergangenen Großtaten der eigenen Nation berauschen zu können, wie es den Amerikanern gelingt, muss zunächst ein Hindernis aus dem Weg: »Ohne Zweifel liegen die zwölf Jahre des Nationalsozialismus wie ein Riegel quer in der deutschen Geschichte. Man gelangte in den vergangenen Jahren selten darüber hinaus. Die Frage ist, ob wir darüber hinaus wollen.«[4]

So schreibt es der Kulturchef des *Spiegel*, Matthias Matussek, in seinem neopatriotischen Bestseller *Wir Deutschen. Warum uns die anderen gern haben können.*

Es folgen jetzt ein paar nette Sätze über Matussek – und die schreibe ich nicht nur, weil ich mit ihm vermutlich noch einige Jahre die Kantine teilen muss. Es muss einfach mal gesagt werden: Matussek besitzt eine Eigenschaft, die den übrigen Neubürgerlichen mit ihrem gespreizten Staatsgetrage komplett abgeht – nämlich Humor. Sein Vorwort beendet er beispielsweise mit dem schönen, auf sich selbst bezogenen Satz: »Der beißt nicht. Der will nur spielen.«[5] Solche Bekenntnisse machen sein Buch zu einer vergnüglichen Lektüre, obwohl (und weil) es darin von absurden Behauptungen und verstiegenen Thesen nur so wimmelt. Doch davon später mehr.

Vorwärts und endlich vergessen

Zunächst einmal zurück zum »Riegel« des Nationalsozialismus, der zwischen den Deutschen und ihrer angeblich so glorreichen Geschichte liegt. In den rund sechs Jahrzehnten seit Kriegsende gab es im Wesentlichen zwei Wege, mit diesem Riegel umzugehen.

Die erste Strategie hieß »totschweigen« und dominierte in den Fünfziger- und Sechzigerjahren. Fast alle damals Erwachsenen hatten den Krieg noch bewusst miterlebt, Millionen Deutsche standen unter persönlichem Rechtfertigungsdruck: Hatten sie Schuld auf sich geladen? Wie viel hatten sie gewusst? Hätten sie mehr gegen Hitler tun können?

Die Reaktion auf diesen Druck war verständlich: kollektive Verdrängung. Ich frage dich nicht, ob du vor 1945 bei der Waffen-SS warst, und du fragst mich nicht. Kümmern wir uns lieber um das Hier und Heute, den Wiederaufbau, die Nachkriegskarriere. Nach Feierabend flüchteten sich die gehobenen Stände in die Unverfänglichkeit der deutschen Klassik. Man hörte Beethoven, las Schiller, schwärmte vom Guten/Schönen/Wahren, das durch den Nationalsozialismus nicht beschmutzt worden war. Am deutlichsten wurde dieses Streben nach Reinheit in der Nachkriegsarchitektur: schlanke Säulenreihen, große Fensterflächen, elegant geschwungene Treppenhäuser. Bloß weg von den massiven Einschüchterungsbauten der Nazis und dem überbordenden Prunk der wilhelminischen Ära.

Konrad Adenauer war der perfekte Kanzler für diese Zeit: politisch eindeutig unbelastet – schließlich hatten ihn die Nazis als Kölner Oberbürgermeister abgesetzt. Aber er war auch kein ehemaliger KZ-Insasse wie der damalige SPD-Vorsitzende Kurt Schumacher, dessen Leidensweg jeden Mitläufer an den eigenen Mangel an Courage gemahnen musste.

Um die Verdrängungsstrategie durchzuhalten, entwickelte sich mit den Jahren ein bunter Strauß von Rechtfertigungen. Lauter Argumente, warum die Deutschen trotz Nationalsozialismus keinesfalls schlechter seien als Angehörige anderer Nationen. Die meisten dieser Rechtfertigungen sind längst zu Klischees geronnen:

- Hitler war ja gar kein Deutscher
- Die Briten hatten auch KZs
- Immerhin hat Hitler die Arbeitslosen von der Straße geholt
- Unter Stalin wurden genauso viele Leute umgebracht
- Am meisten haben die Deutschen selbst unter dem Krieg gelitten

Erst Ende der Sechzigerjahre begann sich der Umgang mit dem Nationalsozialismus zu wandeln. Nicht nur, weil die Achtundsechziger anfingen, »unter den Talaren den Muff von 1000 Jahren« zu suchen – also unangenehme Fragen nach der Kontinuität der Eliten vor 45 und nach 45 zu stellen. Sondern auch, weil mit der Regierungsbeteiligung der SPD ab Ende der sechziger Jahre ein neuer Ton einkehrte. Auf einmal gab es zum Beispiel den SPD-Bundespräsidenten Gustav Heinemann, der auf die Frage, ob er sein Land liebe, die legendäre

Antwort gab: »Ich liebe nicht Staaten, ich liebe meine Frau« – und damit eine überfällige Debatte auslöste, wie patriotisch Deutsche eigentlich sein sollen.

Ebenso wegweisend der Kniefall von Willy Brandt vor dem Mahnmal für die Opfer des Warschauer Ghettos: Da bat ein Deutscher um Vergebung für Verbrechen, an denen er keinerlei persönliche Schuld trug. Damit machte Brandt deutlich: Es gibt eine kollektive Verantwortung der deutschen Nation für die Naziverbrechen, von der sich kein Deutscher frei machen kann. Auch nicht Willy Brandt, der Emigrant und Widerstandskämpfer.

Sicher, die Schuld am Nationalsozialismus ist individuell, nicht kollektiv. Aber die Verantwortung dafür tragen die Deutschen als Nation, also als Kollektiv, und werden sie auch in Zukunft tragen. Um mit dieser Verantwortung angemessen umzugehen, muss die Erinnerung an die Verbrechen wachgehalten werden. Vor allem darf der Nationalsozialismus nicht relativiert werden, nicht gegen die Schreckensregime anderer Nationen zu anderen Zeiten aufgerechnet werden. Hitler war eben kein Napoleon mit Gaskammer, kein Stalin plus Angriffskrieg, kein Mussolini gepaart mit deutscher Gründlichkeit.

Es gibt in der Geschichte der Menschheit nichts, was mit Auschwitz vergleichbar wäre, wobei Auschwitz hier als Synonym zu verstehen ist für die Ermordung von Menschen im industriellen Maßstab und mit industriellen Methoden. Ein solches Verbrechen ist bislang nur von Deutschland ausgegangen, von keiner anderen Nation. Es gehört deshalb zur Verantwortung der Deutschen, sich bewusst zu machen: Was in unserer Geschichte vor 1933 hat zu Auschwitz geführt, und wo beobachten wir heute ähnliche Tendenzen?

Klingt nach Gemeinschaftskundeunterricht? Stimmt! Was ich eben in wenigen Sätzen zusammenzufassen versucht habe, ist so etwas wie die offizielle bundesrepublikanische Vergangenheitsbewältigungsstrategie seit Ende der Sechzigerjahre. Mit dieser Lesart hielt der Nationalsozialismus nun verstärkt Einzug in die Lehrpläne der Schulen. Auch mir wurde in den Achtzigerjahren auf einem niedersächsischen Kleinstadtgymnasium die Nazizeit mit eben jener Interpretation nahegebracht.

Den Ansatz der kollektiven Verantwortung verzerren die neuen Bürgerlichen heute zu einer angeblichen Diktatur der Political Correctness: Vor lauter Vergangenheitsbewältigung bliebe in den Lehrplänen kaum noch Raum für anderes, Nützliches – fürs Gedichteauswendiglernen zum Beispiel. Durch unablässiges Hinterfragen und Dekonstruieren würde das positive geschichtliche Erbe der Deutschen entwertet und schon den Kindern eine Art Nationalmasochismus eingeimpft.

Seltsam, von einer solchen Fixierung des Unterrichts auf den Nationalsozialismus habe ich als Schüler nichts bemerkt. Vormärz und 48er Revolution als positive Wurzeln der deutschen Nation nahmen in meinem Geschichtsunterricht etwa ebenso viel Raum ein wie Zweiter Weltkrieg und Holocaust. Und selbstverständlich mussten wir bei Oberstudienrätin Rittmeier alle drei Strophen des Deutschlandliedes auswendig lernen. Zu Recht, denn unsere Geschichte besteht eben nicht nur aus Einigkeit und Recht und Freiheit, sondern auch aus ziemlich viel Deutschland, Deutschland über alles in der Welt.

Mir persönlich hat allerdings immer die zweite Strophe des Deutschlandlieds am besten gefallen, die mit den deutschen Frauen und dem deutschen Wein. Das outet mich heute wahrscheinlich als einen der letzten Vertreter der Spaßgesellschaft.

Hitler als Freak-Unfall

Der neue Umgang mit dem Nationalsozialismus, der Ende der Sechzigerjahre Einzug hielt, ist natürlich deutlich anstrengender als die kollektive Verdrängung zuvor. Und wahrscheinlich stimmt es, dass die Jahre 1933 bis 1945 wie ein Riegel zwischen der deutschen Nation und den großen Taten ihrer Vergangenheit liegen. Hurrapatriotismus nach amerikanischem Vorbild, Flaggeneide im Klassenzimmer, Militärparaden zum Nationalfeiertag? Schwer vorstellbar, solange der Riegel vorliegt.

Die Reaktion der Neubürgerlichen auf diese Erkenntnis: Der Riegel stört, also klappen wir ihn weg. Vorwärts zurück in die Fünfzigerjahre! Für wirklich jedes der durchsichtigen Relativierungs- und Verdrängungsklischees der damaligen Zeit gibt es heute wieder eine Entsprechung bei Di Fabio, Matussek und Konsorten.

Zum Beispiel die KZs der Engländer: »Die britische Geschichte – die Ausrottung der Indianer, der Sklavenhandel, die Burenmassaker, die Konzentrationslager in Kenia – watet durchaus im Blut Unschuldiger«, konstatiert Matussek.[6]

Der *Spiegel*-Kulturchef will ja nur spielen, und außerdem hält der ehemalige Londonkorrespondent die Engländer nach eigener Aussage für das unsympathischste Volk auf Erden. Deshalb kann ihm natürlich vieles verziehen werden. Aber den Leser wird vielleicht interessieren, dass die Geschichtsschreibung außerhalb des *Spiegel*-Kulturressorts …

- den Hauptteil der Indianerkriege auf das 19. Jahrhundert datiert, also lange nach der Unabhängigkeit der USA von Großbritannien;
- Großbritannien als erste große europäische Nation verzeichnet, die 1807 den Sklavenhandel untersagte und fortan aktiv bekämpfte.

Gleich weiter zum nächsten Klischee: Hitler ist natürlich heute ebenso wenig Deutscher wie in den Fünfzigerjahren, auch wenn Di Fabio für diese Feststellung mal wieder ein paar Sätze mehr braucht: »Hitler war kein Deutscher, nicht etwa weil er österreichischer Herkunft war, sondern weil er kein Jota vom Anstand des preußischen Staatsdieners, weder Heimatgefühl noch Lebensfreude des bayerischen Katholizismus besaß, keinerlei Neigung für Fleiß und harte Arbeit, keinen Sinn für deutsche Lebensart, bürgerliche Vorlieben und christliche Traditionen. Er war nur ein verkleideter Deutscher, ein entwurzelter Gaukler aus der Gosse, der alle Energien des Volkes und dessen kulturelles Vermögen aufsog und gleichgültig die Vernichtung der ihm Ausgelieferten hinnahm.«[7]

Überkritische Geister könnten hier anmerken, dass die Deutschen Hitler in ordnungsgemäß durchgeführten, freien Wahlen an die Macht gebracht haben (was Stalin, Mussolini und Napoleon nicht für sich in Anspruch nehmen können). Aber der brave deutsche Michel ist halt zu gutmütig, um so raffinierte »Gaukler aus der Gosse« zu durchschauen: »Die politisch verwirrten und sozial deklassierten Deutschen des Jahres 1933 wollten überwiegend eine sichere, friedliche, bürgerliche Welt. Sie wollten hart arbeiten und die Früchte dieser Arbeit sehen. Sie träumten vom eigenen Auto und von Urlaubsreisen, von einem Häuschen und von Kindern, nichts war falsch an diesen Träumen.«[8]

Und hat Hitler dann nicht wirklich die Arbeitslosen von der Straße geholt und die schönen KdF-Reisen eingeführt? Wäre nicht der blöde Krieg dazwischengekommen, hätte bestimmt auch jeder Deutsche seinen Volkswagen bekommen. Eine »sichere, friedliche, bürgerliche Welt« hat Hitler allerdings niemandem versprochen. Er ließ keinen Zweifel daran, dass die menschliche Existenz für ihn aus immerwährendem Kampf besteht. Seltsam – trotzdem haben die Deutschen ihn gewählt.

Aber solche Details stören natürlich, wenn es darum geht, den Riegel endlich hochzuklappen. Oder wie Matussek es ausdrückt: »Bisher haben diese zwölf tragischen Jahre, in denen ein Teil der Deutschen im kollektiven Wahn den Mord an einem anderen Teil der Deutschen vorbereitete und vollzog, die Geschichtsschreibung dominiert.«[9]

Da müssen wir leider noch einmal mit Fakten langweilen: Unter den rund vierzig Millionen Opfern des Nationalsozialismus (Zweiter Weltkrieg in Europa inklusive Holocaust und Vertreibung) befand sich nicht einmal ein Viertel Deutsche. Unter den jüdischen Todesopfern des Holocaust kamen über 95 Prozent nicht aus Deutschland. Der Nationalsozialismus war also alles andere als eine Sache, die die Deutschen mit sich selbst ausgemacht haben. Und noch ein Allerletztes: »Wahn« beschreibt ja gemeinhin einen Zustand verminderter Schuldfähigkeit. Worin sollte die im Bezug auf den Nationalsozialismus bestehen? Im dringenden Wunsch nach Auto, Haus und Urlaubsreise, wie Di Fabio vermutet? Das wären juristisch eher Anzeichen für niedere Beweggründe, nicht für Schuldunfähigkeit.

Man kommt sich ja inzwischen unglaublich uncool vor, wenn man auf solchen Details herumhackt. Die Neubürgerlichen haben es tatsächlich geschafft, dass sich inzwischen jene rechtfertigen müssen, die nicht ablassen wollen von einer Aufarbeitung des Nationalsozialismus, von kollektiver Verantwortung und von Vergangenheitsbewältigung, die Hitler nicht zum »Freak-Unfall«[10] (Matussek) der deutschen Geschichte verniedlichen wollen.

Wie sehr über all dem realen und rhetorischen Flaggengeschwenke der letzten Monate die Maßstäbe im Umgang mit dem Nationalsozialismus schon wieder verrutscht sind, zeigt ausgerechnet das Beispiel des Deutschen Fußball-Bunds (DFB). Anlässlich seiner Hundertjahrfeier wollte der endlich mal so richtig gründlich seine Geschichte im Dritten Reich aufarbeiten – soll einem ja keiner vorwerfen, man habe da etwas zu verschleiern. Wobei »wollen« wahrscheinlich der falsche Begriff ist. Denn auf diese Idee waren die Verbandsfunktionäre dem Vernehmen nach keineswegs selbst gekommen. Der damalige Bundespräsident Johannes Rau soll den DFB massiv gedrängt haben, sich endlich mit seiner braunen Vergangenheit auseinanderzusetzen.

Im vergangenen Jahr legte der Historiker Nils Havemann die Auftragsarbeit vor. Gewissenhaft schildert er, wie der DFB sich dem NS-Regime willig unterwarf und jüdische Funktionäre und Spieler in vorauseilendem Gehorsam aus seinen Reihen drängte. Schlimm wird es jedoch, wenn Havemann diese opportunistische Haltung als normal und alternativlos hinzustellen versucht. Waren Widerstandskämpfer letztlich nicht auch nur Opportunisten – und Looser obendrein? Schließlich hatte in Havemanns Augen Distanz zum NS-Regime, »gleichgültig, bei wem sie zu beobachten war und in welcher Form sie zum Ausdruck kam, nur in seltenen Fällen einen rein ethischen Hintergrund. Diejenigen, die sich abwandten, taten dies zumeist, weil sie in ihrem persönlichen Lebensbereich zu den Verlierern der Revolution von 1933 gehörten.«[11]

Ja klar, hätte man Willy Brandt ebenso zum SS-Obersturmbannführer ernannt wie den damaligen DFB-Vorsitzenden Felix Linnemann, dann hätte sich Brandt die Sache mit der Emigration sicher noch einmal überlegt.

In Havemanns Buch wimmelt es von solchen Verharmlosungen – was den DFB aber anscheinend ebenso wenig stört wie die Bundeszentrale für Politische Bildung. Die hat jetzt einen Nachdruck des Havemann-

Werks ins Programm genommen, auf dass es gratis an interessierte Schüler und Lehrer verteilt werden kann.

Bezeichnend, dass die seriöse Forschung derzeit gerade den umgekehrten Weg beschreitet, den neubürgerliche Publizisten und konservative Historiker wie Havemann vorzugeben versuchen. So finden Wissenschaftler immer mehr empirische Belege dafür, dass große Teile der Deutschen vor 1945 zumindest in Ansätzen über den Massenmord an den Juden Bescheid wussten.[12] Aber solche Neuigkeiten sind natürlich kein Stoff für Bestseller über den neuen Patriotismus – und auch nicht für eine quotenträchtige *ZDF*-Dokumentation made by Guido Knopp.

Hamburg, Hamburg über alles

Deutet all dies womöglich darauf hin, dass das eine ohne das andere nicht zu haben ist? Dass ein Ende der Vergangenheitsbewältigung tatsächlich Voraussetzung für einen neuen deutschen Patriotismus ist? Gegen diese an sich naheliegende Vermutung spricht die Tatsache, dass es auch vor dem Durchmarsch der neuen Bürgerlichen bereits zarte Ansätze für ein deutsches Gemeinschaftsbewusstsein gab, eines, das ohne Geschichtsklitterung auskam. Da gab es zum einen den Begriff »Verfassungspatriotismus«, der ja inzwischen ebenso gern ins Lächerliche gezogen wird wie das Wort »Vergangenheitsbewältigung«. Dabei ist die Idee des Verfassungspatriotismus bis heute richtig: In der deutschen Geschichte ist zwar besonders viel Unheil angerichtet worden, aber dafür ist die Bundesrepublik auch ein besonders gelungener Staat – und Deutschland ein Land, in dem es sich besonders gut leben lässt. Ob man nun stolz ist auf diesen Staat, ob man dieses Land liebt oder ob man sich einfach über das Glück freut, hier geboren zu sein – Privatsache, würde ich sagen. In jedem Fall kann es auch für einen Verfassungspatrioten keinen Zweifel daran geben, dass sich der Einsatz für unser Gemeinwesen lohnt.

Doch inmitten all des schwarz-rot-goldenen Patriotismusgetöses gehen solche etwas nachdenklicheren Bekenntnisse zu Deutschland leicht unter. Etwa wenn die evangelische Bischöfin Maria Jepsen feststellt: »›Made in Germany‹ wird mir immer überschattet bleiben von ›Made by the Germans‹. Wir haben aber ein Schatzkästlein: das Grundgesetz. Das ist voller Süße. Und eine Arznei gegen das Gift der Vergangenheit. Wir müssen es anwenden, Satz für Satz, und wir haben darauf zu achten, dass wir die Erfahrungen, die darin eingeflossen sind, nicht verderben, indem wir seine Menschenfreundlichkeit vermindern, schon gar nicht, um uns die materiellen Standards zu sichern.«[13]

Interessant auch, dass Jepsen bei all dieser Nachdenklichkeit kein Problem mit einem klaren patriotischen Bekenntnis der anderen Art hat: »Ich liebe meine norddeutsche Heimat.«[14] In dieser Einstellung dürfte sie sich einig sein mit den meisten ihrer Mitbürger. In Deutschland existieren im Vergleich zu anderen europäischen Staaten ungewöhnlich starke Verbundenheitsgefühle unterhalb der nationalen Ebene. Oder haben Sie im Urlaub schon einmal einen Briten oder Franzosen mit einer Retro-Trainingsjacke rumlaufen sehen, auf der vorne steht: »Newcastle« oder »Montpellier«? Eben.

Auch deshalb weil die unbefangene Identifikation mit Deutschland in den vergangenen Dekaden so schwer war, sind viele Deutsche zu Lokalpatrioten geworden. »Im Augenblick entstehen nicht nur nationale, sondern, unter der Ebene der Nation, auch wieder regionale Bindungen«, konstatiert der SPD-Politiker Klaus von Dohnanyi, »das kann über die Städte, über die Provinzen und Regionen und natürlich auch über den Sprachraum gehen.«[15] Deutschland gehört zu den wenigen Staaten in Europa, in denen das Verbundenheitsgefühl mit der Heimatregion stärker ausgeprägt ist als das zur eigenen Nation.[16] Dort, wo die Heimatregion auch mit der politischen Entscheidungseinheit zusammenfällt, gibt es daher meist auch weniger Probleme mit fehlendem Bürgersinn – siehe Bayern, siehe Hamburg.

Natürlich können Lokal- und Regionalpatriotismus ein gewisses nationales Gemeinschaftsgefühl nicht ersetzen. Aber anstatt nach typisch konservativer Manier an angeblich fehlenden Werten herumzumäkeln, in diesem Fall: der mangelnden Vaterlandsliebe, könnte man auch fordern: Die Politik soll sich dem Menschen anpassen, nicht umgekehrt. Wenn die emotionale Bindung der Deutschen nicht auf der Bundes-, sondern auf Landes- und Kommunalebene liegt, dann müssen eben auch die politischen Entscheidungen stärker dorthin verlagert werden, wie der durchaus neobürgerlich gesinnte Historiker Paul Nolte fordert: »Orte des Patriotismus und der Republik: Das beginnt nicht bei der Nation, sondern im Horizont konkreter Lebens- und Erfahrenswelt von

Menschen: in der Nachbarschaft oder im Stadtviertel, in der politischen Gemeinde, in der Region. Wenn diese Räume sich von sozial und politisch bedeutungsvollem Handeln entleeren – von Handeln, in dem Verantwortung sichtbar wird –, dann steht auch die Nation auf tönernen Füßen.«[17]

Konkret hieße das: Mehr Subsidiarität – also mehr klar definierte Zuständigkeiten von Kommunen, Ländern, Bund und EU. Klar getrennte Bundes-, Regional- und Europasteuern, weniger Gemeinschaftsprojekte der verschiedenen Ebenen, die – Beispiel Hochschulbau – nur eine Verschleierung der wahren Kosten zur Folge haben. »Die Bundesrepublik sollte sich regionalisieren«, fordert mein Kollege Henrik Müller in seinem Buch *Wirtschaftsfaktor Patriotismus*. »Die Loyalitäten der Bürger liegen eher bei der Region als bei der Nation, also sollte man aus diesem scheinbaren Defizit eine Tugend machen und die föderalen Strukturen stärken. Ironisch überspitzt ausgedrückt: Zerschlagt die BRD!«[18]

Fazit: Verfassungspatriotismus plus Heimatliebe reichen völlig aus, um genug emotionale Verbundenheit mit unserem Gemeinwesen zu erzeugen – vorausgesetzt, der Staat passt seine Struktur an die Bedürfnisse und Loyalitäten der Menschen an. Auf Fahneneide im Klassenzimmer und Militärparaden am Nationalfeiertag werden wir mit solch einem Konzept des »Patriotismus light« allerdings auch in Zukunft verzichten müssen.

Mir wäre das recht. Hauptsache, wir werden 2010 Weltmeister.

8. Die Ausländer oder: Nichts gegen Fremde – aber diese Fremden sind nicht von hier!

16 000 Polizisten beschäftigt das Land Berlin. Von denen stammen nur rund 150 aus Migrantenfamilien. Die deutsche Monokultur auf den Revieren wird bisweilen zum Problem – etwa wenn die Polizisten Streit zwischen Ausländern schlichten sollen oder wenn sie in Zuwanderermilieus ermitteln. Die Berliner Polizei hat diese Schwachstelle längst erkannt: Per Flugblatt und Stellenanzeige sucht sie inzwischen »Nachwuchs mit Migrationshintergrund«.

Ein geradezu idealer Kandidat für den Polizeidienst wäre eigentlich Osman, zwanzig Jahre alt, geboren in Beirut, aufgewachsen in Neukölln. Nach der mittleren Reife begann er eine Ausbildung zum Tischler, aber seit er ein Praktikum bei der Polizei gemacht hat, steht sein Berufswunsch fest: Polizist. Warum auch nicht? Osman spricht perfekt deutsch und fließend arabisch. Sein gesellschaftliches Engagement beweist er dreimal pro Woche im Jugendclub »Manege«. Dort gibt Osman Migrantenkindern ehrenamtlich Nachhilfe in Deutsch und Mathe.

Dann standen im Morgengrauen die Polizisten in Osmans Wohnung. Er sollte abgeschoben werden. Die Ausländerbehörde beschuldigte Osman, Türke zu sein, nicht Libanese: Sein Großvater habe für Osman als

Kleinkind einen Einbürgerungsantrag in der Türkei gestellt. Von diesem Antrag habe er nichts gewusst, sagt Osman, der kaum ein Wort Türkisch spricht. Die Ausländerbehörde glaubt ihm nicht, und wer sich unter falschen Angaben in Deutschland einschleicht, der muss raus. Erst eine Härtefall-Kommission aus sieben Vertretern von Kirchen und Ausländerorganisationen empfahl dem Berliner Innensenator, dass Osman bleiben darf. Nicht für immer, versteht sich, vorerst gab's eine befristete Aufenthaltserlaubnis für ein Jahr, dann muss man mal sehen.[1]

Die brandenburgische Parallelgesellschaft

Ein Gnadenjahr für jemanden, der seit siebzehn Jahren in Deutschland lebt und nichts lieber möchte, als zu unserer Gesellschaft zu gehören. Es sind Geschichten wie die von Osman, die einen am Verhältnis der Deutschen zu ihren ausländischen Mitbürgern verzweifeln lassen. Um mit dem demographischen Wandel fertig zu werden, braucht Deutschland kaum etwas so dringend wie junge, integrationsbereite Zuwanderer. Doch die wenigen Menschen, die zu dieser Gruppe gehören und tatsächlich den Weg nach Deutschland finden, müssen selbst nach siebzehn Jahren noch mit der Abschiebung rechnen. Und mit diesem Irrsinn exekutiert die Politik auch noch genau das, was sich eine wachsende Mehrheit der Deutschen wünscht: 61 Prozent der Deutschen meinen, dass in Deutschland zu viele Ausländer leben. Vor vier Jahren waren es noch 55 Prozent.[2]

Empirisch ist schwer zu belegen, inwieweit die Denker der neuen Bürgerlichkeit zu dieser wachsenden Fremdenfeindlichkeit in Deutschland beigetragen haben. Nicht dass sie offen fordern würden: »Ausländer raus« oder »Deutschland den Deutschen«. Die Argumente der neuen Bürgerlichen sind subtiler – und nähren in der Summe doch ein Meinungsklima, in dem Ausländer zunehmend als Bedrohung empfunden werden, nicht als Bereicherung.

- So hat der Demograph Herwig Birg nicht grundsätzlich etwas gegen Ausländer, es leben halt nur die falschen in Kreuzberg und Neukölln. Besser war's im Berlin des 18. Jahrhunderts: »Anders als im heutigen Einwanderungsland Deutschland, dessen Migrationsbevölkerung überwiegend von einer ›Einwanderung in die Sozialsysteme‹ aus der Dritten Welt geprägt wird, war die Hauptstadt Preußens das Ziel von Gebildeten, von fähigen Handwerkern und integrationswilligen Neubürgern.«[3]
- *FAZ*-Herausgeber Frank Schirrmacher beschwört die drohende Dominanz muslimischer Familien in deutschen Metropolen: »In den Großstädten werden überwiegend Menschen mit nichtdeutschem Hintergrund die klassischen Familien bilden. Ein Kind, das mit seinen Eltern in einer Metropole lebt, wird außerhalb der eigenen vier Wände Familie vor allem in muslimischer Prägung kennenlernen. (…) Es ist kein Zufall, dass der ›Zusammenprall der Kulturen‹ in Deutschland vor allem als Zusammenprall von Vorstellungen über die Familie erlebt wird. Die archai-

sche Benachteiligung von Töchtern und Frauen und eine patriarchalische Familienstruktur werden von vielen als Bedrohung empfunden.«[4]

- Wem Schirrmacher noch zu abstrakt ist, für den macht es der *Spiegel* gerne ein wenig konkreter: »In manchen Gegenden Neuköllns wird nur noch türkisch gesprochen. Die Familien sind um Patriarchen herum organisiert, Frauen sind meist verschleiert und bleiben zu Hause. Junge heiratsfähige Frauen lässt man über die großen Verwandtschaftsnetzwerke aus der Heimat kommen. Sie werden nicht deutsch sprechen, und sie müssen es auch nicht.«[5]
- Schuld an alledem sind natürlich – na? – richtig: die Achtundsechziger. Meint zumindest der brandenburgische Innenminister Jörg Schönbohm. Und formuliert damit eine Ansicht, die in weiten Teilen des bürgerlichen politischen Spektrums zum Mainstream gehört: »Zu viel wegschauen, zu viel Beliebigkeit haben dazu geführt, dass Teile der zweiten und dritten Einwanderergeneration heute in Parallelgesellschaften leben, welche die Achtundsechziger nicht nur zuließen, sondern sogar förderten. Hier herrschen nicht nur andere Bräuche, sondern gänzlich andere Gesetze (›Ehrenmorde‹, Zwangsheiraten, Sport- und Bildungsverbot für Mädchen etc.). Im Unterschied dazu ist die Integration von Bürgern aus europäischen Staaten stets gut gelungen; sie sind eine Bereicherung.«[6]

Die kleine Aufzählung macht deutlich: Bei den neuen Bürgerlichen werden Ausländer vor allem als Problem thematisiert. Und sind sie das etwa nicht? Schließlich beteiligen sich junge Männer aus Migrantenfamilien tatsächlich signifikant häufiger an Gewaltstraftaten als Deutsche. Fast jeder fünfte Ausländer in Deutschland verlässt die Schule ohne Abschluss, bei den einheimischen Kindern ist es nicht einmal jeder Zehnte.[7] 22 Prozent der Ausländer sind arbeitslos, aber weniger als 10 Prozent der Deutschen.[8] Unter den in Deutschland lebenden Migranten, die aus islamischen Ländern stammen, ist die Religion rapide auf dem Vormarsch: Im Jahr 2000 bezeichneten sich 7,6 Prozent der hier lebenden Muslime als sehr religiös, nur fünf Jahre später sind es bereits 28 Prozent.[9] Gehören Ehrenmorde nicht ebenso zur Realität in Deutschland wie die katastrophalen Zustände an der Neuköllner Rütli-Schule?

All dies ist richtig. Die Unseriosität der neuen Bürgerlichen entsteht nicht aus dem, was sie sagen, sondern was sie verschweigen. Zum Beispiel dass die überwiegende Mehrheit der Migranten nach wie vor gut integriert in Deutschland lebt – nicht nur die von Schönbohm angesprochenen »guten« Ausländer aus Europa, sondern gerade auch die große Masse der Deutschtürken. In deutschen Schulen zum Beispiel haben die Kinder italienischer Migranten ebenso viel oder wenig Probleme wie die der türkischen.[10]

Ein »Bildungsverbot«, wie es Schönbohm nennt, gibt es allenfalls in Ausnahmefällen: Mehr als drei Viertel der türkischstämmigen Eltern streben für Söhne wie für Töchter gleichermaßen das Gymnasium als gewünschte Schulform an. Sie wissen nur oft nicht so recht, was sie tun müssen, damit ihr Kind es aufs Gymnasium schafft.[11]

Und wenn über 20 Prozent der Ausländer arbeitslos sind, heißt das eben auch: 80 Prozent sind es nicht. Eine eigentlich banale Feststellung, die aber zumindest bei Birg aus dem Blick geraten zu sein scheint, wenn er die »Einwanderung in die Sozialsysteme beklagt«. Tatsache ist: Ausländer bringen der deutschen Gesellschaft mehr ein, als sie kosten.[12] Zwar beziehen Ausländer überproportional häufig Arbeitslosengeld, doch gleichzeitig verursachen sie vergleichsweise geringe Ausbildungs- und Erziehungskosten, weil sie häufig erst als Erwachsene nach Deutschland kommen und dann sofort anfangen zu arbeiten und Sozialversicherungsbeiträge zu entrichten.

Besonders bizarr erscheint es, wenn sich mit Jörg Schönbohm ausgerechnet ein Repräsentant des nahezu ausländerfreien Bundeslands Brandenburg über die islamische Parallelgesellschaft erregt, aber verschweigt, dass sich in seinem Land eine ebenso bedrohliche Parallelgesellschaft herausgebildet hat. Eine Szene, in der deutsche Gesetze und liberale Werte ähnlich gering geachtet werden wie im schlimmsten Neuköllner Islamistenclan. Die Rede ist von der Subkultur der Neonazis, die in vielen brandenburgischen Dörfern und Kleinstädten längst zur dominanten Jugendszene geworden ist.

In Brandenburg dürfte es in den letzten Jahren deutlich mehr Morde mit rechtsradikalem Hintergrund gegeben haben als »Ehrenmorde« unter Moslems. Als jedoch der ehemalige Regierungssprecher Uwe-Karsten Heye sagte, dass er ausländisch aussehenden Freunden nicht raten würde, bestimmte Regionen Brandenburgs aufzusuchen, da war Schönbohm schnell dabei, Heye zurechtzuweisen: Die Äußerung sei eine »unglaubliche Entgleisung«.[13]

Wirklich? Der von Schönbohms eigenem Ministerium herausgegebene brandenburgische Verfassungsschutzbericht listet siebzehn Städte und Regionen auf, darunter auch die Landeshauptstadt Potsdam, in denen »gewaltbereite Rechtsextremisten« auf »öffentlichen Straßen und Plätzen unter den Augen von Passanten« mit Gewalt ihr Revier verteidigten. »Die Gewalt richtet sich gegen alles ›Fremdartige‹, seien es Ausländer, dunkelhäutige Deutsche oder ›Zecken‹, ein in der rechtsextremistischen Szene alltäglicher Begriff zur Beschreibung von ›linken‹ Jugendlichen. Nur wenige Gewaltstraftaten sind geplant, vielmehr werden sie in über zwei Dritteln der Fälle spontan aus der Situation heraus begangen.«[14] So weit der brandenburgische Verfassungsschutzbericht 2005.

Vielleicht hätte Heye einfach aus dieser Broschüre vorlesen sollen, statt von »No-Go-Areas« zu sprechen. Er hätte das Gleiche zum Ausdruck gebracht und sich dennoch viel Ärger erspart.

Fünf verlorene Jahrzehnte

So sieht sie aus, die typische neubürgerliche Argumentation in Sachen Ausländer: Die eine, negative Hälfte der Fakten wird überdeutlich herausgestellt, die andere, positive Hälfte übersehen oder gar bewusst verschwiegen. Hinzu kommt jenes klassisch-konservative Denkschema, von dem sich die neuen Bürgerlichen auch in anderen Themengebieten leiten lassen: Gesellschaftliche Missstände, hier die mangelnde Integration vieler Ausländer in die deutsche Gesellschaft, werden einseitig interpretiert als Verschulden der Betroffenen, also der Ausländer. Dass die verlogene Ausländerpolitik der vergangenen Jahrzehnte erst zu dieser mangelnden Integrationsbereitschaft und -fähigkeit geführt hat, wird verschwiegen.

Faktisch haben die politischen Eliten Deutschland bereits vor einem halben Jahrhundert zum Einwanderungsland gemacht, ohne diesen Umstand gegenüber dem Wähler je einzugestehen, geschweige denn ihn offensiv zu vertreten.

Es begann bereits 1955 mit den ersten Anwerbeaktionen für italienische Gastarbeiter. Bereits der Begriff verrät: Diese Gäste sollten nach einigen Jahren Arbeit in Deutschland wieder in ihre Heimat zurückkehren. Wozu den Neuankömmlingen groß die deutsche Sprache beibringen? Fürs Fließband und die Feldarbeit brauchte man damals kein Deutsch. Und nach den Italienern kamen die Spanier, die Griechen, die Portugiesen, die Türken.

Doch schneller als erwartet wurde den Gästen das Gastland zum neuen Zuhause. Sie holten ihre Familien nach Deutschland, die Rückkehr in die alte Heimat war jetzt höchstens noch ein Projekt für den Ruhestand. Die Ausländerpolitik indes klammerte sich noch immer an den Mythos des Besuchers auf Zeit, der nicht integriert werden muss. 1973 endete die Anwerbung von Gastarbeitern. Zehn Jahre später wollte ihnen die Regierung

Kohl die freiwillige Ausreise sogar mit Prämien versüßen, so dringend wollte man die Gäste auf einmal loswerden. Indes, das sogenannte Rückkehrförderungsgesetz verpuffte wirkungslos.

Bald darauf begann die zweite große Einwanderungswelle nach Deutschland. Der Umgang der Politik mit dieser Welle war noch verlogener als bei den Gastarbeitern. Die Rede ist von den deutschstämmigen Aussiedlern, vor allem aus Russland und Kasachstan. Gorbatschows Perestroika ermöglichte den Sowjet-Deutschen die massenhafte Ausreise in den Westen, und so stieg die Zahl der Aussiedler ab 1987 rapide an. Auf dem Höhepunkt der Welle kamen 400 000 pro Jahr.[15]

Bei diesen Einwanderern war zwar klar, dass sie gekommen waren, um zu bleiben. Doch gleichzeitig galten sie nicht als Ausländer – weil ja irgendwo in ihren Adern noch deutsches Blut floss. Leider half ihnen das nicht, sich im bundesrepublikanischen Alltag der Jahrtausendwende zurechtzufinden. Noch dazu hatte der Strukturwandel in Deutschland inzwischen jene Industriejobs zur Mangelware gemacht, in denen man sich auch ohne Sprachkenntnisse zurechtfinden konnte – und viele der 4,5 Millionen Aussiedler, die heute bei uns leben, konnten bei ihrer Einreise ebenso wenig Deutsch wie die Gastarbeiter. Aber Aussiedler waren nun einmal per Definition Deutsche und mussten deshalb nicht groß integriert werden.

Mit dem Erfolg, dass Russland- und Kasachstandeutsche heute mancherorts ebenso Parallelgesellschaften bilden wie die Muslime. Mit zwei entscheidenden Unterschieden: Zum einen werden Aussiedler in den einschlägigen Kriminalitätsstatistiken nicht separat ausgewiesen, sie gelten ja als Deutsche. Und zum anderen lässt sich die Schuld für ihre mangelnde Integration beim besten Willen nicht irgendwelchen Multikulti-Träumen der Achtundsechziger in die Schuhe schieben. Es war vor allem die Regierung Kohl, die den Zuzug von Aussiedlern nach Kräften förderte. Nicht zuletzt weil sie als Deutsche automatisch das Wahlrecht besaßen und als treue CDU-Anhänger galten.

Neben Gastarbeitern und Aussiedlern gab es noch eine dritte große Einwanderungswelle nach Deutschland, doch auch sie durfte im politischen Diskurs nie als solche bezeichnet werden: die der Asylbewerber. Seit Beginn der Neunzigerjahre stieg ihre Zahl rapide an. Die meisten von ihnen kamen nicht wegen individueller politischer Verfolgung nach Deutschland, sondern um dem Elend in ihren Heimatländern zu entgehen. Folgerichtig wurde auch nur ein Bruchteil von ihnen als politisch Verfolgte anerkannt, was den wenigen Glücklichen ein dauerhaftes Aufenthalts- und Arbeitsrecht einbrachte. Die meisten jedoch blieben in Deutschland auf Grundlage einer bürokratischen Grausamkeit namens »Duldung«: Immer wieder wurde ihre Aufenthaltsgenehmigung für einige Monate verlängert. Arbeiten durften die geduldeten Flüchtlinge entweder gar nicht oder nur in solchen Jobs, für die sich kein Deutscher fand. Wohnen mussten sie in Sammelunterkünften. Kurz: Man hätte den Asylbewerbern bei ihrer Einreise genauso gut einen Stempel in den Pass drücken können, »Integrieren streng verboten«. Die dritte große Einwanderungswelle endete schlagartig 1993, als mit den Stimmen von CDU/CSU, FDP und SPD die Verfassung geändert und das Asylrecht drastisch eingeschränkt wurde.

Asylbewerber, Gastarbeiter, Aussiedler: Dreimal Einwanderung, die nicht so genannt werden durfte. Dreimal die verpasste Chance für eine systematische Integration der Neuankömmlinge. Macht insgesamt fünfzig Jahre verfehlte Ausländerpolitik, deren Folgen wir jetzt zu spüren bekommen.

Ich werd' Hartz IV!

Solange Vollbeschäftigung herrschte und auch niedrig qualifizierte Industriejobs sozialen Aufstieg und einen wachsenden Anteil vom deutschen Wohlstandskuchen versprachen, solange fiel auch die fehlgeschlagene Integration vieler Ausländer in Deutschland nicht auf.

Doch heute lässt sich ohne Deutschkenntnisse meist noch nicht einmal ein Hilfsarbeiterjob ergattern, und selbst ein ordentlicher Hauptschulabschluss gewährt keine Garantie auf einen Ausbildungsplatz. Als die Schüler der in die Schlagzeilen geratenen Neuköllner Rütli-Schule von Reportern nach ihrem Berufsziel gefragt wurden, antworteten einige: »Ich werd' Hartz IV.« Ein Aufschrei des Entsetzens ging durch die Presse ob solcher Antriebslosigkeit. Doch letztlich kann man den Schülern nur zu ihrem Realitätssinn gratulieren: Aus dem Absolventenjahrgang 2005 der Rütli-Schule hat nach Aussage der ehemaligen Schulleiterin kein Einziger eine Lehrstelle gefunden.[16]

Welche Schlussfolgerung werden jugendliche Migranten aus dieser Tatsache wohl ziehen? Dass sie mit ein bisschen Anstrengung dennoch die Ersten in ihrer Schule, in ihrer Familie, in ihrem Kiez sein könnten, die den Aufstieg innerhalb der deutschen Mehrheitsgesellschaft schaffen? Oder dass man lieber dem Beispiel der Geschwister und Freunde folgen und Bestätigung in der Parallelgesellschaft suchen sollte, also in der Straßengang oder der Moschee? Letzteres dürfte aus der Sicht eines Halbwüchsigen die deutlich naheliegendere Option sein.

Dass Ausländerintegration und Arbeitsmarkt viel miteinander zu tun haben, zeigt ein Vergleich der Städte Stuttgart und Berlin: Während der Neuköllner Bezirksbürgermeister Heinz Buschowsky (SPD) nicht müde wird, seine eigenen Migranten-Mitbürger zu bekritteln (»Der Wert von Bildung ist in vielen Familien überhaupt nicht verankert«), sieht der Stuttgarter Ausländerbeauftragte Gari Pavkovic den Anteil der Integrationsverweigerer unter den Ausländern in seiner Stadt »höchstens im Promillebereich«.[17] Der wesentliche Unterschied zwischen beiden Städten: 7 Prozent Arbeitslosigkeit in Stuttgart, 17 Prozent in Berlin.

Es gibt wahrscheinlich keinen effizienteren Integrationsmotor als einen Ausbildungsplatz »beim Daimler« und keine brutalere Integrationsbremse als Massenarbeitslosigkeit. Letztlich gilt für den Rütli-Schüler das Gleiche wie für den Brandenburger Jungnazi: Wer keine realistische Chance auf einen Arbeitsplatz hat, der ihm soziale Anerkennung innerhalb der Gesellschaft verspricht, der wird sich die Anerkennung anderswo holen. Im Zweifel in Subkulturen wie Skinheadhorden oder Straßengangs.

Diese Erkenntnis ist keineswegs neu. Ähnlich wie im Fall der wiederentdeckten deutschen Unterschicht ist es den neuen Bürgerlichen allerdings gelungen, diese politische Verantwortung für gesellschaftliche Missstände in den Hintergrund zu drängen und stattdessen einseitig auf die angeblich mangelnde Integrationsbereitschaft speziell muslimischer Migranten zu verweisen.

Wie sehr indes die Integrationsbereitschaft daran hängt, welche Integrationschancen eine Gesellschaft bietet, zeigt der Blick in die USA: Dort leben drei Millionen Muslime. Sie wanderten größtenteils in den Sechzigerjahren in die USA ein. Die meisten von ihnen stammen aus Syrien, dem Libanon oder dem Iran.

Ein ähnliches Muster der Zuwanderung also wie in Deutschland, doch welch grundsätzlich anderes Ergebnis: Die Muslime in den USA verdienen mehr als der amerikanische Durchschnitt, sie gelten als gut integriert. Das zeigte sich besonders deutlich nach dem 11. September 2001: Der christlich-konservative Präsident George Bush besuchte demonstrativ eine Moschee, die amerikanischen Moslem-Organisationen ließen ihrerseits keinen Zweifel daran, dass sie den Anschlag auf das World Trade Center verurteilen. Bei der ökumenischen Trauerfeier für die Opfer des Anschlags stand selbstverständlich ein Imam ebenso auf dem Podium wie ein Rabbi.

Dabei verleugnen die amerikanischen Muslime keineswegs ihre religiöse Identität. Viele hören im Auto »Radio Islam« oder schicken ihre Kinder auf teure Privatschulen, in denen selbstverständlich Kopftuch getragen wird – und gleichzeitig die amerikanische Flagge in der Aula hängt. Den Unterschied zu Deutschland macht vor allem die soziale Durchlässigkeit der US-amerikanischen Gesellschaft aus. Sie hat dafür gesorgt, dass die Klischeefigur des jungen, männlichen Muslims in den USA nicht Ali, der Kleingangster im Jogginganzug, ist, sondern Ali, der konsumfreudige »Muslim Yuppie«, der als Arzt oder Anwalt arbeitet und ein aufwändig renoviertes Innenstadtloft bewohnt.[18]

Die soziale Durchlässigkeit einer Gesellschaft hat wiederum viel mit den Zukunftserwartungen der Menschen zu tun: Ein Volk, das derart von Abstiegsängsten geplagt wird wie das deutsche, sieht in Zuwanderern in erster Linie Konkurrenten um begrenzte Ressourcen. Dass jedoch gerade Zuwanderer eine neue Wachstumsdynamik befördern können, von der auch die restliche Gesellschaft profitiert – diese Erkenntnis lässt sich in Deutschland nur schwer vermitteln. In klassischen Einwanderungsländern wie den USA gehört sie hingegen zum Allgemeingut. »Immigranten sind ungemütlich«, sagt der renommierte US-amerikanische Zukunftsforscher Peter Schwartz, selbst ein Kind ungarisch-jüdischer Einwanderer. »Sie drängeln sich einfach ins Boot und bringen es zum Schaukeln. Aber genau hierin besteht auch ihr wirtschaftlicher Wert.«[19]

Einen kleinen und sehr amerikanischen Vorgeschmack darauf, was aus Rütli-Schülern in einem anderen Umfeld alles werden könnte, gab es im Frühjahr 2006 zu erleben. Die Young Americans, eine Musik- und Tanzgruppe aus Kalifornien, hatte von den Problemen der Schule in Neukölln gehört und sich selbst eingeladen. Drei Tage lang übten die jungen Amerikaner mit den angeblich schlimmsten Schülern der Republik eine Musik- und Tanzshow ein: HipHop und »Freude schöner Götterfunken«, arabische Trommeln und Beatles. Am Ende der (keineswegs perfekten) Aufführung weinten manche der türkischen Schüler vor Freude darüber, dass ihnen endlich einmal etwas gelungen war, und Travis Goode, der Leiter der Young Americans, sagte zum Publikum: »Falls Sie es noch nicht gemerkt haben: Diese Schüler sind großartig. Es gibt nur zwei Dinge, die uns von ihnen unterscheiden: Umstände und Umgebung.«[20]

Das klang nach Hollywood: ein bisschen pathetisch, ein bisschen trivial – und doch unglaublich wahr.

Kuschelpädagogen an die Front

Aktionen wie die der Young Americans zeigen, wie Integration funktionieren kann. Man könnte diesen Weg auch als positive Diskriminierung bezeichnen: Kinder aus Migrantenfamilien brauchen besonders viel Aufmerksamkeit. Kleinere Klassen, besonders qualifizierte und motivierte Lehrer, spezielle Kurse für Deutsch als Zweitsprache. Und, ja, natürlich den nötigen Druck, damit diese Kurse auch besucht werden. Dabei helfen Sozialarbeiter, die selbst aus Migrantenfamilien stammen und auch einmal ein ernstes Wort mit den Eltern auf Türkisch und Arabisch reden können – aber auch wissen, wie man verhindert, dass der Familienvater dabei das Gesicht verliert.

Jahrzehntelang gab es all dies an deutschen Schulen nicht – es musste ja per Definition niemand integriert werden. Mit dem Erfolg, dass heute unter allen Industriestaaten kein Schulsystem existiert, in dem Migrantenkinder schlechter abschneiden als im deutschen. Rund zwei Jahre hinken sie im Stoff ihren gleichaltrigen deutschen Mitschülern hinterher.[21] Die Leistungen der Migranten, die in Deutschland geboren wurden, sind sogar noch schlechter als die derjenigen, die selbst aus dem Ausland eingewandert sind.

Im internationalen Vergleich zeigt sich auch, was eine konsequente Förderung von Migranten bewirken kann: In Schweden gibt es seit langem das Schulfach »Schwedisch als Zweitsprache«. Mit dem Erfolg, dass die Leistungen der im Ausland geborenen Migranten zwar fast so schlecht sind wie in Deutschland – doch wer als Kind von Migranteneltern in Schweden zur Welt kommt, schneidet fast so gut ab wie die einheimischen Schüler.[22] Mit anderen Worten: Je länger ein ausländisches Kind im schwedischen Erziehungssystem verbringt, desto besser werden seine Leistungen in Relation zu den Leistungen der schwedischen Schüler. In Deutschland ist es umgekehrt.

Das Beispiel zeigt: Es gibt genug politische Instrumente, um Integrationsprobleme zu lindern. Besser wäre es allerdings gewesen, die positive Diskriminierung hätte vor vierzig Jahren eingesetzt, als bereits klar war, dass die Gastarbeiter so schnell nicht mehr in ihre Heimatländer zurückkehren werden. Vermutlich hätte sich damals auch noch niemand als »Multikulti-Kuschelpädagoge« beschimpfen lassen müssen, wenn er für die Neuköllner Straßenkids mehr Erfolgserlebnisse und mehr Sozialarbeiter gefordert hätte statt härterer Strafen.

Neben einer konsequenten Integrationsförderung für die hier lebenden Ausländer gibt es noch eine weitere Möglichkeit, Migration politisch zu gestalten – nämlich durch die planmäßige Auswahl der Zuwanderer selbst. Es gehört sogar zu den untrüglichen Kennzeichen eines Staates, der sich selbst als Einwanderungsland definiert, dass er einen solchen Selektionsmechanismus betreibt: Kanada, USA, Australien – alle diese Staaten wählen ihre Einwanderer nach einem Kriterienschlüssel aus, der sich an der Integrationsfähigkeit der Gesellschaft und am Arbeitskräftebedarf der Wirtschaft bemisst.

In Deutschland darf es das natürlich nicht geben, wir sind ja kein Einwanderungsland. Stattdessen ließen wir rund acht Millionen Menschen ins Land strömen, die …

- … arm und ungebildet genug waren, um sich in Deutschland noch über die niedersten Hilfsarbeiterjobs zu freuen (Gastarbeiter),
- … aus der ehemaligen UdSSR kamen und glaubhaft machten, dass sie sich irgendwie als Deutsche fühlten (Aussiedler),
- … es bis an die deutsche Grenze schafften, das Wort »Asyl« aussprachen und anschließend ihre Abschiebung verhinderten (Asylbewerber),
- … Angehörige eines solchen Gastarbeiters, Aussiedlers oder anerkannten Asylbewerbers sind.

200 000 bis 300 000 qualifizierte Einwanderer pro Jahr braucht Deutschland, um seine Einwohnerzahl trotz Geburtenrückgangs bis Mitte des Jahrhunderts weitgehend konstant zu halten. In der Vergangenheit hat Deutschland mit den vier genannten Migrantenkategorien zumindest die notwendige Zuwanderungsmenge erreicht, es haperte allerdings mit der Auswahl. Inzwischen kommt Deutschland nicht einmal mehr auf die erforderliche Zahl: Unter den 450 000 Zuwanderern des vergangenen Jahres waren allein 350 000 Arbeitskräfte mit kurzfristigen Verträgen, die nach Ablauf ihrer Verträge wieder zurück in ihr Heimatland müssen – etwa die typischen polnischen Erntehelfer. Bleiben 100 000 echte Zuwanderer, zum Großteil Angehörige von Migranten, die schon in Deutschland leben. Einen Asylantrag stellten nur noch 29 000 Personen.[23] 100 000 statt 300 000 – Deutschland ist weiter denn je von einer Zuwanderung entfernt, die den demographischen Realitäten entspricht.

Es hätte alles anders kommen können. 2001 hatte die rot-grüne Bundesregierung ein Gesetz vorgelegt, das Deutschland offiziell zu einem Einwanderungsland machen sollte. Knapp 50 Jahre nach Beginn der faktischen Einwanderung durch die ersten Gastarbeiter und rund 30 Jahre, nachdem der Pillenknick offensichtlich gemacht hatte, dass wir Einwanderer brauchen, um den demographischen Wandel abzumildern.

Das Zuwanderungsgesetz sah Folgendes vor: Über ein Punktesystem sollte die Migration gesteuert werden. Viele Punkte bekam, wer jung und gebildet war und wer die deutsche Sprache sprechen konnte. Wie viele dieser Einwanderer ins Land durften, wollte man alljährlich neu festsetzen.

Im Bundesrat votierten die unionsregierten Länder gegen das Gesetz. Für Brandenburg, wo eine Große Koalition regierte, votierte CDU-Innenminister Schönbohm mit nein, SPD-Ministerpräsident Manfred Stolpe mit ja. Ein solches uneinheitliches Abstimmungsverhalten eines Landes ist im Bundesrat eigentlich nicht vorgesehen. Als dann der damals amtierende SPD-Bundesratspräsident Klaus Wowereit das Gesetz trotzdem mit den Stimmen Brandenburgs für angenommen erklärte, provozierten die Ministerpräsidenten der Union einen zuvor sorgfältig abgesprochenen Eklat für die Fernsehkameras. Anschließend klagten sie wegen des unklaren Abstimmungsergebnisses vor dem Bundesverfassungsgericht und bekamen Recht. Das Gesetz trat nicht in Kraft.

Mein Multikulti-Traum

Der neubürgerliche Demograph Herwig Birg lieferte damals die argumentative Schützenhilfe gegen das Einwanderungsgesetz – und liefert sie noch immer. Unter anderem mit zwei besonders originellen Argumenten. Zum einen macht er sich zum Freund der Verfolgten und Unterdrückten und erklärt: »Deutschland ist ein wichtiges Einwanderungsland. Es wählt die aufgrund von politischer und geschlechtlicher Verfolgung Zugewanderten nicht nach irgendwelchen Nützlichkeitserwägungen aus, dies wäre auch nach dem Grundgesetz – dem eigentlichen Zuwanderungsgesetz – ausgeschlossen, und es sollte sinnvollerweise auch ausgeschlossen bleiben. Die humanitäre Zuwanderung auf Grund von politischer Verfolgung soll hier also keineswegs in Frage gestellt werden.«[24]

Deutschland konnte wie erwähnt im Jahr 2005 die stolze Zahl von 29000 Asylantragstellern verzeichnen. Von diesen Asylbewerbern können nach den bisherigen Erfahrungen rund fünf Prozent auf ein Bleiberecht hoffen. Macht rund 1500 Einwanderer für das »wichtige Einwanderungsland« Deutschland. Wenn Birg allen Ernstes den Asylparagraphen des Grundgesetzes zum »wahren Einwanderungsgesetz« erklärt, dann will er in Wahrheit faktisch gar keine Einwanderung und sollte das redlicherweise auch so sagen.

Noch scheinheiliger wird es, wenn Birg plötzlich zum Moralisten mutiert und eine nach ökonomischen Bedürfnissen gesteuerte Zuwanderung kritisiert: »Man muss aber von demographischem Kolonialismus sprechen, wenn im ›Wettbewerb um die Besten‹ die Früchte der Erziehungs- und Ausbildungsleistungen anderer Länder ohne Gegenleistungen beansprucht werden.«[25]

Das Argument ist empirisch nicht haltbar. Der durchschnittliche Migrant aus einem Entwicklungsland, gerade auch der hochqualifizierte, sorgt vom Ausland aus für eine höhere Wertschöpfung in seinem Heimatland, als er dort je erzielt hätte. Sein Einkommen im Einwanderungsland liegt meist so hoch, dass allein seine Überweisungen an die zurückgebliebenen Verwandten höher ausfallen als das Gehalt, das er im alten Heimatland bekommen hätte. Ein Afrikaner in Europa ermöglicht daheim oft einer ganzen Großfamilie das Überleben inklusive Schulbildung für die Kinder. Das Hauptproblem in vielen Entwicklungsländern besteht weniger in der Auswanderung als solcher, sondern darin, dass die Überweisungen aus der Fremde für den Konsum genutzt werden, statt sie in wachstumsfördernde Unternehmungen zu investieren – und somit die nachfolgende Generation abermals keine Alternative zur Auswanderung sieht.

Interessant, dass Birg eine an ökonomischen Notwendigkeiten orientierte Einwanderungspolitik ausgerechnet unter ethischen Gesichtspunkten kritisiert – während er andererseits keine Probleme damit hat, Freiheitsrechte unter dem Verweis auf angebliche demographische Notwendigkeiten hintanzustellen. Man denke nur an seine Idee, offene Stellen bevorzugt an Mütter zu vergeben (siehe Kapitel 2).

Inzwischen, vier Jahre nach der Sabotage des rotgrünen Zuwanderungsgesetzes, gibt es auch in der CDU erste Anzeichen für ein Umdenken. In einem Strategiepapier der CDU-Grundsatzkommission aus dem Sommer 2006 finden sich bemerkenswerte Sätze. Eine »familienorientierte Bevölkerungspolitik« müsse die »gezielte Zuwanderung dringend benötigter Fachkräfte erreichen«. Nötig sei eine Einwanderungspolitik, »die die Zuwanderung von gesuchten Arbeitnehmern in den nationalen Arbeitsmarkt ermöglicht und steuert«.[26] Sieht ganz so aus, als würde die CDU die neuen Bürgerlichen in der Einwanderungsfrage noch links überholen.

Einstweilen gilt weiter der Kompromiss, den CDU und SPD 2004 in Sachen Einwanderung geschlossen haben – nachdem der rot-grüne Gesetzentwurf im Bundesrat und vor dem Bundesverfassungsgericht gescheitert war. Darin wurde zwar der Status Deutschlands als Einwanderungsland pro forma festgehalten, das geplante Punktesystem jedoch gekippt. Stattdessen legt das Gesetz die Latte für einwanderungswillige Fachkräfte und Unternehmer derart hoch, dass eine paradoxe Situation entsteht: Ein Großteil der deutschen Hochschulabsolventen und Unternehmer könnte sich nicht für eine Einreise in ihr eigenes Land qualifizieren – wenn sie denn nicht schon den richtigen Pass besäßen.

Ausländische Fachkräfte müssen einen Arbeitsvertrag mit einem Bruttojahresgehalt von mindestens 84 000 Euro vorweisen können, um sofort und dauerhaft bei uns leben zu dürfen. Noch abschreckender sind die Bedingungen für Ausländer, die in Deutschland ein Unternehmen gründen möchten: mindestens eine Million Euro Investitionsvolumen als Eintrittsgeld, mindestens zehn Beschäftigte. Kein Wunder, dass es im vergangenen Jahr gerade mal 900 ausländische Fachkräfte und 500 Unternehmer nach Deutschland zog.[27] Das Zuwanderungsgesetz in seiner jetzigen Form ist in Wahrheit ein Zuwanderungs-Verhinderungsgesetz. Und die Deutschen ahnen noch nicht einmal, was ihnen dadurch alles entgeht.

Im Frühjahr 2006 war ich zur Hochzeit eines befreundeten Paares in Köln eingeladen. Der Bräutigam hatte mehrere Jahre in New York gelebt und auch einige Freunde aus der damaligen Zeit eingeladen. Beim Abendessen im Restaurant Rheinterrassen saß ich neben Asad. Asad, Anfang dreißig, stammt aus der muslimischen Gemeinde in Bombay. Seit seinem Studium lebt er in New York. Bei einer Werbeagentur betreut er den Großkunden Sony und verlegt nebenbei Bildbände über indische Kunst.

Irgendwann fragte ich ihn, ob er denn extra zur Hochzeit aus New York eingeflogen sei. Aber nein, erwiderte er, die weite Reise müsse sich doch lohnen. Deshalb bleibe er das ganze Wochenende in Köln, von Freitag bis Montag.

Wegen seiner vielen beruflichen und privaten Reisen will sich Asad demnächst in den USA einbürgern lassen. Sicher, seine Heimat sei Bombay, »aber ein amerikanischer Pass spart enorm viel Zeit«.

Asad – ein echter »Muslim Yuppie«, der mit den Anekdoten aus seiner indischen Großfamilie den ganzen Tisch zum Lachen brachte. Seine aus Pakistan stammende Frau (nein, keine Burka) versuchte derweil, Asads Champagnerkonsum diskret zu bremsen.

Für einen Moment kam ich ins Träumen. Wie spannend doch ein Deutschland wäre, in dem Muslime aus Bombay so selbstverständlich zum Alltag und zur Elite gehören wie in New York; in dem die Mittelschicht nicht nur aus den üblichen Apothekertöchtern und Lehrersöhnen besteht, sondern auch aus indischen Einwanderern.

Ich dachte weiter nach. Was müsste wohl passieren, damit Asad Deutschland zu seiner zweiten Heimat macht und nicht die USA? Die 84 000 Euro Mindestgehalt dürften ihn kaum schrecken. Doch warum sollte einer wie Asad bei uns um Zulass bitten? Deutschland braucht Menschen wie ihn viel dringender, als

Menschen wie er Deutschland brauchen. Um die Asads dieser Welt müsste unser Land mindestens so vehement werben, wie es um die Ansiedlung ausländischer Unternehmen wirbt.

Aber es geschieht das Gegenteil. Selbst wenn Asad von sich aus auf die Idee käme, in Deutschland leben zu wollen – er müsste erst einmal das Vorurteil widerlegen, dass Muslime eh nicht integrationswillig seien und Zuwanderer nur unserem Sozialsystem auf der Tasche liegen. Dass die Familie seiner Frau aus Pakistan kommt, einer vermeintlichen Islamistenhochburg, würde das Vorhaben sicher nicht leichter machen.

Also schmoren wir Deutschen lieber weiter im eigenen trüben Saft: Soll Asad doch ruhig in Bombay bleiben oder in New York oder wo auch immer. Wir in Deutschland brauchen ja in Wahrheit gar keine Einwanderer. Es reicht völlig, wenn die deutsche Frau wieder mehr Kinder kriegt.

9. Der Ökowahn oder: Ein Land durch Mülltrennung gelähmt

Ist Ihnen eigentlich schon einmal aufgefallen, dass es nichts Bürgerlicheres gibt als Ökologie? »Wir haben die Erde nur von unseren Kindern geliehen«, »Geld kann man nicht essen« – solche Sprüche aus der grünen Szene appellieren an ein zutiefst bürgerliches Denkmuster: Wir sollten uns heute in unserem Materialismus zügeln, damit unsere Kinder morgen ebenso reichhaltige natürliche Ressourcen vorfinden wie wir. Nicht umsonst besitzt der Begriff »nachhaltig« eine ökonomische wie eine ökologische Komponente. Im betriebswirtschaftlichen Sinne bezeichnet er ein Geschäftsmodell, das »solide« ist, das langfristig Wert schafft – das Ideal der bürgerlichen Kaufmannsfamilie. In der Ökologie bezeichnet er eine Wirtschaftsweise, die natürliche Ressourcen nicht schneller verbraucht, als sie sich regenerieren. Biohof trifft Buddenbrooks.

Einer der ersten Umweltmahner in der Bundesrepublik war der CDU-Bundestagsabgeordnete Herbert Gruhl. 1975 schrieb er ein Buch, dessen Titel längst in den allgemeinen Sprachgebrauch übergegangen ist: *Ein Planet wird geplündert*. Und schließlich kommt die enge Verflechtung von Bürgertum und Ökologie auch darin zum Ausdruck, dass es in der Mitgliederstruktur keine bürgerlichere Partei gibt als Bündnis 90/ Die Grünen. Zumindest bei mir in Hamburg sind die Grünen-Ortsgruppen voll mit Ärzten und Anwälten, die vom trauten Niedrigenergieheim träumen und Geheimtipps über die besten badischen Ökowinzer austauschen.

Jetzt lesen Sie bitte erst mal nicht weiter und überlegen stattdessen ganz schnell: In welchem Punkt müssten sich die neuen Bürgerlichen eigentlich am stärksten von einer konventionellen konservativen Partei unterscheiden?

Ich würde vorhersagen: in einer deutlich stärkeren Hinwendung zur Ökologie. Anders als eine etablierte Partei wie etwa die CDU/CSU muss eine rein intellektuelle Bewegung, wie die neuen Bürgerlichen sie darstellen, schließlich nicht auf die Interessen von Bauern- oder Industrieverbänden Rücksicht nehmen, die der Union nahestehen und bei denen Ökologie naturgemäß nicht ganz oben auf der Agenda steht.

Doch weit gefehlt. Mit Umweltkram haben die neuen Bürgerlichen weniger am Hut als der Verband der Chemischen Industrie. »Die ökologische Agenda hat Deutschland in einen mentalen und wirtschaftlichen Stillstand geführt«, konstatiert zum Beispiel der Historiker Paul Nolte. »Weit jenseits der Grünen legt sich diese Gesinnung längst wie Mehltau über das Land. Viele Deutsche haben das Gefühl, man dürfe überhaupt nichts mehr riskieren, keine Straße mehr bauen, keinen Baum mehr fällen.«[1] Ganz ähnlich klingt es bei Peter Hahne: »Wir leisten uns Kreuzfahrten in die Karibik, Windräder im Wendland und das absolute Reinheitsgebot für die

Luft – doch die Nobelpreise und die Arbeitsplätze holen die anderen.«[2] Auch Herwig Birg bezeichnet die »weit verbreitete technikfeindliche Ideologie« als angebliche Bremse des Fortschritts in Deutschland.[3]

Die Generalthese der neuen Bürgerlichen: Die übertriebene Rücksicht auf die Umwelt führt in Deutschland zu geringerem Wirtschaftswachstum, weil Investitionen in ökologisch sensible Bereiche erschwert werden und die »bewahrende« grüne Gesinnung zu einem Mangel an unternehmerischer Risikofreude geführt hat. Da kommt mir der schöne Lieblingswitz des Fußballspielers Mehmet Scholl in den Sinn: »Hängt die Grünen, solange es noch Bäume gibt!«[4]

Löst Wachstum das Klimaproblem?

In ihrem Wüten gegen Windmühlenstaat und Mülltrennungswahn haben die neuen Bürgerlichen einen dankbaren Verbündeten gefunden. Sein Name lautet Lomborg, Björn Lomborg. 1998 veröffentlichte der dänische Statistiker das Buch *Apocalypse No!*[5], das rasch zu einer globalen Bibel der Ökologieverächter mutierte. Darin vertritt Lomborg die Generalthese, die ökologische Schwarzmalerei sei unbegründet. Der Umwelt gehe es so gut wie nie zuvor.

Lomborg lieferte den neuen Bürgerlichen so etwas wie den »Missing Link«, das fehlende ideologische Bindeglied. Denn natürlich passt es auf den ersten Blick nicht so recht ins neubürgerliche Gedankengebäude, Nachhaltigkeit per se abzulehnen. Schließlich sieht man sich als guter Bürger durchaus dem Wohl künftiger Generationen verpflichtet.

Wenn sich aber dank Lomborg belegen lässt, dass die ökologischen Probleme weit übertrieben dargestellt werden, dann können die neuen Bürgerlichen aus vollem Herzen »Vorfahrt für die Wirtschaft« fordern, ohne ihre Glaubwürdigkeit einzubüßen. Denn dann wäre weniger Umweltschutz ja kein Verstoß gegen den Nachhaltigkeitsgrundsatz, kein Egoismus der heutigen Generation auf Kosten der künftigen – sondern lediglich die Rückkehr zu einem vernünftigen Maß. Zu einer rationalen Abwägung zwischen Ökologie und anderen Interessen.

Auf den ersten Blick erfüllt *Apocalypse No!* exakt diesen Zweck. Lomborg hat eine Vielzahl von Statistiken zusammengetragen, die belegen, dass sich der Zustand der Umwelt in vieler Hinsicht in den letzten Jahrzehnten verbessert hat. Diese Feststellung ist sicherlich richtig, was beispielsweise die Luft- und Wasserqualität in Deutschland und anderen europäischen Staaten betrifft. Die verschärften Umweltgesetze, die seit den Siebzigerjahren erlassen worden sind, haben ihre Wirkung gezeigt. Auch der Zusammenbruch des Ostblocks mitsamt seinen umweltverpestenden Industrieanlagen hat geholfen.

Im Prinzip richtig ist auch Lomborgs These, dass Gesellschaften umso umweltbewusster werden, je wohlhabender sie sind. Lomborg: »Nur die Reichen können es sich leisten, sich übermäßig über die Umwelt zu sorgen. Wird man genügend reich, lassen sich die meisten Probleme lösen. Der Schlüssel zu einer nachhaltigen Welt liegt also in der Entwicklung.«[6]

Fragwürdig wird es allerdings, wenn Lomborg aus eben dieser Logik heraus zum Beispiel gegen das Kyoto-Protokoll argumentiert, das den Ausstoß von Treibhausgasen und damit die Erderwärmung bremsen soll: Die 150 Milliarden Dollar, die die Kyoto-Maßnahmen jährlich kosten, würden die Erwärmung nur um wenige Jahre aufhalten.[7] Sinnvoller fände es Lomborg, das Geld in die Trinkwasserversorgung in der Dritten Welt oder die Malariabekämpfung zu investieren, und ansonsten auf rasches Wirtschaftswachstum in der Dritten Welt zu setzen, denn: »Wohlhabende Menschen können sich vor steigendem Wasserstand schützen. Schauen Sie sich die Niederländer an, die leben in Wohlstand tief unter dem Meeresspiegel der Nordsee und regeln das Problem mit Deichen.«[8]

Lomborgs zweites Lieblingsbeispiel in Sachen Klimawandel: »In Haiti starben nach den jüngsten Wirbelstürmen Tausende, aber nicht in Florida – weil die Haitianer arm sind und sich keine vorbeugenden Maßnahmen leisten können.«[9] Das schrieb Lomborg 2005. Wenige Monate, bevor der Hurrikan Katrina New Orleans zerstörte, weil sich auch die wohlhabenden USA nicht genug vorbeugende Maßnahmen geleistet hatten.

Das Beispiel führt uns zu einem grundsätzlichen Problem in Lomborgs Argumentation. Dazu muss man sich erst einmal vergegenwärtigen, wie Umweltschutz eigentlich entsteht. In den meisten Gesellschaften begann das Umweltbewusstsein zu erwachen, nachdem ein bestimmtes Wohlstandsniveau erreicht war. Wenn man erst einmal genug zu essen und zu trinken und mit dem ersten eigenen Auto ausgiebig im Stau gestanden hat – wenn also die elementaren Bedürfnisse gestillt sind –, dann fängt man irgendwann an, sich auch über die Umwelt Gedanken zu machen.

Dementsprechend folgte der Verbrauch natürlicher Ressourcen in den meisten Industrieländern einer S-Kurve: In gering entwickelten Gesellschaften ist der Umweltverbrauch pro Kopf gering. Mit beginnender Modernisierung steigt der Umweltverbrauch rasant an, bevor sich die Kurve dann ab einem gewissen Wohlstandsniveau stabilisiert. Zusätzlicher Wohlstand geht nur noch in vergleichsweise geringem Maß zu Lasten der Umwelt – oder wird sogar genutzt, um der Umwelt bei der Regeneration zu helfen. In diesem Stadium befinden wir uns derzeit in Deutschland.

Im kommenden Vierteljahrhundert werden vorsichtigen Schätzungen zufolge rund 800 Millionen Menschen aus der Armut in die Mittelschicht aufsteigen.[10] Sie erreichen den Punkt, an dem das S seine erste Kurve nach oben macht. Das bedeutet, der Ressourcenverbrauch dieser 800 Millionen Menschen wird rapide ansteigen – weil sie anfangen, Auto zu fahren, Häuser zu bauen und Urlaubsreisen zu unternehmen. Für das ökologische Schicksal unseres Planeten dürfte entscheidend sein, wann diese neuen Mittelschichten anfangen, Umweltbewusstsein zu entwickeln – das heißt, ab welchem Wohlstandsniveau die S-Kurve anfängt, sich wieder abzuflachen.

Doch steigendes Umweltbewusstsein in der Bevölkerung allein reicht noch nicht aus, um die negativen Umweltfolgen des Wachstums zu bremsen. Die Menschen müssen zudem in einem politischen System leben, das dieses Umweltbewusstsein aufnimmt und in konkrete politische Maßnahmen umsetzt. Wenig beruhigend, dass ein großer Teil der neuen Mittelschicht in China leben wird. Das System dort ist bislang nicht bekannt für besondere Sensibilität im Umgang mit gesellschaftlichen Forderungen.

Selbst weit entwickelte und demokratische Nationen können an der Bewältigung von Umweltfolgen scheitern, wie das Beispiel Katrina zeigt: Die Bürger von New Orleans hätten wahrscheinlich nichts gegen einen besseren Küstenschutz einzuwenden gehabt. Doch trotz allen Wohlstands in den USA konnte diese Maßnahme nicht umgesetzt werden – denn Umweltschutz erfordert kollektives gesellschaftliches Handeln. Solch kollektives Handeln ist zwangsläufig mit einem hohen Risiko des Scheiterns behaftet, selbst in Industriestaaten.[11] Beim Umweltschutz muss nämlich ein Problem überwunden werden, das in der politischen Ökonomie seit langem bekannt ist: Das Verhalten des einzelnen Menschen trägt kaum etwas zu einer besseren Umwelt bei, dazu ist der individuelle Beitrag zu klein. Gleichzeitig profitiert von einer gesünderen Umwelt auch derjenige, der nichts zu ihr beigetragen hat. Trotz dieses Gegenanreizes muss es der einzelne Bürger als lohnend empfinden, etwas für die Umwelt zu tun.

Bezogen auf das Problem des steigenden Meeresspiegels heißt das: Der Beitrag, den ich als Einzelner zum Bau eines kilometerlangen Deiches leisten kann, ist sehr gering. Gleichzeitig schützt der Deich mich auch, wenn ich zu seinem Bau nichts beigetragen habe. Um dieses Dilemma zu überwinden, bedarf es in aller Regel staatlicher Koordinierung. Wer den Zustand des Gemeinwesens im überflutungsgefährdeten Bangladesch kennt, dem kommen Zweifel, ob diese Nation in den kommenden Jahrzehnten genug staatliche Koordinierung aufbringen kann, um sich nach niederländischem Vorbild komplett einzudeichen.

Mit anderen Worten: Lomborgs Argument, Umweltbewusstsein entwickele sich mit steigendem Wohlstand und mit steigendem Wohlstand ließen sich auch Umweltschäden besser beherrschen, beschreibt keinen Automatismus, sondern einen fragilen Zusammenhang mit mehreren Zwischenstufen und Unwägbarkeiten. An jeder Zwischenstufe kann der Prozess zusammenbrechen.

Ivar ist nicht alles

Auch in der Bundesrepublik musste sich in den Siebzigerjahren erst eine außerparlamentarische Ökobewegung bilden, die mit plakativen Thesen von Waldsterben und Atom-GAU ein ökologisches Problembewusstsein in der Bevölkerung erzeugte. Anschließend dauerte es noch Jahre, bis die etablierten Parteien den Umweltschutz als Thema entdeckten – aufgeschreckt auch durch den Wahlerfolg der neugegründeten Grünen. Und nur dank des gut organisierten deutschen Verwaltungssystems konnten die schlussendlich verabschiedeten Umweltauflagen auch tatsächlich bei Unternehmen und Bürgern durchgesetzt werden.

Im Vergleich zu dieser komplexen Realität propagiert

Lomborg mit seiner Gleichung Wachstum = Umweltschutz eine reichlich verkürzte Kausalkette. Darüber hinaus pflegt Lomborg einen seltsamen Begriff von Ökologie. Laut Lomborg sollen wir heute auf Klimapolitik verzichten, weil es dank raschen Wachstums künftigen Generationen leichter fallen werde, mit den Folgen der Erwärmung fertig zu werden (Deichbau, Umsiedlung aus Überflutungsgebieten).

Mit dieser Denkweise beschränken wir jedoch für künftige Generationen in dramatischer Weise die Wahlmöglichkeit, in was für einer Welt sie leben möchten. Wer weiß, vielleicht fänden es die Menschen in hundert Jahren ja ganz nett, wenn die Seychellen und all die schönen Südseeinseln nicht überflutet wären? Von der Meinung der Insulaner selbst mal ganz zu schweigen. Die sind ja befangen.

Ähnlich verkürzt wie beim Klimawandel argumentiert Lomborg auch in Sachen Regenwald: Dessen Abholzung sei nur ein Scheinproblem, denn gleichzeitig würden andernorts neue Wälder gepflanzt. Die gesamte Waldfläche auf der Erde bleibe also konstant.[12] Stimmt. Allerdings setzt Lomborg hier tropische Regenwälder mit künstlich angelegten Nutzholzplantagen gleich. Klar, Baum ist Baum. Doch wenn wir unseren Kindeskindern nur noch Kiefern- oder Fichtenholzplantagen hinterlassen, dann ist die Produktion von Ivar-Regalen zwar langfristig gesichert, die Artenvielfalt des tropischen Regenwalds jedoch unwiederbringlich verloren. Urwälder lassen sich ebenso wenig neu pflanzen, wie sich der Meeresspiegel wieder absenken lässt.

Endgültig unseriös argumentiert Lomborg, wenn

er vorrechnet, was denn alles Nützliches mit den 150 Milliarden Dollar geschehen könnte, die für die Kyoto-Ziele ausgegeben werden: »Mit der Hälfte dieses Betrags, so schätzt die UNO, könnte man jedem Menschen auf dieser Welt sauberes Wasser, Abwassersysteme, eine grundlegende Gesundheitsversorgung und Bildung zur Verfügung stellen. Was ist da besser?«[13]

Die richtige Antwort auf diese rhetorische Frage lautet: Beides lässt sich nicht vergleichen. Denn die Bekämpfung von Hunger und Krankheit ist zwar ein ehrenwertes, aber kein ökologisches Ziel im Sinne von: Bewahrung der natürlichen Ressourcen für künftige Generationen. Wenn wir aber anfangen, alle politischen Ziele in allen Bereichen daran zu messen, wie viele Menschenleben mit dem gleichen Geld in der Dritten Welt gerettet werden könnten, dann dürfte es in Europa weder Hallenbäder noch Opernhäuser und vermutlich noch nicht einmal Transplantationskliniken geben.

Zudem besteht nicht wirklich eine politische Wahlmöglichkeit zwischen den beiden Zielen. Mehrere Jahrzehnte Erfahrung mit Entwicklungshilfe haben gezeigt, dass die Hälfte von 150 Milliarden, also 75 Milliarden Dollar nicht ausreichen würden, um die von der UNO errechneten Ziele zu erreichen. Damit Kläranlagen, Schulen und Krankenhäuser dauerhaft funktionieren, müssen bestimmte politische Strukturen existieren – zum Beispiel ein funktionierender öffentlicher Dienst, der für den Betrieb all dieser öffentlichen Güter sorgt; ferner eine Regierung, die diesem öffentlichen Dienst pünktlich die Gehälter überweist, anstatt das Geld in die eigene Tasche zu stecken.

Die Länder, die heute noch kein sauberes Trinkwasser, keine funktionierenden Schulen und kein Gesundheitssystem besitzen, haben es meist nicht geschafft, die dazu notwendigen politischen Institutionen aufzubauen – aus welchen Gründen auch immer. Mehr Geld aus Industriestaaten hilft da nur begrenzt weiter.[14]

Beim Kyoto-Protokoll hingegen bestehen realistische Chancen, dass die vereinbarten Einsparziele in den beteiligten Industriestaaten auch annähernd umgesetzt werden. Wenn Lomborg allerdings mit einem realistischen Plan aufwarten kann, wie sich Hunger und Krankheit in der Dritten Welt tatsächlich besiegen lassen, dann sollte dieser Plan der westlichen Welt durchaus weitere 75 Milliarden Dollar wert sein – zusätzlich zu den Kosten des Kyoto-Protokolls.

Ein Denkmal für den Ökospießer

Doch all diese Differenzierungen interessieren die neuen Bürgerlichen nicht wirklich. Munitioniert durch *Apocalypse No!* und einige ähnliche Werke ist der Umweltschützer für die neuen Bürgerlichen längst zu dem geworden, was der Spießer für die Achtundsechziger war: zu einem Symbol des Ewiggestrigen. Er ist einer, der Schlachten nachtrauert, die längst verloren sind – »damals an der Startbahn West« statt: »damals in Stalingrad«. Mülltrenner rangieren heute auf einer semantischen Ebene mit Warmduschern, Frauenverstehern und Schattenparkern – sie sind Witzfiguren.

Okay, zugegeben: Wenn der Komiker Otto Waalkes

die korrekte Entsorgung eines Teebeutels demonstriert (Etikett ins Altpapier, Inhalt in den Kompost, Klammer ins Altmetall – und was machen wir mit dem Bindfaden?), dann ist das ziemlich lustig.

Aber wenn Udo Di Fabio heute anmerkt, dass es die vielfach diskriminierte Wertewelt des Kleinbürgers sei, die unsere Gesellschaft zusammenhält, dann sollte er vielleicht auch noch ein paar Dankesworte für die Ökofundamentalisten verlieren. Die werden heute nämlich mindestens ebenso oft angefeindet wie die klassischen Spießer. Dabei waren es die von den Ökofundis vertretenen Werte und auch ihre Übertreibungen, die in den Siebzigerjahren erstmals so etwas wie ein Umweltbewusstsein erzeugten. Mit ihren Parolen haben die Aktivisten der ersten Stunde überhaupt erst dafür gesorgt, dass Umweltschutzmaßnahmen eingeleitet wurden – und die ökologischen Katastrophenszenarien der Siebzigerjahre gerade deshalb nicht wahr wurden. Dass es in Deutschland nicht zu einem flächendeckenden Waldsterben gekommen ist, liegt wahrscheinlich auch daran, dass aus Sorge vor sterbenden Wäldern Rauchgas-Entschwefelungsanlagen verordnet wurden. Wir können nur hoffen, dass die Ökobewegung in Schwellenländern wie Indien, China oder Brasilien ebenso erfolgreich sein wird wie die deutsche.

Die Schadstoffbelastung von Boden, Wasser und Luft hat Deutschland einigermaßen in den Griff bekommen. Andere ökologische Probleme hingegen erscheinen bislang unlösbar und können, wenn überhaupt, nur auf globaler Ebene gelöst werden: Wie lässt sich die globale Erwärmung doch noch stoppen? Lomborg hat ja Recht, das Kyoto-Protokoll reicht hierfür nicht aus. Wie lässt sich die Abhängigkeit der Weltwirtschaft von fossilen Rohstoffen reduzieren? Vermutlich gab es in der Geschichte der Menschheit noch nie so wenige Gründe wie heute, in den Umweltschutzanstrengungen nachzulassen.

Gleichzeitig wird es für den einzelnen Nationalstaat immer schwieriger, auf seinem Territorium besonders strenge Umweltschutzbestimmungen umzusetzen. Steigen aufgrund von umweltpolitischen Auflagen die Produktionskosten an einem Standort, so bedeutet dies automatisch einen Wettbewerbsnachteil heimischer Produzenten gegenüber ausländischen Konkurrenten. Je mobiler das Kapital ist, je mehr Waren importiert oder exportiert werden, desto gravierender wirken sich solche Kostennachteile aus. Mit anderen Worten: Deutschland wird es sich mit fortschreitender Globalisierung immer weniger leisten können, seine Umweltschutzziele im nationalen Alleingang umzusetzen.

Umgekehrt hat jedoch die schwierige Geburt des Kyoto-Protokolls gezeigt, dass sich globale Umweltziele nur im Schneckentempo verwirklichen lassen. Völlig falsch wäre es, an diesem Punkt den einfachen Wahrheiten der neuen Bürgerlichen zu folgen und festzustellen: Umweltschutz kann sich das abstiegsbedrohte Deutschland nicht mehr leisten.

Zum Glück gibt es für uns einen Mittelweg zwischen global und national. Als Mitglied der Europäischen Union bewegt Deutschland sich in einem institutionellen Rahmen, in dem sich Umweltpolitik im Gleichklang mit unseren wichtigsten Handelspartnern betreiben lässt. Wenn ambitionierte Umweltziele gleichzeitig in Deutschland, Frankreich, Italien und Polen umgesetzt werden, dann wird der damit verbundene Wettbewerbsnachteil für die einzelne Volkswirtschaft leichter verkraftbar. Effektive Umweltpolitik wird deshalb immer häufiger aus Brüssel kommen, nicht aus Berlin. Was die Deutschen aber nicht daran hindern sollte, in Brüssel zu den Antreibern in Sachen Umwelt zu gehören.

Mutti tritt aufs Gas

Warum geben die neuen Bürgerlichen, die doch so gern Verzicht und Verantwortung für künftige Generationen predigen, diese Haltung in Umweltdingen einfach so auf? Ich kann nur spekulieren.

Vielleicht handelt es sich um einen psychologischen Mechanismus der Entlastung. Wenn ich mich und meine Mitmenschen in so vielen anderen Bereichen kasteie, dann muss ich irgendwo auch mal die Sau rauslassen. Nach dem Motto: Meine Frau musste wegen der Kinder zwar ihren Beruf aufgeben, aber immerhin – zur Flötenstunde darf sie die Kleinen im Cheyenne fahren.

Die zweite mögliche Erklärung: Trotz ihrer im Kern konservativen Agenda waren die Umweltschützer in Deutschland immer dem linken politischen Milieu verbunden. Der »rechte« Gegenentwurf zu den Grünen, die Ökologisch-Demokratische Partei (ÖDP), kam bei Wahlen nie groß über zwei Prozent hinaus. Die Folge: Umweltschützer sind in Deutschland tendenziell immer auch schwul/lesbische HaschischraucherInnen, alleinerziehende Friedensfreunde und notorische Nationalhymne-Nichtmitsinger. Kurz: in ihrem ganzen übrigen Wertekanon dürfte die Öko-Bewegung den neuen Bürgerlichen zutiefst suspekt sein. Eine Differenzierung wiederum – à la »eure langen Haare finden wir zwar doof, aber beim Umweltschutz habt ihr gar nicht so Unrecht« – erfordert wahrscheinlich mehr ideologische Filigranarbeit, als sie die neuen Bürgerlichen zu leisten imstande sind.

Interessanterweise droht den neuen Bürgerlichen, auch in diesem Politikfeld von der CDU links überholt zu werden. Auf der Suche nach neuen Koalitionsmöglichkeiten entdeckt die CDU gerade ihre ideologischen Gemeinsamkeiten mit den Grünen: »Lange Zeit ist übersehen worden, dass es in der Umweltbewegung von Anfang an starke bürgerliche Kräfte gab«, sagt der CDU-Politiker Friedbert Pflüger. »Es war ein Fehler der CDU, dass sie den wertkonservativen Teil der Ökobewegung nicht integriert hat.«[15]

10. Wieso, weshalb, warum: Zehn Thesen zur neuen Bürgerlichkeit

In den vorangegangenen Kapiteln habe ich aufgezeigt, wie das Phänomen der neuen Bürgerlichkeit in den unterschiedlichsten Politikbereichen seine Spuren hinterlassen hat. Von der Wiederentdeckung der Unterschicht bis zum neuen deutschen Patriotismus: Mehrfach haben es die neuen Bürgerlichen geschafft, die Vormacht im gesellschaftlichen Diskurs zu erobern und ihn entlang ihrer Denkmuster neu zu führen. In anderen Feldern, etwa beim angeblichen Werteverfall und in der Ausländerpolitik, haben die neuen Bürgerlichen Positionen besetzt, die in der deutschen Gesellschaft zwar schon immer mehrheits-, bislang aber nicht salonfähig waren.

Im Bereich Frau und Familie hingegen scheinen sich die neuen Bürgerlichen noch sehr weit weg von dem zu bewegen, was die Deutschen – und vor allem die deutschen Frauen – empfinden. Darauf lassen zumindest die vielen empörten Reaktionen schließen, wenn die neuen Bürgerlichen mal wieder laut über den überragenden Wert der Mutterrolle sinnieren. Die meisten Frauen, aber auch viele Männer verbitten sich die anmaßende Bewertung ihrer Lebensgestaltung durch Außenstehende – unabhängig davon, ob sie selbst eher die Eltern- oder die Karriererolle leben.

Der Einfluss der neuen Bürgerlichen fällt also in den einzelnen Politikfeldern durchaus unterschiedlich aus. Doch Resonanz, ob positiv oder negativ, finden sie in jedem Fall. Warum melden sich die neuen Bürgerlichen gerade jetzt verstärkt zu Wort? Warum stoßen ihre Wortmeldungen auf so großes Interesse? Wie kommt es, dass Angehörige einer selbstempfundenen geistigen Elite auf einmal Ansichten vertreten, die bislang dem Stammtisch vorbehalten waren? Und wo liegen, unabhängig von einzelnen Politikbereichen, die generellen Denkfehler in den Argumentationsmustern der neuen Bürgerlichen, die sie zu ihren Kurzschlüssen verführen? Auf den folgenden Seiten versuche ich, diese Fragen in zehn Thesen zu beantworten.

1. Die neuen Bürgerlichen sind das Symptom eines Generationswechsels in der deutschen Elite

Als Ende der Sechzigerjahre die Studenten demonstrierten, ging es ihnen augenscheinlich um die ganz großen Dinge: »USA raus aus Vietnam«, »Enteignet Springer«, »Nieder mit den Notstandsgesetzen«. Frieden, Sozialismus, Freiheit waren die Ziele. Es ging jedoch auch um den Angriff auf eine alternde Elite. Eine Elite, die in den Augen der Achtundsechziger den Herrschaftsanspruch durch ihre Rolle im Nationalsozialismus verwirkt hatte – »Unter den Talaren der Muff von tausend Jahren«.

In diesem letzten Punkt waren die Achtundsechziger am erfolgreichsten. Sozialismus und Weltfrieden lassen bis heute auf sich warten. Doch der Muff von tausend Jahren hat sich altersbedingt seit den Siebzigern in den Ruhestand verabschiedet – nicht nur an den Universitäten, sondern auch in der Verwaltung, im Schulwesen und in den Medien. Die Achtundsechziger rückten massenhaft vor auf die freigewordenen Posten der alten Elite. Und wer bei dieser Bonanza zu kurz kam, für den entstanden zu jener Zeit im ganzen Land neue Universitäten, Gesamtschulen und Kulturzentren. Reichlich Posten, um nahezu jedem ehemaligen Achtundsechziger, der dies wollte, ein behagliches Auskommen im öffentlichen Dienst zu sichern.

Auch in der Politik schafften es viele Achtundsechziger in die Spitze, meist auf dem Parteiticket von SPD oder Grünen. Der rot-grüne Sieg bei der Bundestagswahl 1998 galt vielen Beobachtern als verspätete Machtübernahme der Achtundsechziger – als überfälliger Generationswechsel nach sechzehn quälend langen Jahren Kohl-Herrschaft. Doch gerade weil die Achtundsechziger auf der bundespolitischen Ebene so lange auf den Wechsel warten mussten, der sich in den Verwaltungs- und Wissenschaftseliten längst vollzogen hatte, läutete nur sieben Jahre später die Bundestagswahl 2005 bereits wieder den Abschied der Achtundsechziger von der Macht ein.

Der Autor Jürgen Busche zählt zur Achtundsechzigergeneration die Geburtsjahrgänge 1942 bis 1949.[1] Das bedeutet: Die ältesten Achtundsechziger werden 2007 das gesetzliche Rentenalter erreichen. Diesmal vollzieht sich der Elitenwechsel also in umgekehrter Reihenfolge: Zuerst mussten sich die Achtundsechziger aus der Bundesregierung verabschieden; von nun an werden sie bis 2014 ihre Planstellen in Wissenschaft, Medien, Schulwesen und Verwaltung räumen, Stellen, die vielfach erst in den Siebzigerjahren geschaffen worden waren.

Wie einst 1968 steht auch heute schon die nachfolgende Generation bereit: ehrgeizige Akademiker, die in ihren eigenen Augen viel zu lange auf einen Lehrstuhl, einen Direktoren- oder Chefredakteursposten warten mussten, weil dreißig Jahre zuvor die meisten Stellen innerhalb kurzer Zeit mit ehemaligen Achtundsechzigerdemonstranten besetzt worden waren.

Wahrscheinlich ist es nur natürlich, dass die nachfolgende Generation der heute Vierzig-, Fünfzigjährigen dazu neigt, ihren Ablösungsanspruch gegenüber den Achtundsechzigern auch mit einer inhaltlichen Abgrenzung zu untermauern – ob dies bewusst oder unbewusst geschieht, sei dahingestellt. Mit dem Aufrücken in die ersten Reihen der Funktionseliten will die neue Generation eine eigene Deutungshoheit durchsetzen. Sie will das schaffen, was den Achtundsechzigern so perfekt gelang: ein eigenes Lied intonieren, das die Verhältnisse zum Tanzen bringt. Dieses Lied heißt neue Bürgerlichkeit.

Auffällig viele neue Bürgerliche gehören zur Generation der Anfangvierziger bis Anfangfünfziger, die ein oder zwei Dekaden nach den Achtundsechzigern die Hochschulen verließen: Der Verfassungsrichter Udo Di Fabio und *Spiegel*-Kulturchef Matthias Matussek sind beide 1954 geboren, *ZDF*-Journalist Peter Hahne 1952. Der *FAZ*-Herausgeber Frank Schirrmacher ist Jahrgang '59 und Wolfram Weimer, Chefredakteur des neubürgerlichen Magazins *Cicero*, Jahrgang '64. Am exemplarischsten steht indes der Historiker Paul Nolte, Jahrgang 1963, für den Generationswechsel. 2005 wurde er auf einen Lehrstuhl berufen – ausgerechnet an der Freien Universität Berlin, der ehemaligen Hochburg der Achtundsechziger.

Mit der Rückbesinnung auf Werte und Ideen, die die Achtundsechziger als spießig verabscheuten, grenzt sich die nachrückende Elite so weit wie möglich von denen ab, die sie verdrängt. Vermutlich ist das ein ganz natürlicher Prozess. Ich bin schon gespannt, welches Lied die Twens von heute dereinst pfeifen werden, wenn sie die Generation der Noltes und Di Fabios in den Ruhestand verabschieden.

2. Neoliberale und neue Bürgerliche hören sich ähnlich an, haben aber nicht viel gemeinsam

Wie gut kennen wir dieses Bild: Ein älterer Herr mit verdrießlicher Miene sitzt bei Sabine Christiansen und prophezeit die baldige Apokalypse, wenn Deutschland nicht dem einzig möglichen Weg ins Heil folge: mehr Markt und weniger Staat, weniger Umverteilung, Leistung muss sich wieder lohnen. Meist kann man erst an der Einblendung des Namens erkennen, wer da kurz nach dem *Tatort* schlechte Laune verbreitet: jemand vom Arbeitgeberverband? Wie beruhigend. Dann handelt es sich also um den üblichen Ruf der Unternehmer nach mehr Freiheit für Unternehmer – im Interesse des

Gemeinwohls, versteht sich. Also das Pendant zur anschließenden Wortmeldung des Quotengewerkschafters, meist eines weiteren alten Mannes mit schlechter Laune auf der anderen Seite der Runde, der höhere Gehälter für Arbeiter und Angestellte fordert – natürlich ebenfalls im Interesse des Gemeinwohls.

Doch wenn die Einblendung nicht ganz so eindeutig ausfällt, wenn da statt »Arbeitgebervertreter« zum Beispiel steht »Wissenschaftler« oder »Publizist«, dann muss man noch einen Moment länger zuhören, um zu wissen: Neoliberaler[2] oder Neobürgerlicher? Beide Gruppen haben was gegen den Sozialstaat und gegen Achtundsechziger und meist auch gegen Rot-Grün, deshalb verwechselt man Neoliberale und Neobürgerliche gern. Im ideologischen Fundament weisen die beiden Denkrichtungen allerdings deutliche Unterschiede auf.

Neoliberale zeichnet eine tiefe Skepsis gegenüber der Funktionsfähigkeit des Staats aus. Staatliches Handeln führt in ihren Augen nahezu zwangsläufig zu einer nicht legitimierbaren Einschränkung der individuellen Freiheit. Grundsätzlich geben sie deshalb Marktprozessen den Vorzug vor staatlichem Handeln: Die Ergebnisse des Marktgeschehens seien effizienter und gerechter als alles, was sich durch staatliche Eingriffe erreichen lasse. Die Namen der Wirtschaftsnobelpreisträger Friedrich A. von Hayek oder Milton Friedman stehen beispielhaft für die wissenschaftlichen Grundlagen des Neoliberalismus.

Der Neoliberalismus als politisches Projekt begann seine Karriere 1979, als Margaret Thatcher britische Premierministerin wurde und wenig später Ronald Reagan seinen Amtseid als US-Präsident ablegte. Beide folgten, vereinfacht gesagt, dem neoliberalen Wirtschaftskonzept: Steuersenkungen und Staatsrückbau.

Echte Neoliberale gibt es in Deutschland außerhalb von Hochschulen und Wirtschaftsforschungsinstituten nur selten. In der deutschen Politik schon gar nicht. Ein Guido Westerwelle, der für viele Linke so perfekt die kalte Fratze des Kapitalismus verkörpert, müsste sich von Friedman wahrscheinlich noch als Sozialist beschimpfen lassen – so viel Staat steckt im FDP-Parteiprogramm. Am ehesten geht vielleicht noch der ehemalige Vorsitzende des Bundesverbands der Deutschen Industrie (BDI) und langjährige Christiansen-Dauergast Hans-Olaf Henkel als deutscher Neoliberaler durch. Zumindest dürfte er hierzulande zu den wenigen gehören, die diese Bezeichnung nicht als Beleidigung empfinden.

Neue Bürgerliche und Neoliberale sind sich meist rasch einig, wenn es darum geht, dass die Deutschen härter arbeiten sollen und sich Leistung stärker lohnen muss. Doch gleichzeitig sind die neuen Bürgerlichen, anders als die Neoliberalen, in vieler Hinsicht sehr skeptisch gegenüber dem Markt. Sie fürchten seine zerstörerischen Folgen für die Ordnung der Gesellschaft; fürchten eine Bevölkerung, die nur noch aus bindungslosen Individuen besteht.

Diese Sorge wird zum Beispiel deutlich, wenn Di Fabio schreibt: »Die Maxime eines perfektionierten Individualismus verlangt maximale Selbstverwirklichung innerhalb eines ökonomisch geprägten Koordinatensystems, alles andere gilt als vergleichsweise dumm oder wertlos. Damit scheint, oberflächlich betrachtet, zwar ein neues Ineinandergreifen privater Lebensgestaltung und ökonomischer Imperative gelungen, aber die Sicherung künftiger Generationen ist dabei schlicht ausgeblendet worden, ebenso wie die Erhaltung von Gemeinschaften – von Ehe und Familie bis hin zum Staat –, die eine unentbehrliche Voraussetzung individueller Freiheit bleiben.«[3]

Echte Neoliberale sehen dieses Problem nicht. Für sie wird die Welt ohnehin bevölkert von Individuen, die von Natur aus unverbunden sind. Zum gegenseitigen Vorteil können diese Individuen miteinander kooperieren – oder es eben sein lassen. »There is no such thing as society«, befand Margaret Thatcher – so etwas wie Gesellschaft gibt es gar nicht.

Die unterschiedlichen ideologischen Grundlagen von Neoliberalen und Neobürgerlichen führen durchaus auch zu divergierenden Positionen in einzelnen Politikbereichen. Beispiel Migration: Für ihre Beschränkung gibt es in der neoliberalen Ideologie keine Rechtfertigung. Wenn die ganze Welt ein Markt ist, der maximal möglichen Nutzen für alle erbringen soll, dann müssen die Produktionsfaktoren Arbeit und Kapital auch dort angeboten werden können, wo sie den höchsten Profit in Form von Lohn oder Zins erzielen. Neue Bürgerliche hingegen sprechen sich häufig gegen Zuwanderung aus. Sie fürchten, dass zu viele Fremde der Gesellschaft ihren angestammten Charakter nehmen könnten – siehe das Beispiel Herwig Birg.

Die neubürgerliche Kapitalismuskritik erscheint mir auch deshalb als interessantes Phänomen, weil sie erstmals in Deutschland den ideologischen Unterschied zwischen Wirtschaftsliberalen und Konservativen betont, ein Unterschied, der im Parteienspektrum der Bundesrepublik lange Zeit nur in Ansätzen zu beobachten war. Einerseits, weil sich die CDU seit den Fünfzigerjahren stets als wirtschafts- und unternehmernahe Partei begriffen hat. Andererseits, weil die FDP bis zur sozialliberalen Koalition und dann wieder seit der »Wende« 1982 überwiegend gesellschaftspolitisch konservative Wertvorstellungen gepflegt hat. FDP und CDU stehen sich in Deutschland politisch näher als Liberale und Konservative in vielen anderen Staaten.

Interessant ist die neue Kapitalismuskritik von rechts nicht zuletzt deshalb, weil die neubürgerlichen Argumentationsmuster gerade jetzt an Schwung gewinnen; zu einem Zeitpunkt, an dem die wirtschaftsliberalen Reformansätze in Deutschland in eine Legitimationskrise geraten sind. Warum dies so ist, will ich in der folgenden These beschreiben.

3. Die Renaissance bürgerlicher Werte zeugt vom Scheitern neoliberaler Reformkonzepte

Erinnern Sie sich noch an Paul Kirchhof? Der »Professor aus Heidelberg«, wie ihn der damalige Bundeskanzler Gerhard Schröder hartnäckig titulierte, war 2005 zum Wirtschaftsexperten im Wahlkampfteam von Angela Merkel aufgestiegen. Seine steuerpolitischen Vorstellungen waren radikaler als alles, was CDU/CSU jemals zu diesem Thema von sich gegeben hatten. Kirchhof wollte eine Flat Tax einführen, einen einheitlichen Einkommensteuersatz für alle. Gleichzeitig plädierte er dafür, reihenweise Steuervergünstigungen zu streichen, etwa die steuerfreien Zuschläge bei Nacht- und Sonntagsarbeit.

Schröder erkannte schnell, dass der politisch unbedarfte Kirchhof leichte Beute war. Genüsslich führte er im Wahlkampf die CDU/CSU als Parteien vor, die Topmanagern üppige Steuergeschenke machen wollten, finanziert von der Krankenschwester, die sich Nacht für Nacht aufopferungsvoll um ihre Patienten kümmert …

Das Manöver gelang, die Botschaft kam an. Es dürften die Konzepte von Paul Kirchhof gewesen sein, die CDU/CSU und FDP bei der Bundestagswahl um eine eigene Mehrheit brachten.

Kirchhofs Scheitern markiert das endgültige Ende einer kurzen Affäre der Deutschen mit dem Markt. Während dieser Liaison, die Ende der Neunzigerjahre begonnen hatte, verlief der politische Diskurs vor allem entlang einer ökonomischen Front: zwischen Bewahrern und Reformern des deutschen Sozialstaats. Die Begriffe konservativ und progressiv erhielten für einige Jahre eine neue Bedeutung. Als konservativ galten nun nicht mehr CDU und CSU, katholische Kirche und Bauernverband, sondern die Gewerkschaften und die ihnen nahestehenden Traditionsbataillone der SPD. Progressiv waren auf einmal CDU-Politiker wie Friedrich Merz, die für Wirtschaftsreformen mit der simplen Leitlinie eintraten: weniger Staat, mehr Markt.

Wie stark der marktliberale Reformdruck in diesen

Jahren war, lässt sich daran ersehen, dass die rot-grüne Regierung die Steuern für Spitzenverdiener senkte, die Staatsquote zurückführte, mit der Riester-Rente den Grundstein für eine kapitalgedeckte Altersvorsorge legte – und Rot-Grün trotzdem als Reformbremse galt. Dabei hat die Regierung Schröder in sieben Jahren mehr liberale Reformen auf den Weg gebracht als die Regierung Kohl in den sechzehn Jahren zuvor.

Aber die Stimmung war nun einmal so, damals, Ende der Neunziger: Wirtschaftsaufschwung und Börsenboom gaben breiten Teilen der Mittelschicht das Gefühl, dass man selbst zu den Gewinnern der Globalisierung gehören würde. Das Gründerfieber grassierte, die eigene Firma (»irgendwas mit Internet«) erschien Tausenden junger Deutscher als verlockende Alternative zur Lebensstellung bei Siemens. Der »Ruck«, den Bundespräsident Roman Herzog 1997 in seiner berühmten Rede im Berliner Hotel Adlon eingefordert hatte, er schien wirklich durch Deutschland gegangen zu sein.

Doch dieser gerade erst erwachte Optimismus begann zu kippen mit dem Crash am Neuen Markt; mit den Anschlägen vom 11. September 2001; und mit dem anschließenden Konjunktureinbruch. Da hatten die Deutschen nun das Sparbuch leergeräumt und alles in Telekomaktien investiert, genau wie es ihnen Manfred Krug in der Fernsehwerbung geraten hatte. Und jetzt war das schöne Geld futsch – und die Internetfirma vom Schwager war auch pleite.

Zu allem Überfluss begannen nun die deutschen Konzerne mit einem radikalen Sanierungskurs – und schreckten anders als in früheren Rezessionen auch vor massiven Entlassungen nicht zurück. Von wegen Lebensstellung bei Siemens. Millionen Mittelschichtbürger, die sich gestern noch auf der Sonnenseite der Globalisierung wähnten, mussten plötzlich um ihre Jobs bangen. Von den bislang üblichen alljährlichen Gehaltserhöhungen ganz zu schweigen.

Gleichzeitig senkte die rot-grüne Bundesregierung die Arbeitslosenhilfe auf Sozialhilfeniveau. Innerhalb eines Jahres vom gutsituierten Angestellten zum Sozialfall – mit Hartz IV war der gesellschaftliche Abstieg von einer fernen Ahnung zum konkreten Lebensrisiko geworden. Und verdienten nicht die Vorstandschefs der DAX-Konzerne so gut wie nie zuvor, gerade weil sie so fleißig restrukturierten und entließen?

Die Affäre der Deutschen mit dem Marktliberalismus hinterließ einen dicken Kater: Sollte dies etwa das wahre Gesicht der Globalisierung sein? Das Vertrauen der Bürger in ihr Wirtschaftssystem schwand rapide. Noch 2001 waren 76 Prozent der Deutschen der Meinung, die soziale Marktwirtschaft habe sich bewährt. 2005 vertraten diese Ansicht nur noch 51 Prozent.[4]

Seit dem Kirchhof-Debakel hat auch Angela Merkel begriffen, dass sich mit Radikalreformen in Deutschland keine Wahlen (mehr) gewinnen lassen. Aus der großen Koalition mit der SPD hat sie seither wirtschaftsliberale Ambitionen verbannt.

Paradox, denn: Reformbedarf besteht natürlich weiterhin, und zwar massiver denn je. Die Finanznot der öffentlichen Haushalte und der Sozialversicherungen nimmt unablässig zu. Zurzeit sinkt die Arbeitslosigkeit zwar konjunkturell bedingt, doch in das nächste Konjunkturtal wird Deutschland voraussichtlich mit einem abermals erhöhten Arbeitslosensockel eintreten.

Die meisten Deutschen dürften sich mit diesem Reformbedarf längst abgefunden haben, zumindest insgeheim. Doch die Lust auf mehr Markt, die positive Utopie, die sich für kurze Zeit mit einer wirtschaftsliberalen Reformagenda verknüpft hatte (»Steuererklärung, die auf einen Bierdeckel passt«) – sie ist den Deutschen gründlich vergangen. Das wichtigste Ziel heißt jetzt: selbst nicht wieder zu denen gehören, denen etwas weggenommen wird.

Angesichts dieser Stimmung in der Bevölkerung haben sich alle Parteien stillschweigend auf den einzig möglichen wirtschaftspolitischen Grundsatz geeinigt, der vom Wähler nicht umgehend abgestraft wird: So viele Wirtschaftsreformen wie nötig, aber so wenig wie möglich. Und bloß nicht zu laut drüber reden! Selbst Die Linke/PDS verfolgt dort, wo sie Regierungspartei ist, exakt dieses Prinzip – und trug beispielsweise einen strikten Sparkurs in Berlin mit. Mit diesem stillschweigenden Konsens ist es für die politischen Lager natürlich extrem schwierig geworden, sich auf wirtschaftspolitischem Gebiet voneinander abzugrenzen – spätestens wenn man an der Regierung ist, verfällt ja doch jeder auf den einzig möglichen Kurs des pragmatischen Durchwurschtelns.

An dieser Stelle kommen die neuen Bürgerlichen ins Spiel. Das faktische Ende der Debatte »Markt versus Staat« in der deutschen Politik schafft den Bedarf nach neuen Feldern der Differenzierung. Wie wäre es statt all der leidigen Ökonomie mit einer schönen Debatte über

»alte gegen neue Werte«? Ob Ausländer deutsche Mittelgebirge kennen, Kinder Gedichte auswendig lernen und unsere Theater mehr Schiller spielen sollen – darüber lässt sich auch deshalb so trefflich streiten, weil all diese Fragen erst einmal nichts mit Geld zu tun haben. Hier können Politiker inhaltlichen Gestaltungsanspruch signalisieren, ohne vom fehlenden finanziellen Gestaltungsspielraum ausgebremst zu werden.

Die neuen Bürgerlichen haben ein neues Feld der politischen Auseinandersetzung angelegt, das vor allem von Politikern aus der zweiten Reihe erfolgreich beackert wird: »An den Schulen sollten wieder verstärkt die Klassiker gelesen werden. So lässt sich positive Identifikation mit Deutschland schaffen. Es kann auch nicht schaden, wenn unsere Kinder mehr singen.«[5] Diese schöne Erkenntnis gab 2005 der Fraktionsvorsitzende der hessischen CDU zum Besten. Heute ist Franz Josef Jung immerhin Bundesminister der Verteidigung.

Nebeneffekt der neuen Debatte: Die Kategorien »konservativ« und »progressiv« sind wieder zu dem geworden, wofür sie bis vor zehn Jahren standen. Sie bezeichnen wieder in erster Linie gesellschaftliche Positionen, nicht mehr ökonomische. Konservativ sind wieder jene CDU/CSU-Politiker, die gegen Einwanderung plädieren und berufstätige Mütter skeptisch beäugen. Progressiv sind bei diesen Themen wieder SPD und Grüne, die auf Migration und Frauenkarrieren setzen, oftmals zusammen mit FDP-nahen Wirtschaftsverbänden. Zumindest für Ideologen ist die Welt wieder in Ordnung.

4. Die neuen Bürgerlichen stoßen auf Resonanz, weil sie die Abstiegsangst der deutschen Mittelschicht ansprechen

Bereits seit vielen Jahren untersucht das Heidelberger Forschungsinstitut Sinus Sociovision die Struktur der deutschen Gesellschaft. Die dabei ermittelten »Sinus-Milieus« sind längst so etwas wie eine Standardwährung in der Marktforschung. Sie unterteilen die deutsche Gesellschaft anhand ihrer Schichtzugehörigkeit und ihrer Wertorientierung in zehn Gruppen, von den Traditionsverwurzelten (konservative Wertorientierung, niedrige Schichtzugehörigkeit) bis zu den modernen Performern (moderne Wertorientierung, hohe Schichtzugehörigkeit). Im Zentrum des Modells liegt die bürgerliche Mitte. Sie ist so etwas wie der ruhende Pol der deutschen Gesellschaft, die Sinus-Forscher nennen sie das »Leitmilieu«. Die bürgerliche Mitte, das sind Menschen wie der Steuerberater Jens Liedtke und seine Frau Sandra: zwei Kinder, Einfamilienhaus auf dem Dorf, ehrenamtliches Engagement im Sportverein. Umzüge? Karrieresprünge? Sie kommen in der Lebensplanung von Familie Liedtke nicht vor.

Vor kurzem haben die Sinus-Forscher erstmals untersucht, wie sich die Milieustruktur der deutschen Gesellschaft bis 2020 verändern wird. Die zentrale These: Wenn in Deutschland die Tendenz hin zu mehr Markt und weniger Staat anhält, dann ist die bürgerliche Mitte in ihrer Rolle als Leitmilieu bedroht. Wer in Deutschland weiterhin zu den Gewinnern zählen will, der darf nicht mehr auf Kleinstadt, Familienidylle und Einfamilienhaus setzen. Der sollte lieber den modernen Performern nacheifern. Sie verkörpern die hochqualifizierte, weltweit mobile, ungebundene Arbeitskraft und werden zu den Gewinnern der Globalisierung gehören. Doch längst nicht alle werden den Sprung auf die Gewinnerseite der Gesellschaft schaffen. Vielen droht der Absturz in die neu entstehenden Milieus der Unterschicht.[6] Tiefenpsychologische Interviews belegen, dass viele Deutsche diese Abstiegsangst stark verinnerlicht haben.[7]

Die Symptome, welche die Ablösung der neuen Mitte als Leitmilieu ankündigen, sind heute schon spürbar. Dem Steuerberater Jens Liedtke gehen immer wieder angestammte Klienten verloren, weil die traditionellen Einzelhändler in seiner Region Filialbetrieben weichen müssen. Selbst wenn Liedtke nicht Freiberufler wäre: Seit Hartz IV trennen auch den gutverdienenden Angestellten nur noch eine betriebsbedingte Kündigung und ein Jahr Arbeitslosigkeit vom Absturz auf Sozialhilfeniveau.

Die Renaissance bürgerlicher Werte lässt sich als Vorbote für den kommenden Überlebenskampf der Mittelschicht interpretieren. Wer heute wieder seinen traditionellen Lebensstil herausstellt, wer seine Tochter Sophie-Charlotte tauft und Klavier lernen lässt, der macht nach außen deutlich: Ich habe nicht vor, in die Unterschicht abzurutschen. Und nach innen vergewissert er sich selbst: Mir kann die soziale Deklassierung ja gar nicht widerfahren, denn meine Tochter heißt weder Mandy noch Kimberley und außerdem spielt sie Beethoven statt Playstation. Der betont bürgerliche Lebensstil ist zugleich Statussymbol und Placebo gegen die Abstiegsangst.

5. In unübersichtlichen Zeiten lassen die neuen Bürgerlichen die Welt einfach erscheinen

»Wer sich längere Zeit mit dem Wandel unserer Welt beschäftigt hat«, konstatiert der Trendforscher Matthias Horx, »macht irgendwann eine schockierende Entdeckung. Nachdem er alle Datenreihen ausgewertet, alle medialen Behauptungen überprüft, alle Studien abgeglichen hat, stellt er fest, dass eigentlich alles ständig besser wird.«[8] Zumindest was die Jahre seit 1945 angeht, hat Horx Recht: Der Lebensstandard steigt in fast allen Regionen der Erde. Immer mehr Menschen leben immer besser. Sicher, Naturkatastrophen, Seuchen, Kriege bringen örtliche Rückschläge. Auch gibt es Regionen, die vom allgemeinen Aufwärtstrend gänzlich abgekoppelt zu sein scheinen, etwa Teile Afrikas. Doch im Großen und Ganzen stimmt die Aussage – gerade für Deutschland. Eine Familie von Sozialhilfeempfängern besitzt heute den gleichen Lebensstandard wie ein durchschnittlicher Arbeitnehmerhaushalt in den Sechzigerjahren.

Vergessen Sie doch für einen Moment mal all die Stimmen, die Ihnen jeden Tag einreden, dass Deutschland kurz vor dem Absturz stünde, betrachten Sie einfach nur die Aufwärtsentwicklung der letzten sechs Jahrzehnte. Erscheint es nicht wesentlich wahrscheinlicher, dass sich der langfristige Trend nach oben fortsetzt, als dass er sich morgen radikal umkehrt? Die meisten Entwicklungen in der Welt verlaufen relativ kontinuierlich in eine Richtung. Spektakuläre Umbrüche gibt es vergleichsweise selten. Was nicht heißt, dass sie nicht gelegentlich vorkommen – natürlich ist es möglich, dass uns und unserem Land morgen irgendetwas Furchtbares widerfährt.

Schließlich macht die Globalisierung die Welt unübersichtlich. Die kurzfristigen Abweichungen vom langfristigen Entwicklungspfad werden größer, die Ausschläge nach oben wie nach unten nehmen zu. Aber in Abwesenheit zuverlässiger Prognosen wäre es trotzdem rational, davon auszugehen, dass es den meisten Deutschen in Zukunft wahrscheinlich eher besser als schlechter gehen wird.

Das ist ja das Schlimme! Der Mensch, nicht nur der deutsche, weiß gern, woran er ist. Unsicherheit macht ihn unruhig – und die Vermutung, dass für die meisten von uns das Leben wahrscheinlich besser werden wird, steckt voller Unsicherheit. Gilt das auch für mich? Wird auch mein Leben besser? Und was, wenn wir uns doch einem radikalen Umbruch nähern?

Auf solche Unsicherheiten zeigen Menschen häufig bestimmte sozialpsychologische Reaktionen. Auch in Deutschland lassen sich diese Reaktionen finden – und manche von ihnen spielen den neuen Bürgerlichen in die Hände.

Da ist zum einen der Grundsatz, dass Menschen gern mit ihrem Leben im Reinen sind. Je größer der Anteil des Lebens ist, den sie schon hinter sich haben (man könnte auch sagen: je älter sie sind), desto dominanter wird das Bedürfnis, das gelebte Leben als gut zu empfinden. Hier liegt ein psychologischer Schlüssel zur Stammtischweisheit: »Früher war alles besser.« Wer sich eingesteht, dass in Wahrheit heute fast alles besser ist als früher, der entwertet dadurch einen Teil des eigenen Lebens. Also darf die »Jugend von heute«, über deren Verderbtheit zu seiner Zeit angeblich schon Sokrates schimpfte, natürlich nicht so toll sein, wie man selbst früher war; und die Vergangenheit erscheint nahezu zwangsläufig als gute (und fast niemals als schlechte) alte Zeit.

Wir möchten uns an unser gelebtes Leben als etwas Positives erinnern – und verklären deshalb die Welt von gestern. Horx nennt ein Beispiel: »Wir dämonisieren die heutigen Schulen als Brutstätten der Verwahrlosung und Gewalt – wie schrecklich und autoritär die Schulen unserer Kindheit waren, fällt unter das Amnesiegebot.«[9]

Naturgemäß fällt die Notwendigkeit zur Verklärung der Vergangenheit umso intensiver aus, je schneller sich gesellschaftlicher Wandel vollzieht. Wäre die Jugend heute noch exakt die gleiche wie in den Achtzigern, die Schule noch so autoritär wie in den Sechzigern, gäbe es also gar keinen Wandel – dann gäbe es auch weniger Bedarf zu behaupten, dass die Vergangenheit besser war als die Gegenwart. Wo aber so viel Wandel und so viel Unsicherheit sind wie derzeit in Deutschland, da leuchtet dem Einzelnen das Gestern fast zwangsläufig heller als das Heute und das Heute heller als das Morgen. Nur so kann der Mensch mit seinem gelebten Leben zufrieden sein, anstatt sich unablässig zu sagen: Ach wäre ich doch einige Jahrzehnte später geboren worden!

Die jedem Menschen latent innewohnende Tendenz zur Nostalgie bedienen die neuen Bürgerlichen mit ihren eigenen honigfarben verklärten Kindheitserinnerungen. Etwa Peter Hahne: »Wir hatten nicht: Playstation, Nintendo 64, X-Box, Videospiele, 64 Fernsehkanäle, Surround-Sound, eigene Fernseher, Computer, Internet-Chat-Rooms. *Wir hatten Freunde!*«[10] Letztlich beschwören die neuen Bürgerlichen mit ihrer Grundannahme, dass vor 1968 alles besser war, also nichts anderes als die natürliche Sehnsucht der Menschen nach der »guten alten Zeit«.

Eine weitere Folge, die Unsicherheit und Wandel mit sich bringen: Die meisten Menschen reagieren darauf mit der Sehnsucht nach einer neuen Verbindlichkeit, nach klaren ideologischen Frontlinien. So auch die Deutschen. Stephan Grünewald vom Marktforschungsinstitut Rheingold beurteilt in seiner empirischen sozialpsychologischen Studie *Deutschland auf der Couch* unser aller Befindlichkeit wie folgt: »Das ganze Leben ist entideologisiert und von den Fesseln der Moral, der Werte und der Dogmen befreit. Mit wem man lebt und wie man lebt, erscheint als eine rein persönliche Geschmacksfrage. Schmerz und Betroffenheit liegen hinter uns, eine Welt voller Wahlmöglichkeiten vor uns – kein Wunder, dass wir diesem Lebensideal nacheifern.«

Wie schön, möchte man ausrufen. Doch die Erfolge der liberalen Gesellschaft haben auch eine Kehrseite: »Die Menschen stellen sich unbewusst die Frage, wie sie zu einer Leitlinie finden können, die eine klarere Ausrichtung in ihr Leben bringt. Sie wollen wissen, was wirklich ist und welche Sinnperspektive man den eigenen Kindern in der Erziehung vermitteln soll.«[11]

Der absolute Kern einer liberalen Gesellschaft besteht in der Erkenntnis, dass es keine Instanz geben darf, die dem Menschen eine solche Sinnperspektive vorschreibt.

Ein großes Missverständnis wäre aber zu glauben, liberale Gesellschaften stünden Sinnperspektiven generell ablehnend gegenüber. Keineswegs! In einer liberalen Gesellschaft ist jeder Mensch eingeladen, nach seiner persönlichen »Leitlinie« zu suchen – solange diese Leitlinie andere Menschen in ihrer Entfaltung nicht über Gebühr einschränkt. Jeder kann im wörtlichen Sinn »nach seiner Façon selig werden«.

Peter Hahnes kritische Beobachtung, wonach die Menschen in der liberalen Gesellschaft »alles toll« finden – »je nach Stimmungslage ist es mal der Dalai Lama, mal Jesus, mal der Papst, mal Marxismus oder Buddhismus, mal New Age oder die alte Bibel«[12] –, hat also einen wahren Kern: In einer liberalen Gesellschaft kann sich der Bürger aus den vielfältigen Angeboten zur Sinnstiftung jenes heraussuchen, das er »toll« findet, und darf gleichzeitig von seinen Mitmenschen Toleranz gegenüber dieser Wahl erwarten – so wie er umgekehrt auch Toleranz gegenüber der Wahl seiner Mitmenschen aufbringen muss.

Es ist nur natürlich, dass in einer Welt voller Wahlmöglichkeiten auch das Sinnstiftungsangebot »Rückkehr zu bürgerlichen Werten« einen gewissen Zuspruch erntet. Schließlich versprechen die neuen Bürgerlichen, dass sich all die Unwägbarkeiten des heutigen Lebens mit einer Handvoll ziemlich simpler Maximen in den Griff kriegen lassen – keine Tattoos, nicht so oft zu McDonald's und mindestens zwei Kinder zeugen. Die Regeln von Marxismus oder Buddhismus sind da um einiges komplizierter zu verinnerlichen. Mit ihren schlichten Antworten machen die neuen Bürgerlichen den Menschen also ein verlockendes Angebot: Halte dich an unsere Regeln, und alles wird gut. Je unübersichtlicher die Zeiten, desto wahrscheinlicher, dass dieses Angebot angenommen wird.

6. Die neuen Bürgerlichen sind Teil eines internationalen Phänomens

Zu allen Zeiten und in allen Staaten dieser Erde gab es konservative politische Strömungen. Sie gehören zum normalen politischen Spektrum in einer Demokratie und erfüllen vielfach auch eine wichtige Funktion: als Mahner vor allzu blindem gesellschaftlichem oder technologischem Fortschrittsglauben.

Neben diesen »normalen« Konservativen existieren inzwischen in mehreren Staaten gesellschaftliche Strömungen, die an die neuen Bürgerlichen in Deutschland erinnern. In vielen politischen Fragen liegen sie »quer« zum konventionellen Rechts-Links-Schema des Parteienspektrums.

Das prominenteste Beispiel sind sicherlich die »Neocons«, die neuen Konservativen in den USA. Außenministerin Condoleezza Rice oder Weltbank-Präsident Paul Wolfowitz gelten als ihre Symbolfiguren. Die Neocons haben in mindestens einer wichtigen Frage mit traditionellen Standpunkten der klassisch-konservativen Republikanischen Partei gebrochen: Die Republikaner vertraten seit jeher eine eher isolationistische Außenpolitik. Solange die USA nicht in ihrer Interessenssphäre bedroht werden, gab es aus Sicht der meisten Republikaner keinen Anlass, außenpolitisch aktiv zu werden. Außenpolitische Debatten im republikanischen Spektrum drehten sich meist um zwei pragmatische Fragen: Sind unsere Interessen bedroht, und wenn ja, wie sieht die angemessene Reaktion aus?

In den Augen der Republikaner sollte Außenpolitik also der Durchsetzung konkreter amerikanischer Interessen dienen, nicht irgendwelchen abstrakten Werten. Realismus statt Idealismus hieß die Maxime.[13]

Ganz anders die Neocons. Obwohl sie vielfach der Republikanischen Partei verbunden sind, propagieren sie den weltweiten Export von »amerikanischen Werten« wie Demokratie, Freiheit und Marktwirtschaft. Und zwar nicht nur zur Wahrung amerikanischer Interessen, sondern um ihrer selbst willen. Die angebliche Überlegenheit des US-amerikanischen Wertekanons rechtfertigt in den Augen der Neocons auch den Einsatz militärischer Mittel zu seiner Durchsetzung – siehe Irak.

Die Neocons glauben also an die Überlegenheit der eigenen Werte und an die eigene Missionarsrolle bei deren Verbreitung. Hierin liegt ihre Verbindung zu den neuen Bürgerlichen in Deutschland. Auch in deren außenpolitischen Positionen offenbart sich die Sehnsucht nach einer Rückkehr klarer Werte in die Politik. Deutlich wird diese Wertegebundenheit zum Beispiel in der Haltung der neuen Bürgerlichen zum EU-Beitritt der Türkei. Gern betonen sie, diese Frage dürfe nicht nur anhand vordergründiger, vor allem wirtschaftlicher Interessen entschieden werden (im Sinne eines außenpolitischen Realismus). Nein, es müssten auch die gemeinsamen »abendländischen Werte« der EU-Staaten bedacht werden, die durch den Türkei-Beitritt gefährdet werden könnten (im Sinne eines außenpolitischen Idealismus).[14]

Natürlich ist es kein Zufall, dass der Idealismus in der Außenpolitik gleichzeitig in den USA und in Deutschland wiederentdeckt wird – es ließen sich noch eine ganze Reihe von anderen westlichen Staaten anführen, in denen ähnliche Debatten geführt werden. Ebenso wenig ist es Zufall, dass sich die Frage der Wertegebundenheit der eigenen Politik im Umgang mit zwei Staaten der islamischen Welt – Irak beziehungsweise Türkei – entzündet. Ursache sind die Terroranschläge vom 11. September 2001 und die anschließend neu entflammte Debatte über den »Clash of Civilizations«.[15] Erstmals seit dem Ende der Sowjetunion gibt es mit dem radikalen Islam wieder eine politische Ideologie, die die Werte des Westens erfolgreich attackiert – mit Worten wie mit Bomben. Im Angesicht dieser Herausforderung ist es nur normal, dass sich der Westen seiner gemeinsamen Werte vergewissert, sozusagen die ideologischen Reihen zu schließen versucht. Die Neocons sind ebenso Teil dieses Prozesses wie die neuen Bürgerlichen.

Ähnliche Herausforderungen führen in verschiedenen Staaten zu ähnlichen Reaktionen. Dieses Muster zeigt sich nicht nur in der Außenpolitik, sondern auch im Umgang mit den Menschen, die neuerdings wieder »Unterschicht« genannt werden dürfen.

Das Problem ist in allen westlichen Industriestaaten dasselbe: Infolge der Globalisierung sind Kapital und hochqualifizierte Arbeitskräfte inzwischen weltweit mobil, gleichzeitig hat sich das weltweite Angebot an geringqualifizierten Arbeitskräften vervielfacht. Deshalb sind die Löhne für diese geringqualifizierten Tätigkeiten in allen Industriestaaten unter Druck geraten. Wo die Löhne mangels Tarifbindung nach unten flexibel sind, etwa in den USA, in Großbritannien und auch in vielen Wirtschaftszweigen in Ostdeutschland, reicht das Einkommen eines geringqualifizierten Vollzeitbeschäftigten kaum noch für ein menschenwürdiges Dasein. Wo die Löhne durch Tarifverträge oder staatliche Vorgaben nach unten nicht flexibel sind, etwa in Westdeutschland oder Frankreich, entsteht dauerhafte Arbeitslosigkeit.

Erschwert ist auch der Weg, den unteren Schichten durch konventionelle staatliche Transferleistungen eine angemessene Teilhabe am gesamtgesellschaftlichen Wohlstand zu ermöglichen: Eine im Verhältnis zu anderen Staaten allzu hohe Abgabenlast auf den Unternehmen oder den Beziehern hoher Einkommen treibt diese Steuerzahler langfristig außer Landes.

Der Nationalstaat hat durch die Globalisierung faktisch die Möglichkeit eingebüßt, weiterhin Umverteilung mit den Instrumenten und in den Ausmaßen zu organisieren, die in den europäischen Industriestaaten seit Ende des Zweiten Weltkriegs üblich waren. Ebenfalls durch die Globalisierung weitet sich in den Industriestaaten die Einkommensschere zwischen arm und reich und macht Umverteilung notwendiger denn je. Ein echtes Dilemma.

Als Reaktion auf dieses Dilemma wächst sowohl in Deutschland als auch in den USA die Tendenz, den unteren Schichten den bisher implizit oder sogar gesetzlich festgeschriebenen Anspruch auf eine Mindestteilhabe am gesamtgesellschaftlichen Wohlstand abzusprechen.

Zu den Schlagwörtern der Neocons in diesem Zusammenhang gehört »Compassionate Conservatism«, mitfühlender Konservativismus. Der Begriff besagt: Die Armen bekommen Unterstützung, aber nicht weil sie darauf einen Rechtsanspruch haben, sondern weil der anständige Bürger Mitleid mit ihnen empfindet. Übersetzt in konkrete Politik heißt das: Suppenküche statt Sozialhilfe, kirchliche Notunterkünfte statt Sozialwohnungen.

Auch in Deutschland zeigen sich Tendenzen, der »Unterschicht« den Rechtsanspruch auf Unterstützung moralisch abzusprechen. Wer Sozialhilfe bezieht, gerät zunehmend unter Rechtfertigungsdruck.

Nun mag dieser Rechfertigungsdruck dort produktiv wirken, wo man den Verdacht hat, dass sich ein Hartz-IV-Empfänger nicht wirklich um Arbeit bemüht. Doch die Diffamierung der »Unterschicht« geht längst über die vergleichsweise kleine Gruppe der echten Drückeberger hinaus. Kritisiert werden neuerdings auch Sozialhilfeempfänger, die zu einem geringen Lohn arbeiten und sich diesen Lohn vom Staat auf Hartz-IV-Niveau aufstocken lassen. Eine Möglichkeit, von der etwa 1 000 000 Menschen Gebrauch machen – meist Minijobber und schlecht verdienende Selbständige (zum Beispiel Taxifahrer), aber auch rund 400 000 Vollzeitbeschäftigte mit niedrigen Gehältern, etwa Friseusen oder Wachleute. Wohlgemerkt: Diese Menschen drücken sich nicht vor Arbeit, sie verdienen nur nicht genug, um von ihrem Lohn menschenwürdig leben zu können.

Vor wenigen Jahren hätte es noch als Tabu gegolten, einem alleinstehenden Pförtner oder Taxifahrer das Recht abzusprechen auf ein Monatseinkommen von 345 Euro Sozialhilfe plus durchschnittlich 219 Euro Mietzuschuss plus 100 Euro abzugsfreien Zuverdienst, macht insgesamt 664 Euro netto. Doch unter dem Druck der Globalisierung scheint dieses Tabu zu schwinden. Eine Entwicklung, in der uns die USA mit ihrem »Compassionate Conservatism« um einige Jahre voraus sind.

7. »Kultur« und »Gene« erklären bei den neuen Bürgerlichen alles und nichts

Ständig berufen sich die neuen Bürgerlichen auf irgendwelche Jäger und Sammler. Besonders gern wird der Höhlenmensch bemüht, wenn es um die Rollen von Mann und Frau geht: »Der Mann ging zur Jagd, später zur Arbeit ...«, heißt es bei Eva Herman.[16] »Männer sind Jäger, die man nicht mehr braucht. Und deshalb brauchen sie den Sport«, schreibt Norbert Bolz.[17] Von den Höhlenmenschen geht es dann stracks zur Gegenwart: »Söhne sind als Brot- und Geldverdiener wichtige Unterstützer ihrer Familien; trotz mancher Verweiblichungstendenzen hat ihr evolutionäres Erbe sie nicht besonders gut für verwandtschaftliche Fürsorge ausgerüstet«, schreibt Frank Schirrmacher.[18] Na, da haben wir Männer aber Glück, dass es Großmütter gibt: »Die Frage ist nämlich«, so Schirrmacher, »warum Frauen ihre reproduktive Phase fast noch einmal um ein ganzes Menschenleben überdauern können – bei keiner Spezies, von der wir wissen, gibt es das.«[19]

Vielleicht überleben Frauen heute deshalb ihre »reproduktive Phase«, weil sie nicht mehr ein Kind nach dem nächsten kriegen müssen, bis sie im Wochenbett verenden? Vielleicht überleben sie auch, weil wir im Unterschied zu den meisten Tierarten ein gesetzliches Sozialversicherungssystem haben und Krankheit deshalb nicht mehr automatisch Siechtum und frühen Tod bedeutet?

Aber nein, das wäre zu einfach. Bei den neuen Bürgerlichen gilt: Eine Antwort ohne Gene ist keine gute Antwort, und deshalb lautet die richtige Begründung: »Großmütter sind, so scheint es, von der Natur gleichsam altruistisch konstruiert (was natürlich nicht heißt, dass sie als Individuen altruistisch sind); sie helfen ihren Töchtern bei der Aufzucht von Kindern und erhöhen damit auch ihre eigenen Überlebenschancen.«[20]

Herrlich! Diesen Satz werde ich meiner Mutter aufs Brot schmieren, sollte sie dereinst mal keine Lust haben, aufs Enkelkind aufzupassen, während ich auf die Jagd … äh, ins Fußballstadion gehe.

Es dürfte ein ziemlich breiter Konsens zwischen Natur- und Gesellschaftswissenschaftlern herrschen, dass die Unterschiede zwischen den Menschen (also auch die zwischen Männern und Frauen) zum Teil auf die Umgebung, zum Teil auf die Gene zurückgeführt werden können. Über die richtige Gewichtung zwischen beiden Faktoren streiten sich Wissenschaftler seit Jahrzehnten. Richtig ist auch, dass es die Genetiker waren, die in den vergangenen Jahren die spektakulärsten Erfolge bei der Erforschung unserer Identitätswurzeln vorweisen konnten. Bei den neuen Bürgerlichen haben diese Erfolge allerdings zu einem reichlich unkritischen Glauben an die Allmacht der Gene geführt. Biologische Faktoren müssen bei ihnen als Erklärung für alles und jedes herhalten. Ganz so als wäre der Mensch noch immer ein keulenschwingender Höhlenbewohner.

Dieser Biologismus zeugt vielfach von Denkfaulheit: Wenn ich die genetisch bedingte Natur des Menschen für alles verantwortlich mache, dann muss ich nicht lange nach gesellschaftlichen Ursachen für Missstände suchen. Auch über mögliche politische Konsequenzen muss ich mir keine Gedanken machen, denn an der genetischen Ausstattung eines Menschen kann man ja (bislang zumindest) nichts ändern.

Das beste Beispiel für diese Denkfaulheit zeigt sich in der Antwort auf die Frage, warum es in Deutschland so wenige Frauen in Führungspositionen schaffen. Man muss keine Feministin sein, um eine ganze Reihe von plausiblen gesellschaftlichen und ökonomischen Ursachen zu finden. Aber bequemer ist es natürlich zu sagen: Früher sind die Frauen ja auch in der Höhle geblieben, und richtig einparken können sie auch nicht.

Interessanterweise verlieren die neuen Bürgerlichen die Gene schlagartig aus dem Blickfeld, wenn es um eine andere Ebene der Betrachtung geht, wenn nicht mehr Unterschiede zwischen Individuen innerhalb einer Gesellschaft erklärt werden sollen, sondern zwischen verschiedenen Gesellschaften.

Seltsam, sind denn nicht die Unterschiede in den

Lebensumständen zwischen, sagen wir, Europäern und Schwarzafrikanern viel größer als die zwischen deutschen Frauen und Männern? Müsste sich dem neubürgerlichen Weltbild zufolge die Armut in weiten Teilen Afrikas nicht auch durch genetische Unterschiede erklären lassen? Wenn man pauschal behaupten darf, dass die Frau von der Evolution nicht zum Karrieremachen vorgesehen sei, warum darf man dann nicht sagen, dass der Afrikaner genetisch nicht auf wirtschaftlichen Erfolg programmiert ist?

Die Antwort ist einfach: An dieser Stelle greift (zum Glück) eines der letzten Tabus der öffentlichen Debatte. Mit genetischen Unterschieden zwischen Geschlechtern darf man in Deutschland argumentieren, nicht aber mit genetischen Unterschieden zwischen Völkern. Das wäre allzu nah an der Rassenlehre der Nazis.

Wenn es um internationale Fragen geht, behelfen sich die neuen Bürgerlichen lieber mit dem Begriff der unterschiedlichen »Kulturen«. Die Kultur muss als pauschale Erklärung für alles herhalten, was mit Genen nicht erklärt werden kann oder darf.

So bei Verfassungsrichter Udo Di Fabio: »Die beeindruckende und bis heute nicht ernsthaft bestrittene These Max Webers, dass der moderne Kapitalismus sich vor allem dort wirksam entfalten konnte, wo der Geist des asketischen Protestantismus herrschte, erklärt regionale sozio-ökonomische Unterschiede in Deutschland und Europa, erklärt auch die wirtschaftliche Dynamik der USA. Aber gewendet auf die Welt muss es nicht allein der Protestantismus sein. Es gibt offenbar Muster der Weltdeutung und der Lebensführung, die mit der westlichen Logik des Wirtschaftens bestens harmonisieren, und andere, die sich einfach nicht mit ihr vertragen. Damit erklärt sich auch, warum es eine Gruppe von Staaten in der Welt gibt, die trotz Entwicklungshilfe und Liberalisierung des Welthandelssystems nicht ernsthafte Mitspieler im Weltwirtschaftssystem werden. Andere Staaten und Kulturräume dagegen konnten ihre politische Abhängigkeit mit einem Kraftakt abschütteln und ihren Rückstand zum Westen manchmal schon innerhalb einer Generation beträchtlich verkürzen.«[21]

Klingt eindrucksvoll, wie immer bei Di Fabio, wird dadurch aber nicht richtiger. Mit dem All-Erklärmittel Kultur bewegt sich Di Fabio weit hinter dem derzeitigen wirtschaftswissenschaftlichen Forschungsstand. Neuere Untersuchungen deuten eher darauf hin, dass es sich beim Zusammenfall von erfolgreichen Wirtschaftsregionen mit bestimmten Kulturräumen um eine typische Scheinkorrelation handelt. So geht zum Beispiel Daron Acemoglu, Professor am renommierten Massachusetts Institute of Technology (MIT), davon aus, dass bestimmte Besiedlungs- und Verwaltungsmuster während der Kolonialära den wesentlichen Ausschlag dafür gaben, ob außereuropäische Staaten heute wirtschaftlich erfolgreich sind oder nicht – und kann diese These überraschend gut empirisch belegen.[22]

Auch die vielen »blutigen Grenzen« des Islam führen konservative Denker in Deutschland und anderswo gern auf die »aggressive Kultur« des Islam zurück. Hierbei wird übersehen, dass seit jeher Konfliktparteien kulturelle und religiöse Unterschiede instrumentalisieren, um den eigenen Interessen den Anschein einer übergeordneten Legitimation zu verleihen. So hat sich zum Beispiel in den meisten islamistischen Organisationen eine junge Mittelschicht versammelt, die vor allem ein Ziel hat: Die etablierten (und meist korrupten) Führungseliten der arabischen Welt sollen ihre Plätze für die nachfolgende Generation freimachen. Der Islamismus ist für diese junge Mittelschicht häufig nur ein (bewusst oder unbewusst genutztes) Vehikel, um dem eigenen Machtanspruch eine ideologische Legitimation zu verleihen. Vielfach geriet der Westen überhaupt erst ins Visier der Islamisten, weil er mit den alten Führungseliten paktierte. Das war im Iran des Schahs so, das ist heute in Saudi-Arabien und Ägypten der Fall.

Die Islamisten werden allein durch diese Erkenntnis noch kein kleineres Problem. Doch wer vorschnell einen »Kampf der Kulturen« als Ursache für Konflikte bemüht, der verstellt den Blick auf die wahren Konfliktursachen ebenso wie derjenige, der automatisch die »Macht der Gene« für bestimmte Rollenmuster in der deutschen Gesellschaft verantwortlich macht.

8. Die neuen Bürgerlichen lesen zu viel Nietzsche und zu wenig Popper

Der in Österreich geborene Philosoph Karl Popper (1902–1994) gehörte zu jenen Propheten, die im eigenen Land nichts zählten. Im heimischen Wien verdingte er sich als Erzieher und Hauptschullehrer. Für seinen ersten Dozentenposten musste er erst auf die andere Seite des Globus emigrieren, nach Neuseeland. Dorthin war der Jude Popper 1937 vor dem drohenden »Anschluss« Österreichs ans Deutsche Reich geflohen. Nach dem Krieg ging Popper nach England und lehrte an der London School of Economics and Political Science. Bis heute ist der Einfluss seiner Lehren im angelsächsischen Kulturraum weit größer als im deutschen.

Zwei Konzepte sind es, die Popper berühmt gemacht haben – und mit beiden stehen die neuen Bürgerlichen auf dem Kriegsfuß. Da ist zum einen Poppers These, dass es keine endgültigen Wahrheiten gibt. Was wir als Wahrheit annehmen, sind lediglich Aussagen, die noch nicht widerlegt worden sind. Vielleicht sind diese Aussagen tatsächlich wahr, vielleicht fehlt es bislang nur am geeigneten Gegenbeweis. Fortschritt besteht in Poppers Augen darin, dass immer mehr Aussagen widerlegt werden und die am wenigsten angreifbaren Aussagen übrig bleiben.

Aus dieser Überlegung leitet sich zwingend Poppers Konzept einer »offenen Gesellschaft« ab. Weil es keine endgültigen Wahrheiten gibt, kann es auch keinen gesellschaftlichen Determinismus geben; keine endgültige Ordnung, auf die die Gesellschaft zusteuern sollte. Jede Regel des gesellschaftlichen Zusammenlebens muss prinzipiell offen dafür sein, widerlegt zu werden. Die wichtigste Anforderung an eine Gesellschaftsordnung besteht darin, diese Offenheit sicherzustellen.

Viele der neuen Bürgerlichen stehen mit dem Konzept der offenen Gesellschaft auf Kriegsfuß. Das wird zum Beispiel dann deutlich, wenn Hahne »unsere feige Kompromissgesellschaft« beklagt[23] oder gar fordert: »Holt Gott zurück in die Politik – das heißt dann: Holt das Maß zurück. Den Maßstab, an dem sich alles messen lassen muss.«[24]

Einen solchen Maßstab, an dem sich alles messen lassen muss, darf es in einer offenen Gesellschaft eben gerade nicht geben. Aber natürlich steht es jedem Menschen frei, sich einen eigenen weltanschaulichen Maßstab zu suchen, dem Christen Peter Hahne wie auch dem überzeugten Atheisten. Ebenso steht es einer Gesellschaft frei, sich christliche Werte zu eigen zu machen und sie, explizit oder implizit, zu Regeln des gesellschaftlichen Zusammenlebens zu erklären – so wie dies in der Bundesrepublik ja vielfach der Fall ist. Es muss einer Gesellschaft aber ebenso erlaubt sein, diese Werte über Bord zu werfen, wenn sie durch bessere Regeln des Zusammenlebens ersetzt werden können.

Zu seinen Erkenntnissen gelangte Karl Popper übrigens nicht aus einer wissenschaftlichen Laune heraus, sondern aus seiner Zeitgenossenschaft zu Stalinismus und Nationalsozialismus, zu zwei ideologischen Systemen, die das Prinzip der Offenheit verletzten, indem sie ihren »Maßstab, an dem sich alles messen lassen muss«[25] für verbindlich für alle erklärten.

Nicht nur unter den neubürgerlichen Autoren, auch in weiten Teilen der Bevölkerung ist immer häufiger der Wunsch erkennbar, der anstrengenden Ziellosigkeit der offenen Gesellschaft zu entkommen. Das lässt sich daran erkennen, dass sich die Deutschen wieder nach einem »visionären Leitbild« sehnen,[26] sich »große Zukunftsentwürfe und die damit verbundene Aufbruchstimmung« wünschen[27] oder gar eine »verbindliche Orientierung und Hierarchisierung des Lebens«.[28]

Wenn solche Begriffe fallen, dann ist Vorsicht angebracht: Geht es hier um den legitimen Wunsch nach entschlossener politischer Führung, zum Beispiel nach einer Bundeskanzlerin, die notwendige Reformanstrengungen mit dem Ziel (meinetwegen: einer Vision) eines gerechten und zukunftsfesten Sozialstaats verknüpft? Meinetwegen.

Oder geht es darum, die fortlaufende Überprüfung gesellschaftlicher Regeln durch Diskussion, Konflikt und Kompromiss endlich für beendet zu erklären? Darum, dem Menschen die mühsame Suche nach einem eigenen Lebenssinn wieder abzunehmen und ihm die gewünschte »verbindliche Hierarchisierung des Lebens« vorzugeben? Das kann eine offene Gesellschaft nicht leisten. Wer ihr diese Aufgabe dennoch auferlegt, der setzt die offene Gesellschaft als Ganzes aufs Spiel.

Der zweite neubürgerliche Verstoß gegen die Popper'schen Lehren betrifft den Argumentationsstil. Aus Poppers Sicht können Aussagen nur dann zum Erkenntnisfortschritt beitragen, wenn sie sich ihrer eigenen Widerlegbarkeit aussetzen. Denn, wir erinnern uns, Erkenntnisfortschritt entsteht dadurch, dass fortwährend Aussagen widerlegt werden und die bislang nicht widerlegbaren als vorläufige Gewissheiten übrig bleiben. Doch viele neue Bürgerliche entziehen sich dieser Falsifizierbarkeit, indem sie unklar formulieren. Was ist zum Beispiel gemeint, wenn Frank Schirrmacher schreibt von »Urgewalten, mit denen wir gespielt, deren Kräfte wir entfesselt haben und deren Kontrolle uns und unseren Kindern zu entgleiten droht«?[29] Was ist eine Urgewalt? Eine genetische Prädisposition? Ein seit vielen Generationen praktiziertes Rollenmuster? Eine kulturelle Norm? Eine von einem allmächtigen Schöpfer bestimmte Gesetzmäßigkeit? Solange dies nicht klar ist, lässt sich auch nicht darüber diskutieren, ob uns da wirklich was entgleitet.

Udo Di Fabio wiederum pflegt die seltsame Neigung, Aussagen, die er kritisieren will, anonymen Urhebern zuzuschreiben: »An die Verächtlichmachung des christlichen Bekenntnisses, an die Verhöhnung des Papstes, an die Beschimpfung der Familie und der Beschmutzung nationaler Symbole haben wir uns bestens gewöhnt und all dies für ›Fortschritt‹ gehalten.«[30] Okay, wer hat sich hier an was gewöhnt? Wer hat was für Fortschritt gehalten? Die Formulierung »wir« ist ja schon deshalb falsch, weil sie den Autor einschließt, und der hat sich ja offenbar an all diese Dinge gerade nicht »bestens gewöhnt«.

Aus der mangelnden Präzision ihrer Formulierungen scheint mir bei vielen neubürgerlichen Autoren eine generelle Geringschätzung der Empirie zu sprechen. Wo sind die Umfragen, die belegen, dass ein nennenswerter Anteil der Deutschen Gotteslästerung und Flaggenschändung für Fortschritt hält oder gehalten hat? Ich nehme an, Di Fabio hätte Mühe, solche Belege beizubringen. Viel lieber als Empirie zu betreiben, zitieren die neuen Bürgerlichen große Namen. Und wenn man sich die Auswahl derer ansieht, die da zu Wort kommen, dann wundert es einen nicht, dass ein liberaler Philosoph wie Popper in England mehr Ruhm genießt als bei uns. Das ganze Gruselkabinett der unseligen antirationalen deutschen Philosophietradition wird von den neuen Bürgerlichen als Hilfstruppe einberufen: Friedrich Nietzsche (»Der letzte Mensch«)[31], Ernst Jünger (»Die verlassenen Altäre werden von Dämonen bewohnt«)[32], Oswald Spengler (»Über die Unfruchtbarkeit des zivilisierten Menschen«).[33]

Ich fürchte, die offene Gesellschaft, die uns in der Bundesrepublik seit Jahrzehnten so unaufdringlich umgibt, geht schweren Zeiten entgegen. Sie braucht dringend die Unterstützung derer, die sie lieben.

9. Die neuen Bürgerlichen verwechseln Individualismus mit Egoismus

»Egoismus hat mit Individualität so viel zu tun wie Syphilis mit der Liebe«, schreibt Trendforscher Matthias Horx in einem lesenswerten Essay über den seltsamen Generalverdacht, unter dem der Individualismus in Deutschland steht.[34]

Seit der Renaissance hat der Gedanke einen beeindruckenden Siegeszug angetreten, dass jeder gesunde, erwachsene Mensch für seine Handlungen selbst die Verantwortung übernehmen kann. Immer mehr Institutionen wurden geschleift, die den Menschen von Geburt an einen bestimmten Lebensweg vorgegeben hatten. Und immer wenn wieder eine Einhegung des Individuums fiel, klang die konservative Sorge an: Würde der Mensch diese Freiheit nicht missbrauchen, um seinen egoistischen Trieben freien Lauf zu lassen? Am pointiertesten hat der Philosoph Thomas Hobbes diese angebliche Unfähigkeit freier Individuen zum friedlichen Zusammenleben beschrieben – mit der berühmten Feststellung, wonach der Mensch dem Menschen ein Wolf sei.

Richtig ist, dass Menschen in erster Linie in ihrem eigenen Interesse handeln. Je mehr individuelle Freiheit Menschen genießen, desto mehr Freiheit haben sie auch, ihre eigenen Interessen zu verfolgen. Doch diese Freiheit führt in den allermeisten Fällen eben nicht, wie von Hobbes behauptet, zu raubtierhafter Bindungslosigkeit.

Das liegt daran, dass die meisten Menschen klug genug sind, um zu erkennen: Allein können wir höchstens unsere kurzfristigen Eigeninteressen verfolgen. Meine langfristigen Eigeninteressen, die mir letztlich einen höheren Nutzen bescheren, lassen sich nur durchsetzen, indem ich mit anderen Menschen kooperiere. Horx: »Nicht *obwohl* wir Egoisten sind, sind wir – mit Mühe – zur Kooperation fähig, sondern weil uns der Eigennutz treibt, kooperieren wir!«[35]

Der bislang letzte große Individualisierungsschub fegte im Nachgang der Achtundsechzigerrevolte durch die deutsche Gesellschaft. Erst seit den Siebzigerjahren sind Frauen tatsächlich vor dem Gesetz den Männern gleichgestellt. Erst seit dieser Zeit können Homosexuelle ihre Sexualität straffrei ausleben. Unterhalb dieser politischen Ebene entwickelte sich in den Siebzigerjahren eine nie gekannte Vielfalt der Lebensstile. Erstmals gab es nicht mehr das »Normale« und das »Abweichende«, sondern ein gleichberechtigtes Nebeneinander der Lebensweisen. Sicher, auch vor 1968 hatten manche jungen Leute lange Haare getragen, aber dies war eben eine bewusste Abweichung von der Norm. Ab den Siebzigern ließ sich in weiten Teilen der Gesellschaft nicht mehr sagen: Sind lange Haare die Norm oder kurze?

Natürlich, auch in den Fünfzigerjahren gab es berufstätige Akademiker-Mütter, aber sie waren die Abweichung von der Norm. Heute ist die Nurhausfrau und -mutter ebenso normal oder unnormal wie die Karrieremutti.

Diesen Individualisierungsschub im Gefolge von 68 betrachten die neuen Bürgerlichen heute mit Bedenken: War dies nicht der Schritt zu viel an Befreiung des wölfischen Individuums? Haben wir jetzt nicht die letzten Normen gesprengt, die den Menschen noch in die Gemeinschaft zwangen? Steigende Scheidungsraten und sinkende Geburtenzahlen scheinen ihnen auf den ersten Blick Recht zu geben.

Doch dieses Buch hat hoffentlich gezeigt, dass die Realität komplexer ist. Sicher, wenn der Mensch die Freiheit hat, löst er manch unliebsame Bindung, die er zuvor still leidend ertragen hätte. Sicher, manche Menschen besitzen nicht den Weitblick, den es braucht, um das eigene langfristige Interesse zu erkennen und zu begreifen, dass der einzige Weg dorthin meist über freiwillig eingegangene Bindungen führt. Diese Menschen sind wirklich Egoisten, und in einer freien Gesellschaft haben Egoisten eben auch größere Freiheit sich auszuleben als in einer unfreien.

Doch das Gros der Deutschen weiß sehr gut mit der neugewonnenen Freiheit umzugehen – so wie die Menschen auch in den Jahrzehnten und Jahrhunderten zuvor mit jedem Zuwachs an Freiheit klargekommen sind. So haben die Menschen heute die Freiheit, sich für oder gegen ehrenamtliches Engagement zu entscheiden – und ein Drittel engagiert sich, zumeist aus purem Eigennutz: Weil es ihnen Spaß macht, in Gemeinschaft etwas für die Gemeinschaft zu tun.[36] Jede Frau hat heute – anders als in vergangenen Zeiten – die Chance, auch ohne Ehe und Familie ein gesellschaftlich respektiertes Leben zu führen. Trotz dieser Alternative entscheiden sich drei Viertel der Frauen für Kinder – nicht weil sie die Zukunft unseres Rentensystems sichern wollen, sondern aus Eigennutz in seiner schönsten Form: weil Kinder ihrem Leben Sinn geben. Dass es ein Viertel anders sieht, ist kein Egoismus, sondern die legitime Präferenz für eine andere Form des Lebenssinns.

So verstanden bezeichnet Individualismus die Chance, freiwillig Bindungen einzugehen, um das Leben zu einem gelungenen zu machen – oder auch aus demselben Motiv auf solche Bindungen zu verzichten. Egoismus bezeichnet die Unfähigkeit, diese Chance zu nutzen.

Niemand hat das Recht, die Liebe zu verbieten, weil sie in einer verschwindend geringen Zahl der Fälle auch der Syphilis Vorschub leistet. Ebenso wenig gibt es eine Legitimation, den Individualismus einzuschränken, weil er in einigen Fällen auch Egoisten die Freiheit gibt, die Freiheit zu missbrauchen.

10. Die neuen Bürgerlichen kritisieren die Gesellschaft für die Fehler der Elite

Es gibt eine Menge Probleme in Deutschland, keine Frage. Die meisten sind wirtschaftlicher Natur: Über

4 Millionen Arbeitslose, eine Wachstumsrate, die uns hinter den meisten anderen Industriestaaten herhinken lässt, chronische Defizite der öffentlichen Haushalte, die nicht etwa aus hohen staatlichen Investitionen herrühren, sondern aus unproduktivem öffentlichem Konsum. Schließlich haben wir auch noch ein veraltetes Sozialversicherungssystem, bei dem jede Ausgabensteigerung im Gesundheitswesen, in der Rente oder in der Arbeitslosenversorgung unweigerlich zu einer Erhöhung der Lohnnebenkosten führt – und damit wieder zu mehr Arbeitslosigkeit. Über diese Problemanalyse herrscht seit Jahren Konsens, nicht nur unter Wirtschaftsexperten, sondern auch unter Politikern und Bürgern.

Die Diagnose ist also klar, doch wie soll die Therapie aussehen? Auch hier scheint es interessanterweise innerhalb der politischen Elite einen relativ breiten Grundkonsens zu geben. Außerhalb dieses Grundkonsenses stehen im Wesentlichen nur die Linkspartei/PDS, ein Teil der DGB-Gewerkschaften und der linke Flügel der SPD. Diese drei Gruppen treten für eine nachfrageorientierte Wirtschaftspolitik des »Deficit Spending« ein. Vereinfacht gesagt: Mit zusätzlichen Schulden soll der Staat verstärkte öffentliche Nachfrage generieren und so Wachstum erzeugen. Durch das Wachstum steigen die Steuereinnahmen, die dann ausreichen, um die Schulden zurückzuzahlen. In der Vergangenheit sind nahezu alle Versuche einer solchen keynesianistischen Wirtschaftspolitik daran gescheitert, dass sich der Staat als unfähig erwies, im selbst erzeugten Wirtschaftsaufschwung seine Ausgaben zurückzuschrauben und die zuvor eingegangenen Verbindlichkeiten zu begleichen.

Unter heutigen Bedingungen wäre eine solche nachfrageorientierte Politik in Deutschland mit drei zusätzlichen Handicaps belastet, die den Erfolg noch zweifelhafter machen:

- Die Bundesrepublik hat die Hoheit über ihre Geldpolitik mit der Einführung des Euro an die Europäische Zentralbank abgegeben, die bei ihren Zinsentscheidungen die Entwicklungen in der gesamten Eurozone berücksichtigen muss. Die Bundesregierung kann also weniger denn je davon ausgehen, dass eine nachfrageorientierte Wirtschaftspolitik von der Zentralbank mit niedrigen Zinsen unterstützt würde.
- Die starke internationale Verflechtung der deutschen Wirtschaft würde dafür sorgen, dass ein Großteil der zusätzlich erzeugten Nachfrage durch Importe gedeckt werden könnte. Damit wäre der erhoffte Wachstumsimpuls im Inland deutlich geschwächt.
- Faktisch betreibt die Bundesrepublik schon seit Jahren »Deficit Spending«. Schließlich bewegt sich das Defizit der deutschen Haushalte bereits heute an der oberen Grenze des so genannten »Maastricht-Kriteriums« von 3 Prozent des Bruttoinlandsprodukts. Damit ist der Bundesrepublik der Weg zu höheren Staatsausgaben auch rechtlich verschlossen.

Zu Recht wird dieser »linke« Ausweg aus der deutschen Misere außer von linken Traditionalisten von keiner politischen Gruppe ernsthaft vertreten.

Was aber ist die Alternative?

Hier bewegen sich seit der Jahrtausendwende die

meisten Politiker, Wirtschaftsexperten und auch Medien auf einer Linie, die sich am besten mit rhetorischen Versatzstücken skizzieren lässt: »den Gürtel enger schnallen«, »die Vollkaskomentalität ablegen«, »mehr Ungleichheit zulassen«, »die Verkrustungen des deutschen Arbeitsrechts aufbrechen«. Wer hat all diese Sätze nicht schon einmal in einer Talkshow gehört?

Im Kern steckt hinter all den Worthülsen die Forderung nach einer so genannten angebotsorientierten Wirtschaftspolitik: Wenn mehr Arbeitnehmer ihre Arbeitskraft anbieten, wenn diese Arbeitnehmer auch noch besser qualifiziert sind als heute, wenn die Lohnkosten und die Steuern im internationalen Vergleich sinken – dann werden Unternehmen in Deutschland besonders produktiv sein und werden ihre in Deutschland verdienten Gewinne auch wieder bei uns investieren. Damit erhöht sich die Arbeitsnachfrage, im nächsten Schritt steigen auch die Löhne und das Steueraufkommen des Staates. Am Ende haben alle Beteiligten mehr in der Tasche als vorher.

SPD, Grüne, FDP und CDU/CSU sind sich im Prinzip einig, dass dies der richtige Weg aus der deutschen Misere ist. Die fünf Parteien unterscheiden sich lediglich im Tempo, der Intensität und der Reihenfolge, mit denen sie diese Veränderungen durchsetzen wollen.

Doch sieben Jahre, nachdem die rot-grüne Bundesregierung auf diesen angebotsorientierten Kurs einschwenkte – die Wende markiert hier der Rücktritt des nachfrageorientierten Finanzministers Oskar Lafontaine im Jahr 1999 –, fällt die Bilanz aus Sicht des Wählers ernüchternd aus:

- Es wurde mehr Ungleichheit zugelassen. Die Steuern für Spitzenverdiener sanken deutlich.
- Die Vollkaskomentalität wurde abgelegt. Die Arbeitslosenhilfe schrumpfte auf Sozialhilfeniveau.
- Der Gürtel wurde enger geschnallt. In den vergangenen Jahren gab es in Deutschland keine Steigerung der Reallöhne oder der Renten.
- Die Verkrustungen im Arbeitsrecht wurden zumindest teilweise aufgebrochen. Der gesetzliche Kündigungsschutz gilt für einen immer kleineren Teil der Beschäftigten.

Kurz: Aus Sicht der Bevölkerung sind viele der geforderten schmerzlichen Opfer längst gebracht worden. Allein – der versprochene Erfolg blieb bisher aus.

Wohlgemerkt: Das alles geschah unter der Ägide einer sozialdemokratisch geführten Bundesregierung. Die einzige realistische Wahlalternative zu Rot-Grün bei der Bundestagswahl 2005 bestand aus Angela Merkel und Guido Westerwelle, deren Agenda sich in den Augen der meisten Wähler in zwei Sätzen erschöpfte: Es war nicht genug. Ihr müsst den Gürtel noch enger schnallen.

Wundert sich da noch irgendjemand über ein Wahlergebnis, das weder Regierung noch Opposition als Sieger dastehen ließ?

Ja – die neuen Bürgerlichen wundern sich. Dass die Deutschen nicht für weitere Reformen votieren, legen sie ihnen als Risikoscheu und Mutlosigkeit aus, als fehlendes Verantwortungsgefühl gegenüber künftigen Generationen, als Egozentrik und Konsumversessenheit, als Zeichen des Werteverfalls, als Neidkomplex gegenüber allen Erfolgreichen, als fehlende Leidensfähigkeit, als mangelnde Liebe zum Vaterland und dessen Wohl – und als was weiß ich nicht noch alles.

Mit anderen Worten: Sie geben der deutschen Gesellschaft die Schuld an den Problemen des Landes. Das ist generell natürlich erst einmal berechtigt, schließlich leben wir in einer Demokratie – die Bevölkerung wählt sich die politische Führung, von der sie vertreten werden will. An einer schlechten Regierung hat also theoretisch die Gesellschaft Schuld, die diese Regierung hervorgebracht hat.

Theoretisch.

Praktisch indes gibt es ein großes Beharrungsvermögen eines einmal etablierten politischen Systems und seiner Elite. Vor allem dieser Trägheitsfaktor hält die Bundesrepublik derzeit noch zusammen. In den vergangenen Jahren hat die Zustimmung der Deutschen zu ihrem politischen System rapide abgenommen. 1986 waren noch 90 Prozent der Westdeutschen sehr oder zumindest einigermaßen zufrieden mit der Demokratie und dem politischen System in der Bundesrepublik. 2005 waren es nur noch 70 Prozent. Die restlichen 30 Prozent sind nicht zufrieden. In Ostdeutschland liegt die Zustimmung noch niedriger, hier stehen 38 Prozent Unzufriedene 62 Prozent Zufriedenen gegenüber.[37]

Das zeigt einerseits eine dramatische Entwicklung, die langfristig unseren Staat in seiner Existenz bedrohen könnte. Doch andererseits markiert diese sinkende Systemunterstützung auch eine weitgehend rationale Reaktion der Wähler auf das Versagen ihrer politischen

Elite. Seit sieben Jahren werden den Deutschen wirtschaftliche Reformen zugemutet. Doch regelmäßig treten nur die negativen Folgen dieser Reformen ein, nicht die positiven. Sollte die Steuerreform nicht das Steuersystem vereinfachen? Sollte die Hartz-IV-Reform nicht die Arbeitslosigkeit halbieren? Sollte die Gesundheitsreform nicht die Lohnnebenkosten senken? Nichts davon hat sich bewahrheitet. Schuld daran sind weniger die Reformideen selbst als vielmehr ihre ökonomisch schlecht durchdachte Ausarbeitung und ihre schlampige Implementierung

Um es im Jargon der Spieltheorie auszudrücken: Wir befinden uns in einem »Repeated Game«, in einem Spiel, das über mehrere Runden wiederholt wird. Der Wähler schenkt in der ersten Spielrunde dem Reformversprechen der Elite Glauben. In der Spieltheorie heißt das: Er verhält sich kooperativ – und wird enttäuscht. Er glaubt vielleicht auch noch ein zweites Mal dem Reformversprechen – und wird wieder enttäuscht. Spätestens an dieser Stelle wird der rationale Wähler seine Kooperationsbereitschaft beenden und sich auf einen konfrontativen Standpunkt zurückziehen. Sein Gedankengang könnte etwa so lauten: »Mag ja sein, dass wir in Deutschland dringend weitere Reformen benötigen. Doch meine Erfahrung lehrt mich: Wahrscheinlich werden die Auswirkungen der Reformen abermals nicht dem entsprechen, was mein Spielpartner versprochen hat. Ich fahre besser, wenn ich in künftigen Spielrunden die Zustimmung zu weiteren Reformen verweigere. Sicher, die Probleme unseres Landes bleiben dann ungelöst, aber zumindest kurzfristig minimiere ich meine Verluste.«

Praktisch äußert sich die Verweigerung des Wählers zum einen in Wahlergebnissen ohne klaren Gewinner wie bei der Bundestagswahl 2005, zum anderen in sinkenden Zustimmungsraten zum politischen System. Und nicht zuletzt auch in sinkender Wahlbeteiligung.

Sicher, auch in früheren Zeiten haben Politiker Versprechen gebrochen, haben hochfliegende Reformprojekte nicht das gehalten, was sie versprachen. Doch anders als früher kann der Wähler die Regierung heute nicht abstrafen und für die Opposition stimmen. Die will ja ganz ähnliche Reformen.

Kurz: Dass die Wähler nach sieben Jahren vermurkster rot-grüner Reformpolitik nicht begeistert für vier weitere Jahre schwarz-gelber Reformen votieren, zeugt keineswegs davon, dass mit unserer Gesellschaft irgendetwas nicht in Ordnung wäre – auch wenn uns die neuen Bürgerlichen genau das suggerieren wollen.

Im Gegenteil, es zeugt im Grunde von der ausgesprochen gesunden geistigen Verfassung unserer Gesellschaft, dass trotz wachsender Unzufriedenheit mit Elite und politischem System nicht mehr Stimmen für linke und rechte Extremisten abgegeben werden. Die deutliche Mehrheit der Deutschen durchschaut offenbar, dass diese Gruppen erst recht keine tragfähigen wirtschaftspolitischen Konzepte anzubieten haben.

Was wäre die Alternative? Meiner Ansicht nach gingen die angebotsorientierten Reformen der Regierung Schröder durchaus in die richtige Richtung. Die Erfahrung mit Reformprogrammen in anderen Ländern, etwa mit der Politik Margaret Thatchers im Großbritannien der Achtzigerjahre, lehrt jedoch: Entscheidend für die öffentliche Unterstützung solcher Reformen ist es, rasch eindeutige Gruppen von Reformgewinnern zu schaffen. Die Unterstützung der Reformgewinner muss bei den nächsten Wahlen ausreichen, um die unvermeidlichen Stimmenverluste durch die Reformverlierer auszugleichen. An diese Grundregel hält sich weder die alte noch die neue Bundesregierung. In Deutschland fühlt sich jeder als Reformverlierer.

Ein Beispiel für eine Reform, die rasch Gewinner schaffen würde, wäre die in diesem Buch bereits erwähnte Einführung einer steuerfinanzierten Grundsicherung auf dem Niveau des Existenzminimums. Die Arbeitslosen und Sozialhilfeempfänger wären dadurch von der sozialen Stigmatisierung befreit. Sie alle hätten plötzlich einen materiellen Anreiz, jeden freien Job anzunehmen – und sei er noch so schlecht bezahlt. Mehr noch – die Grundsicherung könnte den Grundstein legen für ein ganz neues Vertragsangebot der Politik an die Gesellschaft: Ihr lasst uns die Wirtschaft so radikal liberalisieren, wie es notwendig ist, damit Deutschland in der Globalisierung bestehen kann. Dafür garantieren wir, dass keiner der unvermeidlichen Verlierer dieser Liberalisierung ins Bodenlose fällt oder als Drückeberger gebrandmarkt wird.

»Wir müssen deshalb überlegen, wie wir einen sozialen Fußboden einziehen, der klare und verbindliche Grundlagen schafft«, meint der Hamburger Volkswirtschaftsprofessor und Grundsicherungsbefürworter Thomas Straubhaar. »Das müssen wir, weil wir kein Interesse daran haben können, dass sich das untere Drittel mit den restlichen zwei Dritteln der Gesellschaft in die

Haare gerät. Der Fußboden heißt übrigens staatliches Grundeinkommen. Es dient dazu, dass der Gutverdienende und Kapitalist in Ruhe seine Arbeit machen kann.«[38]

Fazit: Die deutsche politische Elite hat sich in den vergangenen Jahren als unfähig erwiesen, innerhalb des gegebenen politischen Systems eine Mehrheit der Bevölkerung für Reformen zu gewinnen, an denen im Prinzip kein Weg vorbeiführt. Die richtige Schlussfolgerung aus dieser Erfahrung wäre, nach einer Erneuerung der politischen Elite oder des politischen Systems zu rufen, anstatt auf unserer angeblich so risikoscheuen Gesellschaft herumzuhacken.

Epilog: Lob der Ikea-Family-Card

Erinnern Sie sich noch? Angefangen hatte alles mit einem Käsefondue in einer Eppendorfer Altbauwohnung und mit dem Outing eines struppigen Nickelbrillenträgers als CDU-Wähler. Es sollte nicht meine einzige Begegnung mit jungen Konservativen bleiben.

Einige Monate nach dem Abend in Eppendorf bekam meine Freundin übers Wochenende Besuch von zwei Jugendfreunden aus Frankfurt. »Übrigens«, sagte sie zu mir, »die beiden haben sich in der Jungen Union kennengelernt.«

Danke für den Hinweis, aber ich wäre wahrscheinlich auch so drauf gekommen. Armin war Marketingleiter in einem Chemiekonzern, und seine zurückgegelten Haare sahen aus, als habe er die gesamte Produktpalette seines Arbeitgebers darin verteilt. Beate hatte Zahnmedizin studiert und arbeitete im Vertrieb eines Medizintechnikherstellers. Die beiden hatten vor kurzem geheiratet, natürlich in Weiß und natürlich auf einem gemieteten Schloss. Jetzt waren sie nach Hamburg gekommen, um sich am Sonntag in der Matineevorstellung das Musical »Dirty Dancing« anzusehen.

Na, das konnte ja ein lustiges Wochenende werden.

Doch seltsam, bereits wenige Stunden nach ihrer Ankunft musste ich mir eingestehen: Mir waren die beiden sympathisch. Und das, obwohl sie optisch und biographisch so ziemlich alle Klischees vom Jungunionisten erfüllten, die ich seit Schultagen mit mir herumtrug. Aber gleichzeitig waren sie offen und herzlich, interessierten sich für alles, was es in Hamburg zu sehen gab, und besaßen einen wunderbar trockenen Humor.

Abends saßen wir zusammen bei Jimmy Elsass, Hamburgs erster Adresse für Flammkuchen. Die Kellnerin trug ein St.-Pauli-Shirt und ausgelatschte Converse-All-Stars und servierte uns süßlichen Gewürztraminer in einem kunstlederbezogenen Sechzigerjahre-Weinkühler. Wir hatten gerade das erste Glas geleert, als das Gespräch auf mein halbfertiges Buch kam. Von da war es nur noch ein kleiner Schritt zu meiner Frage, was um alles in der Welt zwei so aufgeweckte junge Menschen bloß in die Fänge der Jungen Union getrieben habe. Die beiden hätten doch bestimmt auch richtige Freunde finden können.

Okay, das war die Frage, die ich eigentlich stellen wollte. Formuliert habe ich sie dann doch ein wenig diplomatischer.

Aber die beiden verstanden mich auch so. »Ich komme aus einem kleinen Ort in Süddeutschland«, erzählte Beate. »Da gab es fast nur die CDU. Mein Vater war Mitglied, und Sozialdemokraten, das waren bei uns daheim irgendwie immer die Bösen.«

»Nun gut, das war zu Schulzeiten«, erwiderte ich. »Aber wie kann sich bitte eine berufstätige Akademikerin für eine Partei mit einem derart verquasten Familienbild begeistern?«

»Stimmt schon, in den letzten Jahren bin ich zunehmend ins Nachdenken gekommen«, sagte Beate. Schon oft habe sie der CDU die Treue aufkündigen wollen. Dass sie zuletzt doch wieder CDU gewählt habe, das sei das Verdienst von Ursula von der Leyen. »Die Sache mit dem Elterngeld wollte ich unterstützen.«

»Unter Angela Merkel hat sich die CDU enorm gewandelt«, warf Armin ein. »Dass sich jemand wie die von der Leyen mit ihren Ideen durchsetzt, das wäre unter Kohl undenkbar gewesen.«

Dann erzählte Armin die Geschichte von seinem Weg in die CDU. Als Kind war er mit seinen Eltern aus der Sowjetunion nach Deutschland gekommen: »Die Bundesrepublik war für uns Aussiedler das gelobte Land.« Doch seltsam, kaum einer seiner neuen Mitschüler schien Armins Meinung zu teilen. Sie schimpften auf den imperialistischen Schweinestaat und schienen sich nach jenem Sozialismus zu sehnen, dem Armin gerade entronnen war.

Eines Tages sprach Helmut Kohl in Armins Heimatort, eine Wahlkampfrede. Doch der damalige Kanzler kam kaum zu Wort. Fast jeder Satz wurde von linken Demonstranten niedergebrüllt: »Nie wieder Deutschland«, riefen sie, als Kohl über das Geschenk der Einheit sprach, »Faschist«, als er den Ersten Golfkrieg rechtfertigte. An diesem Abend beschloss Armin, in die Junge Union einzutreten.

Die Begegnung mit Armin und Beate passt zu einer Reihe von anderen Erfahrungen, die ich gemacht habe, während dieses Buch entstanden ist. Bei der Lektüre haben Sie wahrscheinlich schon bemerkt: Die Gedankenwelt der neuen Bürgerlichen ist mir durch nähere Beschäftigung nicht eben sympathischer geworden. Eher im Gegenteil.

Das Buch behandelt allerdings nur einen Teil des Phänomens neue Bürgerlichkeit: die veröffentlichte Meinung. Grundlage bilden all die Interviews, Essays und Bücher der letzten Jahre, in denen neubürgerliche Vordenker einen mehr oder weniger gut kaschierten Roll-back propagieren; eine Rückkehr in die übersichtliche und für manche auch behagliche Welt der Fünfzigerjahre.

Daneben gibt es noch die neue Bürgerlichkeit als Massenphänomen. Ein Phänomen, das gespeist wird durch Menschen wie Rainer, die es als junge, nickelbebrillte Akademiker plötzlich okay finden, CDU zu wählen.

Bei den vielen Gesprächen über dieses Buch habe ich gemerkt: Die neue Bürgerlichkeit ist kein reines Medienereignis. Bei näherem Hinsehen gibt es in meinem Umfeld überraschend viele Menschen, die ihr Leben ganz bewusst wieder stärker an traditionellen Werten ausrichten.

Da ist zum Beispiel mein Freund Clemens, FDP-Wähler und Atheist. Neuerdings geht er jeden Sonntag mit seiner fünfjährigen Tochter in den evangelischen Gottesdienst. Glaube hin oder her: Er findet es wichtig, dass seine Tochter protestantische Werte vermittelt bekommt. So wie er sie selbst einst in seinem Elternhaus erfahren hat.

Ein Arbeitskollege wiederum erzählte mir von der Hamburger Reihenhaussiedlung, in der er mit Frau und Kindern lebt. Und von der unerträglichen Selbstgerechtigkeit, die dort neuerdings grassiere: Seit auf allen Fernsehkanälen wieder das hohe Lied der deutschen Mutter gesungen werde, fühlten sich die bräsigen Hausfrauen-Muttis als letzte Rettung der Nation, wenn sie ihre Bälger zur musikalischen Früherziehung chauffieren.

Ich erlebte auch Kollegen, die zusammenzuckten, wenn sie vom Titel meines Buches hörten: *Die neuen Spießer.* Sie fühlten sich sofort angegriffen. Waren sie nicht auch verheiratet? Hatten sie nicht auch Kinder und ein Einfamilienhaus? Waren sie nicht auch Spießer?

Ich musste dann schnell klarstellen: Niemand ist für mich ein Spießer, weil er einen bestimmten Lebensstil lebt. Spießigkeit ist für mich Ausdruck einer geistigen Haltung. Spießigkeit hat heute nichts mehr mit Einfamilienhäusern und IKEA-Family-Card zu tun, dafür aber viel mit Intoleranz, mit Misstrauen gegenüber anderen Menschen, Ideen und Religionen, mit der Verabsolutierung des eigenen Lebensentwurfs und einer aus Zukunftspessimismus gespeisten Abwehrhaltung gegen alles Neue.

»In Deutschland von der Mitte aus betrachtet, herrschen nun oben die Heuschrecken und unten die Sozialschmarotzer, der Kleinbürger sieht oben und unten Gefahren, er sieht die ganze Welt als Feind.« So fasst *Spiegel*-Reporter Cordt Schnibben äußerst treffend das Weltbild des Spießers zusammen.[1]

Wer glaubt, dass in der Welt alles immer schlimmer wird, der muss sein Leben so gut es geht abschotten gegen das Böse da draußen. Abschotten kann man sich in seiner Eppendorfer Altbauwohnung oder in seinem

Reihenhaus, aber auch in seiner Gesellschaftsschicht oder seiner Nation.

Ein weiterer Kollege bedachte mich, als ich ihm von meinem Buchprojekt erzählte, mit einem seiner berüchtigten skeptischen Blicke. »Es gibt auch linke Spießer«, sagte er lakonisch und ließ offen, ob er mich dazu zählte.

Ein wichtiger Punkt. Wahrscheinlich ist es tatsächlich eine Form von Spießertum, wenn ich über Rainer schockiert bin: Wählt einfach so CDU, obwohl »man« das in Eppendorfer Akademiker-Altbaubewohnerkreisen nun wirklich nicht macht. Und schämt sich noch nicht einmal! Der Journalist Ulf Poschardt hat vor kurzem einmal zum Besten gegeben, FDP wählen sei in Berlin wahrhaft rebellisch. Und hat damit wahrscheinlich Recht in einer Stadt, in der inzwischen die Mehrheit der Bürger von Staatsknete lebt. Abgewandelt aufs Anwalts- und Architektenbiotop Eppendorf könnte man CDU statt FDP in den Satz einfügen.

Lasse ich mich allzu leicht vom neuen Rebellentum provozieren? Reagiere ich womöglich ebenso intolerant auf Verstöße gegen die geistigen Schablonen meines Milieus, wie es der Reihenhausbesitzer in seinem Milieu tut? Dann wäre Rainer die Neuauflage des Nachbarsjungen mit der Sicherheitsnadel im Ohr, und seine Provokation wäre geglückt. Nein, ich kann nicht ausschließen, dass auch ich ein Spießer bin.

Als Spießer wüsste ich zumindest ganz genau, wo ich meine gute alte Zeit ansiedeln würde. Es wären die drei Jahre zwischen dem rot-grünen Regierungsantritt im Herbst 1998 und den Anschlägen vom 11. September

2001. Vorher war Kohl, hinterher Rezession. Aber drei Jahre lang hatte ich das Gefühl, dass alles gut wird. In der Wirtschaft schienen nicht mehr alte Männer in Glaspalästen den Ton anzugeben, sondern kreative Start-up-Unternehmer in renovierten Fabriketagen. Etwa ein halbes Jahr lang machte es tatsächlich mehr Eindruck, beim Geschäftstermin mit einem dieser brandneuen Smarts vorzufahren als mit der S-Klasse.

In der Politik gab es Steuersenkungen, Schwulenehe, Computerinder, Atomausstieg – nach sechzehn Jahren Kohl'schem Stillstand schien plötzlich alles möglich. Sicherlich, vieles ging auch schief oder war nicht ausreichend durchdacht, aber wer viel macht, der macht halt auch Fehler.

Mitten in diese Zeit fiel die Jahrtausendwende. Ich verbrachte den Silvesterabend auf einer WG-Party in Berlin-Friedrichshain. Irgendwann nach Mitternacht saß plötzlich Joschka Fischer neben mir auf dem Sofa. Der Gastgeber, so erfuhr ich später, war ein Studienkollege von Fischers damaliger Frau gewesen. Ein Außenminister, der das neue Jahrtausend auf der gleichen stinknormalen Silvesterparty beginnt wie ich: Das musste doch einfach ein gutes Vorzeichen sein!

War es nicht. Einige Monate später gingen die drei Jahre des frischen Windes zu Ende. Die Internetwirtschaft war erledigt, die alten Männer hatten wieder das Sagen. Joschka Fischer wurde innerhalb weniger Monate selbst zu solch einem alten Mann. An den umgebauten Fabriketagen hingen »Zu vermieten«-Schilder, und der Smart entpuppte sich als Milliardenflop. Kurz darauf tauchten auch noch die ersten Wortmeldungen der neuen Bürgerlichen auf, Wiedergänger aus einer längst verschlossen geglaubten Gruft.

So gesehen bin auch ich ein Spießer. Ich wehre mich zwar nicht gegen Veränderung, aber gegen die Veränderung der Veränderung, gegen jene unselige neue Richtung, die alle gesellschaftlichen Reformdebatten seit 2001 erfahren haben. Ich stemme mich dagegen, dass der Zeitgeist nicht mehr postmaterialistisch ist, sondern neokonservativ.

Vielleicht könnte genau in dieser Erkenntnis der eigenen Voreingenommenheit der positive Effekt der neuen Bürgerlichkeit liegen. Vielleicht liefert sie einen Beitrag dazu, dass sich Denkschablonen auflösen. Dass auch verstrubbelte Nickelbrillenträger CDU wählen können, ohne dafür von selbsternannten Revolutionswächtern gemaßregelt zu werden. Das wäre dann ironischerweise genau das Gegenteil von dem, was die neuen Bürgerlichen bezwecken wollten. Ihnen geht es ja um eine Rückkehr zu klaren Verhaltensregeln und Lebensmustern für bestimmte Gesellschaftsschichten: ein jeder an seinem Platz.

Für die zunehmende Auflösung der Denkschablonen spricht einiges. Bei meinen Gesprächen über dieses Buch bin ich nicht nur Rainer begegnet, der plötzlich CDU wählt. Oder Clemens, den es neuerdings als Atheist in den Gottesdienst zieht. Ich erlebte ebenso viele umgekehrte Fälle: Menschen, die eigentlichen zu den natürlichen Verbündeten der neuen Bürgerlichen zählen müssten, aber ebenso gegen die Regeln ihrer Milieus verstießen wie der CDU-Wähler in der Eppendorfer Altbauwohnung.

Mein Bekannter Frank, Rechtsanwalt und ehemaliger Mitarbeiter Richard von Weizsäckers, ist ein zutiefst pflichtbewusster und familienorientierter Mensch. Doch er konnte sich mit mir zusammen einen ganzen Abend lang aufregen über den Vulgärkonservativismus und die Selbstgerechtigkeit der neuen Spießer. Der Pressesprecher einer deutschen Großbank beichtete mir seinen Neid: Dieses Buch hätte er gern selbst geschrieben, allein schon um seinem Ärger über all das dumme neubürgerliche Gequatsche Luft zu machen. Ein Berliner Freund von mir hatte kürzlich das Vergnügen, die hübsche Ethikreferentin der CSU-Landesgruppe kennenzulernen – und zwar im »Kumpelnest 3000«. Berliner Leser werden wissen, um was für ein unchristliches Etablissement es sich dabei handelt.

Vielleicht den deutlichsten Beleg dafür, dass die alten Milieuschablonen längst nicht mehr passen, liefert die von Beate und Armin so geschätzte Bundesfamilienministerin Ursula von der Leyen. Die großbürgerliche Herkunft, die brave Frisur, die sieben Kinder, die gemeinsame Hausmusik: Diese Frau wirkt, als wäre sie von den neuen Bürgerlichen in der Retorte gezüchtet worden. Doch ausgerechnet von der Leyen hat den wahrscheinlich radikalsten Bruch mit dem Frauenbild der Konservativen durchgesetzt, den die CDU je erlebte: Das einkommensabhängige Elterngeld wird nur dann in voller Höhe ausgezahlt, wenn jeder der beiden Partner – also auch der Mann – mindestens zwei Monate zu Hause bleibt.

Diese Beispiele machen Mut. Ganz gleich wie viel publizistisches Oberwasser die neuen Bürgerlichen zurzeit besitzen: Allzu weit werden sie das Rad der Individualisierung nicht zurückdrehen können. Dazu ist Deutschland längst eine viel zu bunte Republik geworden. Tischgebete und Debütantenbälle werden auch weiterhin ein Minderheitenphänomen bleiben. Das schließt allerdings nicht aus, dass uns diese Minderheit in Zukunft noch gewaltig auf die Nerven gehen wird.

Anmerkungen

1.

1 Gunter Hofman, »Ein Kulturbruch, mit links«, *Die Zeit*, 1.10.1998, Seite 3

2 Susanne Beyer u.a., »Nobel statt Nabel«, *Der Spiegel*, 7.7.2003, Seite 124

3 Walter Wüllenweber, »Das wahre Elend«, *Stern*, 16.12.2004, Seite 152

4 *Stuttgarter Zeitung*, 18.4.2005, Seite 12

5 Ulf Poschardt und Heimo Schwilk, »Die Zukunft des Patriotismus«, *Welt am Sonntag*, 9.11.2003, Seite 3

6 Interview mit Paul Nolte, *Die Weltwoche*, 13.5.2004, Seite 70

7 Paul Nolte, »Das große Fressen«, *Die Zeit*, 17.12.2003, Seite 9

2.

1 zitiert aus dem Nachruf »John Kenneth Galbraith« in: *Frankfurter Allgemeine Zeitung*, 2.5.2006, Seite 25

2 So Reiner Klingholz, Direktor des Berlin-Instituts für Bevölkerung und Entwicklung, *Geo* 1.5.2004, Seite 89

3 Johann Hahlen, Präsident des Statistischen Bundes-

amtes, auf der Pressekonferenz *Bevölkerungsentwicklung Deutschlands bis zum Jahr 2050* am 6.6.2003 in Berlin

4 *Bild*, 25.3.2006, Seite 5

5 Herwig Birg, *Die ausgefallene Generation*, München 2005, Seite 148

6 ebd., Seite 142

7 ebd., Seite 141

8 ebd., Seite 83

9 Herwig Birg, »Auf der schiefen Bahn«, *Rheinischer Merkur*, 31.7.2003, Seite 4

10 2,1 statt zwei Kinder deshalb, weil auch heute noch einige wenige Kinder sterben, bevor sie die Chance haben, selbst Eltern zu werden.

11 Roland Tichy, »Die Demographie-Bombe überleben«, *Handelsblatt*, 11.4.2006, Seite 9

12 Herwig Birg, *Die ausgefallene Generation*, Seite 34

13 Die verdienstvolle Aufgabe, in der Öffentlichkeit mit solchen Fakten Argumente gegen die demographische Schwarzmalerei zu liefern, übernimmt immer wieder Gerd Bosbach, Professor für Statistik und Mathematik an der Fachhochschule Koblenz, zum Beispiel in *Neon* 1.5.2006, Seite 34.

14 Nettozuwanderung ist die Differenz zwischen Zu- und Auswanderern.

15 so genannte mittlere Variante der Bevölkerungsvorausberechnungen des Statistischen Bundesamts (www.destatis.de)

16 Herwig Birg, *Die ausgefallene Generation*, Seite 114

17 Darauf deutet auch die jüngste »Pisa-Studie« der OECD (Organisation for Economic Cooperation and

Development/Organisation für wirtschaftliche Zusammenarbeit und Entwicklung) hin, die ergeben hat, dass Migrantenkinder im deutschen Schulsystem im Vergleich zu vergleichbaren Schülern in anderen Staaten besonders schlecht abschneiden. (*Die Zeit*, 18.5.2006, Seite 90)

18 *Rheinischer Merkur*, 31.7.2003, Seite 4

19 Birg, Herwig: *Auswirkungen und Kosten der Zuwanderung nach Deutschland*, Bielefeld 2001, Seite 12

20 Frank Schirrmacher, *Minimum,* München 2006, Seite 22

21 Zwar wurde das heutige umlagefinanzierte Rentensystem in Deutschland erst in den Fünfzigerjahren eingeführt. Doch das Prinzip des Generationenvertrags (die Erträge der mittleren Generation finanzieren den Lebensabend der Alten) liegt auch kapitalstockfinanzierten Rentenversicherungen zugrunde. Auch bei ihnen ist Wachstum die eigentliche kritische Größe. Für eine weitergehende Diskussion siehe Nicholas Barr, *The Economics of the Welfare State*, Oxford 1998, Seite 213.

22 Björn Schwentker, »Aussterben abgesagt«, *Die Zeit*, 8.6.2006, Seite 35

23 ebd.

24 Herwig Birg, *Die ausgefallene Generation*, Seite 147

25 Susanne Mayer, »Im Land der Muttis«, *Die Zeit*, 13.7.2006, Seite 49

26 Herwig Birg, *Die ausgefallene Generation*, Seite 11

3.

1 Peter Hahne, *Schluss mit lustig! Das Ende der Spaßgesellschaft*, Lahr 2004, Seite 36
2 Udo Di Fabio, *Die Kultur der Freiheit*, Seite 39
3 Peter Hahne, *Schluss mit lustig*, Seite 35
4 Udo Di Fabio, *Die Kultur der Freiheit*, Seite 35
5 Helmut Klages, »Brauchen wir eine Rückkehr zu traditionellen Werten?«, *Aus Politik und Zeitgeschichte*, 13.7.2001
6 zitiert nach Peter Hahne, *Schluss mit lustig*, Seite 19
7 Helmut Klages, *Der blockierte Mensch*, Frankfurt 2002, Seite 30
8 Deutsche Shell (Hrsg.), *Jugend 2006*, Frankfurt 2006
9 Bundesministerium des Inneren, *Polizeiliche Kriminalstatistik 2005*, www.bmi.bund.de, Seite 3
10 ebd., Seite 5
11 Allerdings verweist die Kriminalstatistik auch auf eine deutlich überproportionale Tatbeteiligung von jungen Männern mit Migrationshintergrund. Siehe zu diesem Aspekt Kapitel 8.
12 Paul Nolte, *Riskante Moderne*, München 2006, Seite 99
13 Helmut Klages, *Der blockierte Mensch*, Seite 43
14 Ich weiß gar nicht, was es da zu lachen gibt.
15 Helmut Klages, »Brauchen wir eine Rückkehr zu traditionellen Werten?«, *Aus Politik und Zeitgeschichte*, 13.7.2001
16 ebd.
17 ebd.
18 Helmut Klages, *Der blockierte Mensch*, Seite 47
19 ebd., Seite 43

20 Peter Hahne, *Schluss mit lustig*, Seite 70
21 Udo Di Fabio, *Die Kultur der Freiheit*, Seite 35
22 zum Beispiel im Interview mit der Zeitschrift *Cicero*, 1.6.2004, Seite 72
23 Die Straffreiheit für Homosexualität gehörte zu den Forderungen der Achtundsechzigerproteste und wurde 1969 vom deutschen Bundestag mit einigen Einschränkungen beschlossen.

4.

1 Walter Wüllenweber, »Das wahre Elend«, *Stern*, 16.12.2004, Seite 152
2 ebd.
3 Udo Di Fabio, *Die Kultur der Freiheit*, Seite 9
4 Mit diesem Begriff beschrieb der Soziologe Helmut Schelsky 1953 die Gesellschaft der jungen Bundesrepublik.
5 Wie es wirklich zuging auf den Baustellen und in den Fabriken der Sechzigerjahre, schildert zum Beispiel Ralf Rothmann liebevoll-drastisch in seinen Ruhrgebietsromanen (zum Beispiel *Wäldernacht*, *Milch und Kohle*).
6 Interview mit Paul Nolte, *Frankfurter Allgemeine Sonntagszeitung*, 5.6.2005, Seite 59
7 John Rawls, *Eine Theorie der Gerechtigkeit*, Frankfurt 1979
8 Dies ist eines der wesentlichen Ergebnisse der Pisa-Studien der OECD.
9 Udo Di Fabio, *Die Kultur der Freiheit*, Seite 269
10 ebd., Seite 104

11 Ronald Gebauer, Hanna Petschauer und Georg Vobruba, *Wer sitzt in der Armutsfalle? Selbstbehauptung zwischen Sozialhilfe und Arbeitsmarkt*, Berlin 2002
12 Martin Gehlen, »Vererbte Armut«, *Der Tagesspiegel*, 11.3.2005, Seite 6

5.

1 Angela Gatterburg, Matthias Matussek und Martin Wolf, »Unter Wölfen«, *Der Spiegel*, 6.3.2006, Seite 76
2 Norbert Bolz, *Die Helden der Familie*, München 2006, Seite 25
3 ebd., Seite 84
4 ebd., Seite 29
5 ebd., Seite 88
6 Eva Herman, »Die Emanzipation – ein Irrtum?«, *Cicero*, 1.5.2006, Seite 114
7 ebd.
8 zum Beispiel Udo Di Fabio, *Die Kultur der Freiheit*, Seite 149: »Der von einigen geführte Kampf gegen die so genannte Hausfrauenehe oder das ›Ernährermodell‹ mutet mitunter ideologisch an.«
9 Bundesministerium für Familie, Senioren, Frauen und Jugend (Hrsg.): *Familie zwischen Flexibilität und Verlässlichkeit: Perspektiven für eine lebenslaufbezogene Familienpolitik – Siebter Familienbericht*, Berlin 2006
10 Eva Herman, »Die Emanzipation – ein Irrtum?«, *Cicero*, 1.5.2006
11 Herwig Birg, *Die ausgefallene Generation*, Seite 138
12 so die Schätzung der Demographin Michaela Krey-

enfeld vom Max-Planck-Institut für demografische Forschung in Rostock in: Björn Schwentker, »Pokerspiele an der Wiege«, *Die Zeit*, 14.6.2006, Seite 35

13 Siebter Familienbericht, Seite 19

14 ebd., Seite 18

15 ebd., Seite 175

16 zum Beispiel bei Norbert Bolz, *Die Helden der Familie*, Seite 70; Peter Hahne, *Schluss mit lustig*, Seite 45

17 Björn Schwentker, »Pokerspiele an der Wiege«, *Die Zeit*, 14.6.2006, Seite 35

18 Peter Hahne, *Schluss mit lustig*, Seite 42

19 Norbert Bolz, *Die Helden der Familie*, Seite 40

20 Siebter Familienbericht, Seite 91

21 ebd., Seite 43

22 Angela Gatterburg u.a., »Unter Wölfen«, *Der Spiegel*, 6.3.2006, Seite 76

23 Siebter Familienbericht, Seite 116

24 Angela Gatterburg u.a., »Unter Wölfen«, *Der Spiegel*, 6.3.2006, Seite 76

25 Siebter Familienbericht, Seite 121

26 ebd.

27 Veiel, Andreas: »Black Box BRD«, München 2002, Seite 116

28 Siebter Familienbericht, Seite 127

29 Udo Di Fabio, *Die Kultur der Freiheit*, Seite 250

30 ebd., Seite 159

31 Siebter Familienbericht, Seite 141, 144

32 ebd., Seite 141

33 ebd., Seite 152

34 ebd., Seite 222; Zahlen für die alten Länder

35 Norbert Bolz, *Die Helden der Familie*, Seite 9

36 Herwig Birg, *Die ausgefallene Generation*, Seite 81
37 ebd., Seite 148

6.

1 »Köhler will Schiller komplett«, in: *Stuttgarter Zeitung*, 18.4.2005, Seite 12
2 Matthias Matussek, »Ruhm dem Abonnenten«, *Der Spiegel*, 1. 10. 2005, Seite 191
3 ebd.
4 Joachim Lottmann, »Hau ab du Arsch!«, *Der Spiegel*, 6.3.2006, Seite 164
5 Wolfgang Höbel, »Ausweitung der Schamzone«, *Der Spiegel*, 13.3.2006, Seite 168
6 so Peter Laudenbach, »Matusseks Mondfahrt«, *Die Tageszeitung*, 8.3.2006, Seite 20
7 *Bild*, 22.2.2006, Seite 11
8 *B.Z.*, 4.3.2006, Seite 10
9 Christopher Schmidt, »Schön ist schlimm und schlimm ist schön«, *Süddeutsche Zeitung*, 9.3.2006, Seite 11
10 ebd.
11 Udo Di Fabio, *Die Kultur der Freiheit*, Seite 42
12 ausgestrahlt vom *ZDF* am Sonntag, 30.7.2006, 20:15 Uhr

7.

1 Peter Hahne, *Schluss mit lustig*, Seite 113
2 Udo Di Fabio, *Die Kultur der Freiheit*, Seite 185
3 Henrik Müller, *Wirtschaftsfaktor Patriotismus. Vater-*

landsliebe in Zeiten der Globalisierung, Frankfurt 2006, Seite 211

4 Matthias Matussek, *Wir Deutschen. Warum uns die anderen gern haben können*, Frankfurt 2006, Seite 13

5 ebd., Seite 21

6 ebd., Seite 15

7 Udo Di Fabio, *Die Kultur der Freiheit*, Seite 207

8 ebd., Seite 205

9 Matthias Matussek, *Wir Deutschen*, Seite 13

10 ebd., Seite 14

11 Nils Havemann, *Fußball unterm Hakenkreuz: Der DFB zwischen Sport, Politik und Kommerz*, Frankfurt/M. 2005, Seite 343

12 Peter Longerich, *Davon haben wir nichts gewusst! Die Deutschen und die Judenverfolgung 1933–1945*, München 2006

13 Maria Jepsen, »Ich liebe meine Heimat«, *Cicero*, 1.7.2004, Seite 68

14 ebd.

15 Matthias Matussek, *Wir Deutschen*, Seite 129

16 Henrik Müller, *Wirtschaftsfaktor Patriotismus*, Seite 211

17 Paul Nolte, *Riskante Moderne*, Seite 262

18 Henrik Müller, *Wirtschaftsfaktor Patriotismus*, Seite 213

8.

1 Die Schilderung des Falls habe ich folgenden Texten entnommen: Marian Blasberg, »Osman der Härtefall«, *Die Zeit*, 18.5.2006, Seite 73, sowie die Folgeberichterstattung, *Die Zeit*, 29.6.2006, Seite 54

2 »Multicultural Hysterics«, *The Economist*, 22.4.2006, Seite 30
3 Herwig Birg, *Die ausgefallene Generation*, Seite 23
4 Frank Schirrmacher, *Minimum*, Seite 117
5 Angela Gatterburg u.a., »Unter Wölfen«, *Der Spiegel*, 6.3.2006, Seite 76
6 Jörg Schönbohm, »Einordnen, nicht unterordnen!«, *Cicero*, 1.2.2006, Seite 14
7 lt. Statistischem Bundesamt
8 lt. Bundesagentur für Arbeit
9 *Die Zeit*, 4.5.2006, Seite 3
10 Martin Spiewak, »Mama muss jetzt lernen«, *Die Zeit*, 6.7.2006, Seite 25
11 ebd.
12 So das Ergebnis einer aktuellen Studie des Forschungsinstituts Zukunft der Arbeit: »Positiver Zuwanderungseffekt: Staats- und Sozialkassen profitieren«
13 zitiert nach Albrecht von Lucke, »Der Wille zum Wir«, *Blätter für Deutsche und Internationale Politik*, 1.7.2006, Seite 777
14 Verfassungsschutzbericht Land Brandenburg 2005, Seite 70
15 lt. Bundesamt für Migration und Flüchtlinge, Statistisches Bundesamt
16 Interview mit Ex-Rütli-Schulleiterin Brigitte Pick in der *tageszeitung*, 5.4.2006, Seite 23
17 Streitgespräch in *Die Zeit*, 6.7.2006, Seite 6
18 Thomas Kleine-Brockhoff, »Zuhause beim großen Satan«, *Die Zeit*, 22. Juni 2006, Seite 6
19 Interview mit Peter Schwartz im *Manager Magazin*, 8/2006, Seite 92

20 Mario Kaiser, »Rütli High«, *Der Spiegel*, 29.5.2006, Seite 145
21 lt. OECD Pisa-Datenbank
22 ebd.
23 Jörg Lau, »Wir waren ein Einwanderungsland«, *Die Zeit*, 8.6.2006, Seite 6
24 Herwig Birg, *Die ausgefallene Generation*, Seite 114
25 Birg, Herwig, »Unser Verschwinden würde gar nicht auffallen«, *FAZ*, 28.6.2006, Seite 43
26 *Der Spiegel*, 29/2006, Seite 20
27 Jörg Lau, »Wir waren ein Einwanderungsland«, *Die Zeit*, 8.6.2006

9.

1 Interview mit Paul Nolte, *Die Weltwoche*, 13.5.2004, Seite 70
2 Peter Hahne, *Schluss mit lustig*, Seite 62
3 Herwig Birg, *Die ausgefallene Generation*, Seite 115
4 zitiert nach Thomas Hüetlin, »König ohne Spielfeld«, *Der Spiegel*, 12.1.2004, Seite 78
5 Björn Lomborg, *Apocalypse No!*, Lüneburg 2001
6 Interview mit Björn Lomborg, *Die Weltwoche*, 24.4.2003, Seite 76
7 Björn Lomborg, »Klimakyotostrophe«, *Welt am Sonntag*, 20.2.2005, Seite 12
8 Interview mit Björn Lomborg, *Brand Eins*, 1.12.2005, Seite 80
9 Björn Lomborg, »Klimakyotostrophe«, *Welt am Sonntag*, 20.2.2005
10 Peter Schwartz, *Manager Magazin*, 1.8.2006

11 vgl. hierzu: Mancur Olson, *Die Logik des kollektiven Handelns. Kollektivgüter und die Theorie der Gruppen,* Tübingen 2004 (am. Originalausgabe 1965)

12 Björn Lomborg, *Apocalypse No!*, Seite 135

13 Björn Lomborg, »Klimakyotostrophe«, *Welt am Sonntag*, 20.2.2005

14 Eine Fülle tragischer Beispiele, die diese These belegen, finden sich in William Easterly, *The Elusive Quest for Growth: Economists' Adventures and Misadventures in the Tropics,* Cambridge/Mass. 2001

15 Interview mit Friedbert Pflüger, *Der Spiegel,* 14.8.2006, Seite 26

10.

1 Jürgen Busche, *Die 68er. Biographie einer Generation,* Berlin 2005, Seite 31

2 Der Begriff »neoliberal« wird fast immer nur von den Gegnern dieser Denkrichtung verwendet. Um der Klarheit willen verwende ich ihn im Folgenden, ohne mir damit aber diese Gegnerschaft zu eigen zu machen.

3 Udo Di Fabio, *Die Kultur der Freiheit,* Seite 151

4 Studie des Bundesverbands Deutscher Banken/IPOS, Mai 2005

5 Interview mit Franz Josef Jung, *Cicero,* 1.9.2005, Seite 54

6 Die Sinus-Studie wird vorgestellt in: Christian Rickens, »Bedrohte Mitte«, *Manager Magazin* 2/2006, Seite 84

7 Stephan Grünewald, *Deutschland auf der Couch. Eine Gesellschaft zwischen Stillstand und Leidenschaft,* Frankfurt 2006, Seite 87

8 Matthias Horx, »Die hysterische Gesellschaft«, *Cicero,* 1.11.2004, Seite 112

9 ebd.

10 Peter Hane, *Schluss mit lustig,* Seite 177

11 Stephan Grünewald, *Deutschland auf der Couch,* Seite 13

12 Peter Hahne, *Schluss mit lustig,* Seite 70

13 Zur Realismus-Idealismus-Debatte in der US-Außenpolitik und in der politikwissenschaftlichen Forschung siehe Gottfried-Karl Kindermann (Hrsg.), *Grundelemente der Weltpolitik,* München 1977

14 Ein Beispiel für diese Position liefert Peter Hahne, *Schluss mit lustig,* Seite 59

15 Das intellektuelle Fundament dieser Debatte legte das gleichnamige Buch von Samuel P. Huntington (New York 1997; dt.: *Der Kampf der Kulturen,* Hamburg 1997). Huntington postuliert, dass die Welt in mehrere Kulturräume zerfalle (zum Beispiel christliches Abendland und islamische Welt), an deren Schnittstellen es notwendigerweise immer wieder zu Konflikten komme.

16 Eva Herman, »Die Emanzipation – ein Irrtum?«, *Cicero,* 1.5.2006

17 Norbert Bolz, *Die Helden der Familie,* Seite 92

18 Frank Schirrmacher, *Minimum,* Seite 147

19 ebd., Seite 153

20 ebd., Seite 154

21 Udo Di Fabio, *Die Kultur der Freiheit,* Seite 53

22 Daron Acemoglu, James Robinson und Simon Johnson: »The Colonial Origins of Comparative Development: An Empirical Investigation«, *American Economic Review,* Dezember 2001, Seite 1369

23 Peter Hahne, *Schluss mit lustig,* Seite 63

24 ebd., Seite 88

25 Fairerweise sei angemerkt, dass Udo Di Fabio im Unterschied zu anderen Neubürgerlichen genau diese Unterscheidung auch trifft. Udo Di Fabio, *Die Kultur der Freiheit,* Seite 23

26 Stephan Grünewald, *Deutschland auf der Couch,* Seite 14

27 ebd., Seite 14

28 ebd., Seite 13

29 Frank Schirrmacher, *Minimum,* Seite 22

30 Udo Di Fabio, *Die Kultur der Freiheit,* Seite 33

31 Norbert Bolz, *Die Helden der Familie,* Seite 9

32 Peter Hahne, *Schluss mit lustig,* Seite 85

33 Norbert Bolz, *Die Helden der Familie,* Seite 9

34 Matthias Horx, »Reise nach Ichtopia«, *Cicero,* 1.6.2004, Seite 84

35 ebd.

36 Helmut Klages: »Brauchen wir eine Rückkehr zu traditionellen Werten?«

37 Wörtlich lautete die Frage: »Wie zufrieden sind Sie mit der Demokratie in der Bundesrepublik und unserem ganzen politischen System?«; Dietmar Pieper, »Sehnsucht nach Moral«, *Spiegel Special, 26.*4.2005, Seite 34

38 Interview mit Thomas Straubhaar, *brand eins,* 1.9.2005, Seite 60

Epilog

1 Cordt Schnibben, »Der seufzende Kleinbürger«, *Der Spiegel*, 12. 6. 2006, Seite 56

Literatur

Acemoglu, Daron; James Robinson und Simon Johnson: »The Colonial Origins of Comparative Development: An Empirical Investigation«, *American Economic Review,* Dezember 2001, S. 1369

Barr, Nick: *The Economics of the Welfare State,* Oxford 1998

Bayer, Susanne, u. a.: »Nobel statt Nabel«, *Der Spiegel,* 7.7.2003, S. 124

Birg, Herwig: »Auf der schiefen Bahn«, *Rheinischer Merkur,* 31.7.2003, S. 4

Birg, Herwig: *Die ausgefallene Generation,* München 2005

Birg, Herwig: »Unser Verschwinden würde gar nicht auffallen«, *Frankfurter Allgemeine Zeitung,* 28.6.2006, S. 43

Blasberg, Marian: »Osman der Härtefall«, *Die Zeit,* 18.5.2006, S. 73

Bolz, Norbert: *Die Helden der Familie,* München 2006

Bosbach, Gerd: Interview in *Neon,* 1.5.2006, S. 34

Bundesministerium des Inneren (Hrsg.): *Polizeiliche Kriminalstatistik 2005,* Berlin 2006

Bundesministerium für Familie, Senioren, Frauen und Jugend (Hrsg.): *Familie zwischen Flexibilität und Ver-*

lässlichkeit: Perspektiven für eine lebenslaufbezogene Familienpolitik – Siebter Familienbericht, Berlin 2006

Busche, Jürgen: *Die 68er: Biographie einer Generation,* Berlin 2005

Deutsche Shell (Hrsg.): *15. Shell Jugendstudie: Jugend 2006,* Frankfurt 2006

Di Fabio, Udo: *Die Kultur der Freiheit,* München 2005

Easterly, William: *The Elusive Quest for Growth: Economists' Adventures and Misadventures in the Tropics,* Boston 2001

Fontane, Theodor: *Der Stechlin,* Berlin 1899

Forschungsinstitut Zukunft der Arbeit: »Positiver Zuwanderungseffekt: Staats- und Sozialkassen profitieren«, www.iza.org

Gatterburg, Angela; Matthias Matussek und Martin Wolf: »Unter Wölfen«, in: *Der Spiegel,* 6.3.2006, S. 76

Gebauer, Ronald; Hanna Petschauer und Georg Vobruba: *Wer sitzt in der Armutsfalle? Selbstbehauptung zwischen Sozialhilfe und Arbeitsmarkt,* Berlin 2002

Gruhl, Herbert: *Ein Planet wird geplündert: die Schreckensbilanz unserer Politik,* Frankfurt a. M. 1975

Grünewald, Stephan: *Deutschland auf der Couch,* Frankfurt 2006

Hahne, Peter: *Schluss mit lustig: Das Ende der Spaßgesellschaft,* Lahr 2004

Havemann, Nils: *Fußball unterm Hakenkreuz: Der DFB zwischen Sport, Politik und Kommerz,* Frankfurt 2005

Herman, Eva: »Die Emanzipation – ein Irrtum?«, *Cicero,* 1.5.2006, S. 6

Herman, Eva: *Das Eva-Prinzip: Für eine neue Weiblichkeit,* München 2006

Hobbes, Thomas: *Leviathan,* Ditzingen 1986 (Originalausgabe 1651)

Höbel, Wolfgang: »Ausweitung der Schamzone«, *Der Spiegel,* 13.3.2006, S. 168

Hofmann, Gunter: »Ein Kulturbruch, mit links«, *Die Zeit,* 1.10.1998, S. 3

Horx, Matthias: »Reise nach Ichtopia«, *Cicero,* 1.6.2004, S. 84

Horx, Matthias: »Die hysterische Gesellschaft«, *Cicero,* 1.11.2004, S. 112

Hüetlin, Thomas: »König ohne Spielfeld«, *Der Spiegel,* 12.1.2004, S. 78

Huntington, Samuel P.: *The Clash of Civilizations,* New York 2002

Jepsen, Maria: »Ich liebe meine Heimat«, *Cicero,* 1.7.2004, S. 56

Jung, Franz-Josef, Interview in *Cicero,* 1.9.2005, Seite 54

Kaiser, Mario: »Rütli High«, *Der Spiegel,* 29.5.2006, S. 145

Kindermann, Gottfried-Karl (Hrsg.): *Grundelemente der Weltpolitik,* München 1977

Klages, Helmut: »Brauchen wir eine Rückkehr zu traditionellen Werten?«, *Aus Politik und Zeitgeschichte,* 13.7.2001, S. 7

Klages, Helmut: *Der blockierte Mensch,* Frankfurt 2002

Kleine-Brockhoff, Thomas: »Zuhause beim großen Satan«, *Die Zeit,* 22.6.2006, S. 6

Lau, Jörg: »Wir waren ein Einwanderungsland«, *Die Zeit,* 8.6.2006, S. 6

Laudenbach, Peter: »Matusseks Mondfahrt«, *die tageszeitung,* 8.3.2006, S. 20

Lazarsfeld, Paul Felix; Marie Jahoda und Hans Zeisel: *Die Arbeitslosen von Marienthal: Ein soziographischer Versuch,* Frankfurt 1975 (Originalausgabe: 1933)

Lomborg, Björn: *Apocalypse No!,* deutsche Ausgabe, Lüneburg 2001

Lomborg, Björn: Interview in *Die Weltwoche,* 24.4.2003, S. 76

Lomborg, Björn: »Klimakyotostrophe«, *Welt am Sonntag,* 20.2.2005, S. 12

Lomborg, Björn: Interview in *brand eins,* 1.12.2005, S. 80

Longerich, Peter: *Davon haben wir nichts gewusst! Die Deutschen und die Judenverfolgung 1933–1945,* München 2006

Lottmann, Joachim: »Hau ab du Arsch!«, *Der Spiegel,* 6.3.2006, S. 164

Lucke, Albrecht von: »Der Wille zum Wir«, *Blätter für Deutsche und Internationale Politik,* 1.7.2006, S. 777

Mann, Thomas: *Die Buddenbrooks,* Frankfurt 1901

Matussek, Matthias: »Ruhm dem Abonnenten«, *Der Spiegel,* 1.10.2005, S. 191

Matussek, Matthias: *Wir Deutschen: Warum uns die Anderen gern haben können,* Frankfurt 2006

Mayer, Susanne: »Im Land der Muttis«, *Die Zeit,* 13.7.2006, S. 49

Ministerium des Inneren des Landes Brandenburg (Hrsg.): *Verfassungsschutzbericht Land Brandenburg 2005,* Potsdam 2006

Müller, Henrik: *Wirtschaftsfaktor Patriotismus: Vaterlandsliebe in Zeiten der Globalisierung,* Frankfurt 2006

Nolte, Paul: »Das große Fressen«, *Die Zeit,* 17.12.2003, S. 9

Nolte, Paul: Interview in *Die Weltwoche,* 13.5.2004, S. 70
Nolte, Paul: Interview in *Frankfurter Allgemeine Sonntagszeitung,* 5.6.2005, S. 59
Nolte, Paul: *Generation Reform,* München 2005
Nolte, Paul: *Riskante Moderne,* München 2006
Olson, Mancur: *Die Logik des kollektiven Handelns: Kollektivgüter und die Theorie der Gruppen,* deutsche Ausgabe, 5. Auflage, Tübingen 2004
Pflüger, Friedbert: Interview in *Der Spiegel,* 14.8.2006, S. 26
Pick, Brigitte: Interview in *die tageszeitung,* 5.4.2006, S. 23
Pieper, Dietmar: »Sehnsucht nach Moral«, *Spiegel Special,* 26.4.2005, S. 34
Poschardt, Ulf, und Heimo Schwilk: »Die Zukunft des Patriotismus«, *Welt am Sonntag,* 9.11.2003, S. 3
Rawls, John: *Eine Theorie der Gerechtigkeit,* Frankfurt 1979
Rickens, Christian: »Die bedrohte Mitte«, *Manager Magazin,* 1.2.2006, S. 84
Rothmann, Ralf: *Wäldernacht,* Frankfurt 1994
Rothmann, Ralf: *Milch und Kohle,* Frankfurt 2000
Schirrmacher, Frank: *Minimum,* München 2006
Schmidt, Christopher: »Schön ist schlimm und schlimm ist schön«, *Süddeutsche Zeitung,* 9.3.2006, S. 11
Schnibben, Cordt: »Der seufzende Kleinbürger«, *Der Spiegel,* 12.6.2006, S. 56
Schönbohm, Jörg: »Einordnen, nicht unterordnen«, *Cicero,* 1.2.2006, S. 14
Schwartz, Peter: Interview im *Manager Magazin,* 1.8.2006, S. 92

Schwentker, Björn: »Aussterben abgesagt«, *Die Zeit,* 8.6.2006, S. 35
Schwentker, Björn: »Pokerspiele an der Wiege«, *Die Zeit,* 14.6.2006, S. 35
Straubhaar, Thomas, Interview in *brand eins,* 1.9.2005, S. 60
Tichy, Roland: »Die Demographie-Bombe überleben«, *Handelsblatt,* 11.4.2006, S. 9
Tolstoi, Leo: *Krieg und Frieden,* Moskau 1868
Troge, Andreas: »Sauberer Profit«, *Rheinischer Merkur,* 26.8.2004, S. 9
Veiel, Andreas: *Black Box BRD,* München 2002
Westerwelle, Guido: Interview in *Cicero,* 1.6.2004, S. 72
Wüllenweber, Walter: »Das wahre Elend«, *Stern,* 16.12.2004, S. 152

Dank

Für viele anregende Diskussionen rund um dieses Buch, für Hilfe bei seiner Verwirklichung und für die Geduld im Umgang mit dem Autor danke ich:

Anne-Marie, Klaus, Helene, Heiko, Mark, Wolfgang

»Wieder einmal bringt Ralf Höcker Licht in die entscheidenden Lagen des Lebens.«
Süddeutsche Zeitung

Ralf Höckers zweites *Lexikon der Rechtsirrtümer* zeigt: Es gibt noch viel mehr weitverbreitete juristische Fehlannahmen, als der Fachmann sich träumen läßt. Sei es, daß manche sich von Schildern wie »Umtausch nur von original verpackter Ware« einschüchtern lassen oder daß man glaubt, man könne sich mit seinem Handtuch eine Liege am Hotelpool reservieren. In bewährter Manier rückt Höcker diese und viele andere rechtliche Mißverständnisse zurecht.

Neues Lexikon der Rechtsirrtümer
»Wer auffährt, hat schuld« und andere juristische Halbwahrheiten
ISBN-13: 978-3-548-36772-9
ISBN-10: 3-548-36772-0

ULLSTEIN

»Eine eindrucksvolle, den Leser mitreißende Vatersuche«
Frankfurter Allgemeine Zeitung

August 1944: Der Abwehroffizier Hans Georg Klamroth wird als Hochverräter hingerichtet. Jahrzehnte später sieht Wibke Bruhns Filmaufnahmen von ihrem Vater während des Prozesses gegen die Verschwörer des 20. Juli. Der Anblick läßt sie nicht mehr los: Sie macht sich auf eine lange Suche nach seiner und auch ihrer eigenen Geschichte. Ein einzigartiges Familienepos.

»Eine faszinierende Mischung aus privater Chronik, zeitgeschichtlichem Report und persönlicher Identitätssuche«
Der Spiegel

Meines Vaters Land
Geschichte einer deutschen Familie
ISBN-13: 978-3-548-36748-4
ISBN-10: 3-548-36748-8

ULLSTEIN